MUNDO)real
MEDIA edition

Student Book

3

Cover Photograph:

Relieve azteca. *"América es un grandioso escenario donde se mezclan múltiples culturas y lenguas, muchas de ellas de considerable antigüedad, como la azteca, maya e inca. Estas grandes civilizaciones han constituido la base de una diversidad cultural americana de valor universal".* David Isa.

© Editorial Edinumen, 2016

Authors:

Eduardo Aparicio, Cecilia Bembibre, María Carmen Cabeza, Noemí Cámara, Francisca Fernández, Patricia Fontanals, Luisa Galán, Amelia Guerrero, Emilio José Marín, Celia Meana, Liliana Pereyra and Francisco Fidel Riva.
Coordination Team: David Isa, Celia Meana and Nazaret Puente.

ISBN - Student Book: 978-1-107-11022-9

Printed in the United States of America

Editorial Coordination:
Mar Menéndez

Cover Design:
Juanjo López

Design and Layout:
Juanjo López, Carlos Casado, Analia García,
Carlos Yllana and Lucila Bembibre

Illustrations:
Carlos Casado

Photos:
See page 270

Cambridge University Press
32 Avenue of the Americas
New York, NY 10013

Editorial Edinumen
José Celestino Mutis, 4. 28028 Madrid. España
Telephone: (34) 91 308 51 42
Fax: (34) 91 319 93 09
Email: edinumen@edinumen.es
www.edinumen.es

SCOPE AND SEQUENCE

Hablamos de... / Comunica
COMMUNICATION

- Talking about everyday activities in the past
- Relating a story or anecdote
- Giving orders
- Expressing opinions
- Talking about trips and vacations

Palabra por palabra
VOCABULARY

- Ocio y tiempo libre
- Los viajes y las vacaciones

Gramática
GRAMMAR

- The Present progressive
- The verbs *ser* / *estar*
- Informal affirmative commands
- Contrast of the preterit, the imperfect and the present perfect

Destrezas
SKILLS

- N/A

Pronunciación
PRONUNCIATION

- N/A

Sabor hispano
CULTURE

- Tesoros latinoamericanos

En resumen
SUMMARY

Pair icon: indicates that the activity is designed to be done by students working in pairs.

Group icon: indicates that the activity is designed to be done by students working in small groups or as a whole class.

Audio icon: indicates recorded material either as part of an activity or a reading text.

Language icon: provides additional language and grammar support in presentations and for activities.

Regional variation icon: provides examples of regional variations in the language.

Recycling icon: provides a reminder of previously taught material that students will need to use in an activity.

ACKNOWLEDGMENTS

The authors and publisher would like to thank the following teachers for their insight and comments during the development of *Mundo Real Media Edition*. The experience and intuition of these educators was crucial in the development of this course.

Jeremy Aldrich - Harrisonburg City Public Schools (VA), **Susan Allen** - Eastern High School (NJ), **Marilu Alvarado** - Academia Margarita Muniz (MA), **Jose M. Aviña** - Sunset High School (TX), **Vicki S. Baggia** - Phillips Exeter Academy (NH), **David Barkley** - George C. Marshall High School (VA), **Vanda Baughman** - Cascade High School (OR), **Emily A. Berry** - Irvington Preparatory Academy (IN), **Candace Blatt** - Kokomo High School (IN), **Pilar Blazey** - Wilson High School (WA), **Patricia Boyarizo** - Ragsdale High School (NC), **Sonia Brandon** - Fork Union Military Academy (VA), **Ariel Bueno** - Lake Ridge High School (TX), **Maria L. Cabra** - Ronald W. Reagan / Doral Senior High School (FL), **Lilian M. Castillo de Hutchinson** - The Loomis Chaffee School (CT), **John S. Coco** - Cocalico School District (CO), **Pamela Conte** - Nordonia Hills City Schools (OH), **Rita Morales Cooley** - The Madeira School (VA), **Deb Dargay** - Bloomington Jefferson High School (MN), **Jesús López Díez** - Dana Hall School (MA), **Maria Elena Downes** - NYOS Charter School (NY), **Marsha Dragonetti** - Latin School of Chicago (IL), **Yvonne Easaw** - Richland School District Two (SC), **Cristina Escotto** - Fredericksburg Academy (VA), **Margaret K. Esten** - South Portland High School (OR), **Calvin Feehan** - Redwood High School (CA), **Scott L. Fisher** - McGavock High School (TN), **Mary Jo Flood** - Royal High School (CA), **Alejandra Fonseca** - Wyandanch Memorial High School (NY), **William Frank** - Pinkerton Academy (NH), **Coleen Garcia** - La Serna High School (CA), **Ramón García-Tamaran** - Bloomington High School South (IN), **Angela Giffin** - Stevens High School (SD), **Jeanne Gilbert** - The Hawbridge School (NC), **Robert Giosh** - The Latin School of Chicago (IL), **Xiomara Gonzalez** - Barbara Goleman Senior High School (FL), **Adriana Gonzalez-Novello** - Trinity School (NY), **Catherine A. Haney** - Loudoun County Public Schools (VA), **Ana Hermoso** - The Hotchkiss School (CT), **Wilson R. Hernández** - Hightstown High School (NJ), **Lesley Hinson** - Churchill High School (TX), **Efila Jzar-Simpson** - Ben Davis University High School (IN), **Anne Karakash, M.A.** - Franklin Academy (NC), **Nora L. Kinney** - Montini Catholic High School (IL), **Ivonete Kinson-Blackwelder** - North Pole High School (AK), **Heather Kissel** - TechBoston Academy (MA), **Dr. Jean Robert Lainé** - Putnam City Public Schools (OK), **William A. Leheny** - Garces Memorial High School (CA), **Jacqueline Liebold** - Groton Dunstable Regional High School (MA), **Patricio Lopez** - Harborfields High School (NY), **Adrianna Madril** - Martin Luther High School (CA), **Amanda Mancilla** - Union County Public Schools (NC), **Alice Nan Mannix** - Brown County High School (IN), **Nilma M. Martin Antonetti** - Richard Montgomery High School (MD), **Amanda Marvin** - The Barstow School (MO), **Rubenm Mascarenas** - Teacher Summit High School (TX), **Maritza Massopust** - Adelson Educational Campus (NV), **Justin Vanlee McClain** - Bishop McNamara High School (MD), **Marcelina McCool** - West Philadelphia High School (PA), **Darcie McGee** - Minnesota Online High School (MN), **Jennifer Mitchell** - The Hun School of Princeton (NJ), **Kathleen Monks** - Holley Central School (NY), **Yolanda Montague** - Stuarts Draft High School (VA), **Weston Moody** - Manhattan-Ogden School (NY), **Sydney Munson** - All Saints' Episcopal School (TX), **Sergio Navarro** - Redondo Union High School (CA), **Carmen Neale** - Watkinson School (CT), **Valerie Neri** - Park Center Senior High - International Baccalaureate World School (MN), **Andrew Noelle** - Central Magnet School (TN), **Marie G. Nuzzi** - Garden City High School (NY), **Santa Olmedo** - Foothill High School (CA), **Joseph A. Parodi** - Marianapolis Preparatory School (CT), **Olga A. Pietrantonio** - Blaine High School (WA), **Tim Pillsbury** - Trinity-Pawling School (NY), **Viviana Planine** - Newton South High School (MA), **Sofia Catalina Pollock** - John Champe High School (VA), **Andrew Poolman** - The Haverford School (PA), **Gregory Prais** - Detroit Catholic Central High School (MI), **Ashleigh Marsh Prendable** - Montgomery County Public Schools (MD), **Cecilia Remeta** - Palos Verdes High School (CA), **Mary Beth Ricci** - Olathe South High School (OK), **Gimara Richards, M.A.T.** - Stonewall Jackson High School (VA), **Myra M. Rios, M.A.** - Lower Merion High School (PA), **Alison Robinson** - Fort Worth Country Day School (TX), **Norman Sargen** - Agnes Irwin School (PA), **David M. Sawyer** - The Covenant School (VA), **Carl A. Seese** - Twin Lakes High School (IN), **Rosana Serna** - Seven Lakes High School (TX), **Bertha Sevilla** - Notre Dame Academy (CA), **Jonathan L. Sirois** - Tabor Academy (MA), **Ellen J. Spitalli** - Naperville Central High School (IL), **Maribel Squibb** - Sharyland High School (TX), **Tamara Tamez** - Nimitz High School (TX), **Yamila Tamny** - River Ridge High School (FL), **Susan Tawney** - Ragsdale High School (NC), **Candida Thompson** - Academy of Richmond County (GA), **Lisa Todd** - Colorado Academy (CO), **Delia Topping** - Central Magnet School (TN), **Yari Torres** - Douglass High School (TN), **Rachel Torrie** - Woodinville High School (WA), **Rosanna Tucci** - Miami Beach Senior High (FL), **Karen Twyford** - Highland High School (IL), **Maria Vazquez** - Mother Seton Regional High School (NJ), **Janice Ventresco** - Avon High School (OH), **Barbara A. Volkman** - Lanphier High School (IL), **Michelle Warner** - East Muskingum Schools (OH), **Rhonda L. Wells** - DeKalb County School District (GA), **Rand Wiseman** - Gig Harbor High School (WA).

HOW TO ACCESS ELETECA

ELEteca is the Learning Management System that accompanies your *Mundo Real Media Edition* Student's Book. To learn more about ELEteca, please turn to page 17. To activate your ELEteca access code, follow the directions below.

1. Visit **cambridge.edinumen.es**. If you are a new user, click "Create User Account" on the right side of your screen.

2. Fill out the necessary information. Please use a valid e-mail address, as this will allow you to recover a lost or forgotten password.

3. Once you have created an account, scroll down and select the appropriate course (*Mundo Real Media Edition* Level 1, 2 or 3).

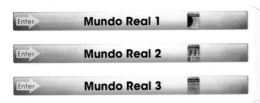

4. Enter your unique ELEteca access code. This code will either be printed on an access card accompanying your Student's Book, or you will receive it from your teacher.

5. Congratulations! You are now registered for ELEteca, and you can begin acccessing all of your online resources. To log in from any computer or tablet, simply visit **cambridge.edinumen.es** and enter your e-mail address and password.

Estados Unidos

Phoenix

Dallas

El Paso

Housto

Tijuana Mexicali

Chihuahua

Monterrey

Mazatlán

Colima

México D.F.

Veracruz

Acapulco

MÉXICO

GUATEMALA

EL SALVADOR

MÉXICO, CENTROAMÉRICA Y CARIBE

HONDURAS

Atlanta

REPÚBLICA
DOMINICANA

CUBA

Miami

PUERTO RICO

Bahamas

La Habana

Cienfuegos

Mérida

Camagüey

Guantánamo

Santo
Domingo

San
Juan

Santiago de Cuba

Haití

La Romana

Ponce

Belice

San Pedro Sula

Ciudad de
Guatemala

Tegucigalpa

San Salvador

León

Managua

Granada

San José

NICARAGUA

COSTA RICA

Puntarenas

Panamá

Colón

11

PANAMÁ

VENEZUELA

COLOMBIA

PARAGUAY

ECUADOR

PERÚ

URUGUAY

BOLIVIA

CHILE

ARGENTINA

Caracas

Barranquilla

Medellín

Bogotá

Cali

Quito

Islas Galápagos

Iquitos

Trujillo

Brasil

Lima

Cuzco

Arequipa

La Paz

Santa Cruz

Sucre

Asunción

Córdoba

Rosario

Santiago de Chile

Buenos Aires

Montevideo

Bahía Blanca

Comodoro Rivadavia

Río Gallegos

Punta Arenas

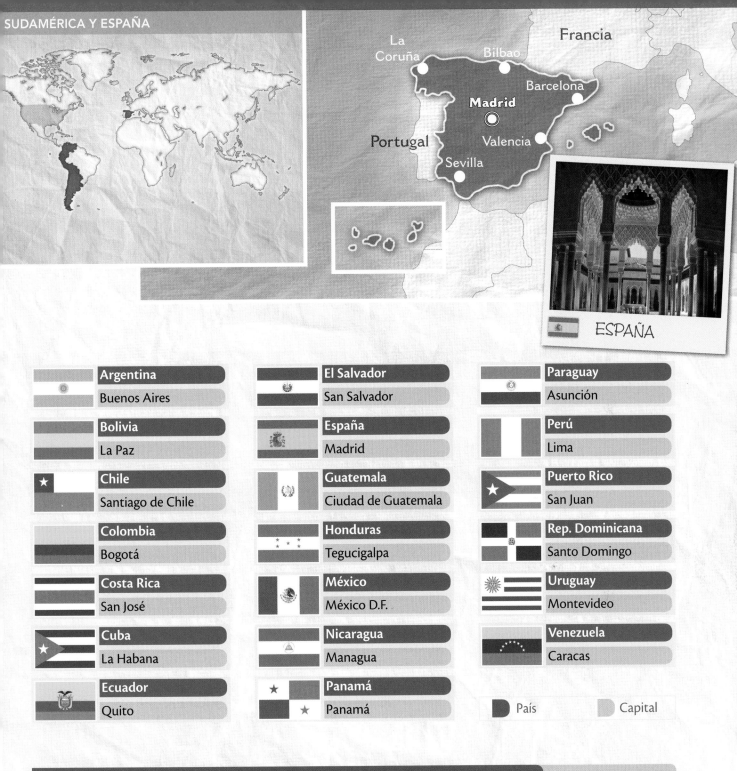

La Coruña
Bilbao
Francia
Barcelona
Madrid
Portugal
Valencia
Sevilla

ESPAÑA

Argentina	El Salvador	Paraguay
Buenos Aires	San Salvador	Asunción
Bolivia	España	Perú
La Paz	Madrid	Lima
Chile	Guatemala	Puerto Rico
Santiago de Chile	Ciudad de Guatemala	San Juan
Colombia	Honduras	Rep. Dominicana
Bogotá	Tegucigalpa	Santo Domingo
Costa Rica	México	Uruguay
San José	México D.F.	Montevideo
Cuba	Nicaragua	Venezuela
La Habana	Managua	Caracas
Ecuador	Panamá	País Capital
Quito	Panamá	

EN SABOR HISPANO

Unidad 0 *Tesoros latinoamericanos.* Conoce tres importantes sitios arqueológicos de Latinoamérica

Unidad 1 *¡Bienvenidos a los Parques Nacionales de España!* Naturaleza espectacular, flora única y fauna salvaje en España

Unidad 2 *Buenos y malos modales*. Modelos de comportamiento en la cultura española

Unidad 3 *El cine mexicano… ¡está de moda!* Un país muy cinematográfico

Unidad 4 *La dieta mediterránea… ¿mito o realidad?* Aprende a alimentarte de manera saludable

Unidad 5 *"Me encanta ser voluntario".* El voluntariado, una experiencia inolvidable

Unidad 6 *Mucho más que música.* La música como vehículo de expresión

Unidad 7 *¡Cómpralo ya!* Los famosos y la publicidad

Unidad 8 *Un mundo de novela.* El fenómeno de las telenovelas

Argentina *Glaciar Perito Moreno (Perito Moreno Glacier). Located in the Glacier National Park in Patagonia, Argentina, it is a place of spectacular beauty and great glaciological and geomorphic interest.

Bolivia Salar de Uyuni. Situated in the southwest of Bolivia, it is the largest continuous salt flat in the world, covering an area of 10,582 km2 (4,085 square miles) and holds one of the biggest deposits of lithium in the world.

Chile Desierto de Atacama (Atacama Desert). Situated in the Norte Grande in Chile, it is the most arid desert on the planet and covers an area of approximately 105,000km2. It is considered to be one of the best places in the world for observing the skies and studying astronomy.

Colombia *Cartagena de Indias. Located on the shores of the Caribbean Sea, the city was founded in 1533. It holds such historic sites as the San Felipe Castle, the Palace of the Inquisition, the Clock Tower, the city walls and the Colonial streets.

Costa Rica Río Celeste. Flowing through the Tenorio Volcano National Park, this river is famous for its sky blue color, an optical effect produced by the high concentration of aluminum silicates in its waters. According to a local legend, the river is this color because "when God finished painting the heavens, He washed his brushes in the waters of this river."

Cuba *La Habana (Havana). Havana is the capital of the Republic of Cuba and its largest city, main port and cultural and economic center. Founded in 1519, the historic center is famed for its decadent beauty and atmosphere.

Ecuador *Islas Galápagos (The Galapagos Islands). An archipelago in the Pacific Ocean, located 972 km off the coast of Ecuador. Apart from being a World Heritage Site, UNESCO declared the Galapagos Islands to be a Biosphere Reserve in 1985. The islands are the natural habitat of several species in danger of extinction, among them, the giant tortoises.

El Salvador El volcán Izalco (The Izalco Volcano). "Place in the dark sands" in the Nahuatl language, it is the youngest of the volcanoes in El Salvador and one of the youngest in the continent. The volcano erupted continuously for almost 200 years and the flames could be seen from the ocean – hence its nickname: *Lighthouse of the Pacific*.

España *La Alhambra (The Alhambra). Situated in Granada, in the south of Spain, it is an elaborate complex of palaces and fortress where the sultans of the Moorish Kingdom of Granada lived during the XIIIth – XVth centuries. The interior decoration is striking, in andalusi style, and the palace stands in an incomparable natural setting.

Guatemala *Tikal. Situated in the region of Petén, in what is today Guatemala, in the Tikal National Park, it is one of the largest archaeological sites and urban centers of the pre-Columbian Maya civilization.

Honduras *Ruinas de Copán (Copán Ruins). An archaeological site located in the west of Honduras. It is famous for its magnificent Maya ruins, considered now to be the Paris of the Central American Maya world.

México *Pirámide de Kukulkán (Kukulkán Pyramid). A pre-Hispanic building located in the Yucatan Peninsula, built in the XIIth century AD by the Mayas in the ancient city of Chichén Itzá. The Temple of Kukulkán shows the profound knowledge of mathematics, geometry, acoustics and astronomy of the Mayas.

Nicaragua Granada. Situated between Xalteva and Lake Nicaragua, it was founded in 1524 by the Spanish conquistador, Francisco Hernández de Córdoba. It is also known as *La Gran Sultana* because of its Andalusian Moorish appearance. The Colonial architecture of its historic center, as well as the surrounding natural setting, make it the main tourist destination in Nicaragua.

Panamá El canal de Panamá (The Panama Canal). It is an inter-oceanic channel between the Caribbean Sea and the Pacific Ocean, which cuts across the isthmus of Panama at its narrowest point. It opened in 1914 and had the effect of shortening maritime communications in distance and time between remote places of the world. The United States, China, Chile, Japan and South Korea are the five principal users of the canal.

Paraguay *Ruinas jesuíticas (Jesuit Ruins). The Jesuit missions formed a group of thirty missionary settlements founded in the XVIIth century by the Company of Jesus among the Guaraní Indians, for the purpose of evangelizing them. These missions saved more than 100,000 Indians from slavery. At present all that is left are the imposing ruins of these villages, such as Jesús, Trinidad and Santa Rosa.

Perú *Machu Picchu. A religious sanctuary and vacation residence of the Inca emperor Pachacútec, in the middle of the XVth century, it lies between the mountains of Machu Picchu and Huayna Picchu in the south of Peru. Machu Picchu is considered a masterpiece of both architecture and engineering. The site was recently declared one of the seven wonders of the modern-day world.

Puerto Rico *Castillo de San Felipe del Morro (San Felipe del Morro Castle). A Spanish fortification built at the northern end of San Juan, Puerto Rico, in the XVIth century. Its purpose was to protect Puerto Rico and the Bay of San Juan from any invasion that might turn the fort into an enemy base from which to invade and attack other Spanish towns and ships.

República Dominicana Isla Salona (Saona Island). Situated in the south east of the Dominican Republic, it forms part of the Este National Park and is one of the largest of its islands. Its endless beaches of fine white sand are lined with coconut palms. Here, numerous species of birds and marine animals live. The island is protected officially and therefore there are no buildings on its shores.

Uruguay Punta del Este. It is a peninsular city situated on the southern end of Uruguay and one of the most important spa cities in Latin America. *Los Dedos, La Mano, Monumento al ahogado* or *Hombre emergiendo a la vida* are famous sculptures on the Brava Beach, which has become one of the best-known places in Uruguay.

Venezuela *Parque Nacional de Canaima (Canaima National Park). Situated in the state of Bolívar, Venezuela, it stretches over 30,000 km2 as far as the border with Guyana and Brazil. Because of its size it is considered to be the sixth largest national park in the world. Almost 65% of the park is taken up with rock mesetas called *tepuyes*, a unique biological environment, of great interest to geologists. The steep cliffs and waterfalls are spectacular sights.

---

* All these places have been declared World Heritage Sites by UNESCO. **World Heritage Site** is the title granted by UNESCO (United Nations Educational, Scientific and Cultural Organization) to specific places on the planet (forests, mountains, lakes, caves, deserts, buildings, architectural complexes, cultural routes, cultural panoramas or cities) which have been proposed and confirmed for inclusion on this list. The aim of the program is to catalog, preserve and publicize places of exceptional cultural or natural interest for the common heritage of mankind.

UNESCO was founded on November 16, 1945, with the purpose of contributing to peace and safety in the world through education, science, culture and communications.

WHY SPANISH?

Learning to communicate in Spanish can help you achieve a more vibrant and prosperous future, especially in today's globalizing world. As of 2014, **more than 450 million people speak Spanish** as a native language, making Spanish is the second most common native language in the world. And according to a study by the Instituto Cervantes, **45 million people in the United States** speak Spanish as a first or second language. That's a Spanish-speaking community the size of the whole country of Spain!

Spanish is the most-spoken language in the Western Hemisphere, and the official language of the European Union, making it an important language for international business. By learning Spanish, you'll be joining 20 million other students worldwide who are learning to speak Spanish. You'll also be gaining a valuable professional skill on an increasingly bilingual continent. ¡Bienvenidos!

WHY COMMUNICATIVE EXPERIENTIAL LEARNING?

Mechanical learning doesn't work.

How did you learn to ride a bike? Did you sit in a chair while someone explained the fundamentals of bike riding to you, or did you go outside and give it a try yourself? Did you get better by memorizing a set of expert techniques, or did you suffer a few skinned knees until you improved?

If you're like most people, you learned by doing —and we don't think learning a language should be any different. When you learn out-of-context grammar and vocabulary skills, or complete exercises designed to perfect isolated language functions, it can be difficult to combine these skills when you want to express something new, or understand something that you've never heard before. Even more importantly, this kind of instruction can make us forget that Spanish is a living language that is spoken creatively and individually by people all over the world.

We need to feel, experience and reflect in order to learn.

When we learn by doing —by following our own initiative and self-direction— we associate the things we learn with specific feelings and experiences, which helps us comprehend and retain new language. Activities that connect with our emotions awaken our curiosity, and help us remember what we've learned years later.

Communicative Experiential Learning is self-directed, and constructed according to the unique styles and needs of each individual. Differences in learning style and speed are allowed for and embraced in the experiential classroom.

Learning is more rewarding as part of a community.

Communicative Experiential Learning also creates a supportive peer environment, in which learners are truly part of a classroom community. Learning by doing naturally encourages cooperative learning strategies, and rewards an open exchange of ideas and experiences.

Spanish is a vital, living language —which can be surprisingly easy to forget when you're conjugating endless strings of AR verbs! Communicative Experiential Learning reminds us that the purpose of language is to connect with ourselves and with our communities, both locally and globally.

STUDENT RESOURCES

STUDENT'S BOOK

Mundo Real Media Edition uses lively and compelling content, images, and video to teach real-world language. The student book's experiential format encourages the development of strong communicative skills, which will increase your comfort level in real-world settings.

EBOOK

Mundo Real Media Edition eBooks are fully interactive and fully integrated with the Learning Management System ELEteca. Integrated audio and a seamless connection to online video content, as well as online and offline modes for Mac, PC, iOS, and Android, make using your eBook simple.

ONLINE WORBOOK

The *Mundo Real Media Edition* online workbook features a wide variety of activity types and exercises, and includes mbedded video, a video note-taking feature, and speech recognition technology.

CUADERNO PARA HISPANOHABLANTES

The *Mundo Real Media Edition* Cuaderno para hispanohablantes is written exclusively for native speakers who have grown up speaking conversational Spanish, and includes sophisticated activities and lessons that expand on the Student's Book.

ELETECA

Mundo Real Media Edition features a wealth of digital resources designed to supplement and enhance the Student's Book. All are available in the rich, interactive world of *Mundo Real Media Edition* ELEteca—in one place, with one password.

Interactive Activities

Audio and Video

- **¡Acción!** Narrative video that complements the student book.

- **Voces Latinas** Cultural clips to introduce the Spanish-speaking world.

- **Grammar Tutorials** Short grammar presentations to reinforce tricky skills.

- **Casa del Español** Street interviews that model authentic language.

Gamification

"La Pasantía," a game that allows you to engage with the Spanish language in a fun context, as you compete to win a spot on the staff of a Spanish newspaper.

Online Workbook and eBook Integration

The *Mundo Real Media Edition* Online Workbook and eBook are accessible through ELEteca, so you can access all of your digital resources in one place, using one password.

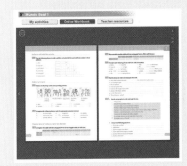

VOLVEMOS A VERNOS

Unos amigos saludan.

≫ ¿Cómo saludas a tus amigos cuando los vuelves a ver después de las vacaciones?

≫ ¿Qué les preguntas?

≫ ¿Y tú? ¿Qué hiciste durante tus vacaciones? ¿Lo pasaste bien?

In this unit, you will learn to:

- Talk about activities in the past
- Relate a story or anecdote
- Give orders
- Express opinions
- Talk about trips and vacations
- Talk about what you do during your free time

Using

- *Estar* + present participle
- The preterit, imperfect, and present perfect forms
- Informal commands
- *Ser / estar*

Cultural Connections

- Vacation time in Hispanic countries

SABOR HISPANO

- Tesoros latinoamericanos

1 Carlos y Lucía se reencuentran en la escuela después de sus vacaciones. ¿Qué ha hecho cada uno? Ordena las palabras para crear frases.

Carlos
estuve ○ haciendo ○ a ○
Fui ○ y ○ Colorado
○ senderismo

Lucía
surf ○ playas ○ haciendo ○
Fui ○ y ○ California
○ las ○ estuve ○ a ○ de

Carlos: Fui ....
....
....

Lucía: Fui ....
....
....

2 🎧 ¹ Completa la conversación entre Carlos y Lucía con las siguientes expresiones coloquiales. Después, escucha y comprueba.

bastante bien ○ cansadísimo ○ cuéntame ○ de miedo ○ montón ○ nada
no me digas ○ peligrosa ○ vaya, hombre ○ no vuelvo a ir

Carlos: ¡Hola, Lucía! ¿Qué tal tus vacaciones?

Lucía: ¡Genial! Estuve en las playas de California haciendo surf.

Carlos: ¡(a) ....! ¿Surf? No sabía que practicabas surf.

Lucía: Sí, estuvo (b) .... Las playas son fantásticas y lo mejor es que conocí a un (c) .... de gente joven de muchos países.

Carlos: ¡Qué suerte!

Lucía: ¿Y tú? (d) .... Fuiste a Colorado, ¿no? ¿Qué tal te fue?

Carlos: Bueno, ¡lo pasé (e) ....! Pero terminé (f) ....
Ya sabes que fui con Luis y Javier y no descansamos nada. Hacer senderismo con ellos fue una experiencia un poco (g) .... Incluso, nos perdimos una noche. (h) .... con ellos.

Lucía: ¡(i) ....!, ¡qué aventura!

Carlos: Sí, creo que las próximas vacaciones las voy a pasar en las playas de California sin hacer (j) ....

3 ¿Cuál es la mejor forma de pasar las vacaciones? Lee los siguientes comentarios y elige la respuesta que mejor expresa tu opinión sobre cada uno. Después, comparte tus opiniones con tu compañero/a. ¿Están de acuerdo?

a. Ir a un hotel es mejor que ir de camping.

b. Pasar las vacaciones en la playa es la mejor manera de descansar.

c. Viajar en avión es la forma más fácil de viajar.

d. Visitar una ciudad y descubrir una cultura nueva es lo mejor de las vacaciones.

e. La montaña es mejor que la playa.

f. Los campamentos de verano son aburridos.

- A mí me parece que sí.
- A mí me parece que no.
- Yo creo que sí.
- Yo pienso que no.
- No sé qué decir.
- ¡Yo qué sé!
- No te puedo decir.

4 Y tú, ¿adónde fuiste de vacaciones? ¿Qué hiciste? ¿Dónde te alojaste? Habla con tu compañero/a.

5 Estas personas están disfrutando de sus vacaciones. Completa las frases como en el ejemplo y relaciónalas con su imagen correspondiente.

[10] **a.** (leer) Está leyendo un libro.
b. (dormir) .... la siesta.
c. (entrar) .... a los servicios.
d. (vestirse) ....
e. (construir) .... un castillo.

f. (bañarse) ....
g. (comer) .... un helado.
h. (tomar) .... una foto.
i. (tomar) .... el sol.
j. (salir) .... del agua.

6 Pedro va a hacer un viaje y sus padres le dan consejos. Escoge la palabra correcta en cada frase.

a. Si vas a un país extranjero, necesitas tu **pasaporte** / **cuaderno**.

b. No te olvides de **los boletos** / **las maletas** de avión.

c. Si **entras** / **te alojas** en un hotel, necesitas hacer una **maleta** / **reservación**.

d. Si tomas un taxi, no te olvides de darle una **propina** / **llave** al conductor.

e. **El recepcionista** / **El guía del hotel** te puede dar información útil.

f. Puedes pagar el hotel con **tarjeta de crédito** / **llave**.

7 Elige una de las actividades del cuadro y coméntala con tu compañero/a. Usa las preguntas como guía.

• Ir al cine	¿Qué tipo de películas te gusta ver? Comedias, dramas, horror, suspenso, documentales…
• Pasar tiempo con la familia	¿Qué te gusta hacer con tu familia? ¿Ir de vacaciones con ellos? ¿Por qué?
• Trabajar como voluntario	¿Dónde haces de voluntario?
• Jugar a los videojuegos	¿Cuál es tu videojuego favorito? ¿Con quién te gusta jugar? ¿Cuánto rato pasas jugando a los videojuegos?
• Tocar un instrumento	¿Tocas algún instrumento? ¿Solo o en grupo?
• Escuchar música e ir a conciertos	¿Qué tipo de música te gusta escuchar? ¿Por qué vas a conciertos?
• Leer	¿Qué te gusta leer? Novelas, noticias, poesía, revistas…
• Ir de compras	¿Dónde te gusta ir de compras? ¿Prefieres ir solo o acompañado?

8 Completa el crucigrama con el pretérito para descubrir la palabra secreta.

1. venir (yo)
2. traer (ustedes)
3. hacer (yo)
4. traducir (ella)
5. conducir (tú)
6. decir (tú)
7. dormir (él)
8. andar (nosotros)
9. leer (ellos)
10. ir (nosotros)

9 Completa las frases con el verbo en el pretérito perfecto.

a. Este verano (hacer, nosotros) .... muchas excursiones al campo.

b. Hace un rato (ver, yo) .... a Luis en la cafetería.

c. ¿(Estar, tú) .... alguna vez en México?

d. Este fin de semana (ponerse, yo) .... morena porque (ir, yo) .... a la playa.

e. Siempre (querer, ellos) .... viajar en barco pero nunca lo (hacer) ....

f. El viento (abrir) .... la ventana y (romperse) .... el cristal.

g. Este año (volver, ustedes) .... de vacaciones antes que el año pasado.

10 Lee la postal que Elena escribió a su amiga Sara el último día de sus vacaciones. Fíjate en los verbos marcados. ¿Recuerdas lo que expresan y cuándo se usan?

¡Hola, Sara!

¿Qué tal tus vacaciones? ¡Este verano me lo he pasado genial!

Ya sabes que mis padres decidieron ir a visitar a mis abuelos en Montana.

El viaje en auto fue muy largo y aburrido, pero cuando llegué, me gustó mucho el sitio. Los primeros días me aburrí un poco y, además, tuve que ir con mis padres a visitar a toda la familia. Por suerte, hace dos semanas conocí a Fani, la nieta de los vecinos de mis abuelos, y desde ese día nos hicimos muy amigas. El viernes pasado fuimos a la feria del pueblo y nos encontramos a sus primos, estuvimos todo el rato con ellos y nos divertimos mucho. El mayor, Jorge, ¡es guapísimo! Creo que me gusta. Esta mañana Fani me ha dicho que yo también le gusto y que ayer le pidió mi correo electrónico. Hoy es mi último día aquí, así que he estado toda la mañana en la piscina con Fani y después he vuelto a casa y les he escrito a todos. Ahora te dejo porque quiero despedirme de todo el mundo y ¡todavía no he hecho la maleta! Me da lástima irme, pero también tengo ganas de empezar el curso para verles de nuevo a todos. ¡¡Muchos besos!!

¡Hasta pronto!   Elena

SARA MARTÍNEZ

3333 Rock Avenue

Albuquerque,

New Mexico 33333

11 Escribe los verbos de la postal de Elena en su cuadro correspondiente según el tiempo del pasado y escribe su infinitivo al lado. Después, completa los espacios para describir el uso de cada tiempo.

PRESENT PERFECT	PRETERIT
lo he pasado ➡ pasar(lo)	decidieron ➡ decidir

a. Usamos el .... para hablar de acciones pasadas en un **tiempo terminado**.

b. Usamos el .... para hablar de acciones pasadas en un **tiempo no terminado o en relación con el presente.**

1 👥 **El abuelo de Elena, Gregorio Fernández, está recordando diferentes momentos de su vida. ¿En qué crees que está pensando? Observa la imagen y completa las frases con tu compañero/a.**

- Cuando era niño ....

- A los 18 años ....

- Cuando cumplí los 30 ....

- Hoy ....

2 🎧 ² **Escucha a Gregorio hablando de su vida y escribe los números de las frases en su lugar correspondiente.**

a. Cuando era niño ....

b. A los 18 años ....

c. Cuando cumplí los 30 ....

d. Hoy ....

3 🎧 ² **Escucha de nuevo y escribe los siguientes verbos en el tiempo en el que aparecen.**

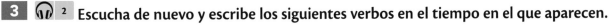

a. empezar ....

b. jugar ....

c. casarme ....

d. estar ....

e. tener ....

f. trabajar ....

g. aprender ....

h. ir ....

i. afeitarse ....

4 Gregorio tiene tan buena memoria que incluso se acuerda de su primer día de escuela. Mira los dibujos e intenta imaginar cómo fue ese día. Habla con tu compañero/a.

5 Comprueba tus hipótesis. Completa el texto con los verbos del pasado.

Cuando pienso en mi época de estudiante siempre vienen a mi memoria muy buenos recuerdos, bueno, menos el de mi primer día de escuela… Se puede decir que para mí (1) .... (ser) toda una experiencia y, aunque ya (2) .... (pasar) muchos años desde entonces, me acuerdo perfectamente de lo que (3) .... (sentir).

Recuerdo que ese día mi mamá me (4) .... (despertar) muy temprano. (5) .... (Levantarse), (6) .... (vestirse) yo solo y (7) .... (desayunar) muy bien, porque mi mamá siempre (8) .... (decir) que "antes de estudiar, tu barriga debes llenar". Después mi mamá me (9) .... (ayudar) a peinarme, yo (10) .... (agarrar) mi mochila nueva y (11) .... (salir) hacia la escuela. Yo (12) .... (estar) muy emocionado porque (13) .... (ser) mi primer día de escuela y ya (14) .... (ser) un niño mayor. Además, como toda mi vida (15) .... (ser) una persona muy curiosa e inquieta, (16) .... (sentir) mucha curiosidad por saber qué (17) .... (ser) eso de la escuela. (18) .... (Ir) todo el camino contento, iba a conocer la escuela, a mis compañeros, a mi maestra… Sin embargo, cuando mi mamá me (19) .... (dejar) en la puerta de la escuela junto a los demás niños, (20) .... (ponerse) tan nervioso que (21) .... (empezar) a llorar y, para mi desconsuelo, ¡los demás niños también (22) .... (llorar)!

Enseguida (23) .... (venir) mi maestra e (24) .... (intentar) consolarme, pero (25) .... (estar) todo el día triste y de mal humor, tanto, que al final la maestra (26) .... (llamar) a mi mamá por teléfono y ella (27) .... (venir) a buscarme a la escuela. Cuando (28) .... (acostumbrarse), la escuela me (29) .... (encantar) y la maestra Margarita (30) .... (ser) la mejor maestra que (31) .... (tener) nunca.

6 Lee las siguientes frases sacadas del texto. Escribe la letra de cada una en el cuadro correspondiente según el uso del pasado.

a. Se puede decir que para mí fue toda una experiencia.

b. Ya han pasado muchos años desde entonces.

c. Recuerdo que ese día mi mamá me despertó muy temprano.

d. Mi mamá siempre decía que "antes de estudiar, tu barriga debes llenar".

e. Yo estaba muy emocionado porque era mi primer día de escuela y ya era un niño mayor.

f. Toda mi vida he sido una persona muy curiosa e inquieta.

g. Sentía mucha curiosidad por saber qué era eso de la escuela.

h. Enseguida vino mi maestra e intentó consolarme, pero estuve todo el día triste y de mal humor.

i. Margarita fue la mejor maestra que he tenido nunca.

Acción sin relación con el presente	Descripción de una situación	Acción en un pasado reciente o en relación con el presente	Acción habitual	Valoración
				a

7 Imagina cómo fue el primer día de escuela de uno de tus compañeros/as y escribe cuatro frases.

a. ....

b. ....

c. ....

d. ....

8 ¿Recuerdas tu primer día de escuela? Intercambia experiencias con tu compañero/a. ¿Has acertado en alguna de las frases que escribiste sobre tu compañero/a en la actividad anterior?

Modelo: Yo tenía 6 años cuando empecé la escuela.

9 Ahora, escribe cómo fue el primer día de escuela de tu compañero/a.

UN POCO MÁS

1 Relaciona las siguientes frases con la imagen correspondiente.

1. ◯ ¡Ordena tu cuarto!
2. ◯ Respire, por favor.
3. ◯ Coman ensalada.
4. ◯ Haz tu tarea.
5. ◯ Entra.

2 Clasifica las órdenes de la actividad anterior según su uso.

Dar órdenes	Dar permiso	Invitar	Dar consejos	Dar instrucciones

3 Observa las imágenes. Imagina que tú eres el profesor de estos alumnos. Dile a cada uno la orden correspondiente usando los siguientes verbos en imperativo.

- cerrar
- abrir
- ~~salir~~
- recoger
- quitarse
- sentarse

a. ....Sal al pizarrón....
b. ....
c. ....
d. ....
e. ....
f. ....

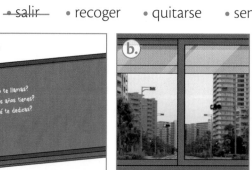

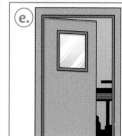

4 **Completa las frases con la forma correcta de *ser* o *estar*. Después, relaciona cada frase con su uso.**

1. Mariela .... argentina.
2. La isla de Pascua .... parte de Chile.
3. Lola .... una muchacha muy antipática.
4. Roberto .... un muchacho muy guapo.
5. Pedro .... informático.
6. La puerta .... de cristal.
7. Carlos .... el primo de Lucía.
8. .... las diez de la mañana.
9. Laura .... enferma.

a. Decir el material de una cosa.
b. Describir características físicas.
c. Decir la nacionalidad.
d. Describir situaciones temporales.
e. Describir personalidad o rasgos de carácter.
f. Decir la hora.
g. Decir la profesión.
h. Identificar a personas.
i. Expresar localización.

5 **Elige el verbo apropiado según el contexto.**

a. Lima **es / está** la capital de Perú.
b. El avión **es / está** más rápido que el tren.
c. **Soy / Estoy** muy contento porque este año voy a ir de vacaciones a la playa.
d. En esta época del año siempre **es / está** nublado.
e. ¿**Eres / Estás** cansado?
f. Mi hermano **es / está** más alto que yo.
g. Los libros **son / están** encima de la mesa.

6 **Completa las frases con *ser* o *estar* y un adjetivo apropiado de la lista.**

> aburrido/a ○ abierto/a ○ listo/a ○ malo/a ○ rico/os

a. Pedro .... un muchacho muy ...., por eso habla con todo el mundo.
b. Hoy yo .... en casa, sin saber qué hacer, y he dedicido preparar un pastel, por cierto, ... muy ....
c. Hoy, cuando he llegado a casa, he visto que la puerta ....
d. Ayer Laura no fue a clase porque ...., tenía un poco de fiebre y dolor de cabeza.
e. Los vecinos de mi padre ...., tienen mucho dinero, pero tienen un hijo que .... muy ...., y es que no se puede tener todo en esta vida.
f. ¡Muchachos! ¡A comer! La comida ....
g. Esta película .... muy ...., mejor la quitamos y hacemos otra cosa.
h. .... un muchacho muy ...., siempre tiene muy buenas notas en la escuela.

TESOROS

Turistas visitan una pirámide en Teotihuacán, México.

LATINOAMERICANOS

Antes de leer

¿Qué aspectos te atraen de los lugares que visitas o que quieres visitar? (la historia, las actividades, las compras, etc.).

¿Qué sabes de las culturas prehispánicas en México?

🎧 3 **¿Buscas hacer un viaje diferente? Te invitamos a conocer tres de los sitios más interesantes de Latinoamérica por su originalidad, historia y toque de misterio.**

«Es como estar en la cima° del mundo. Es increíble. ¡Pero lleva zapatos cómodos!», dice Devyn, un turista de Nueva York, después de su visita al sitio arqueológico de Teotihuacán en México. Es un sitio donde los aztecas construyeron una gran ciudad entre los siglos II y VII. Armando, un visitante° de California, dice: «Era el lugar número uno que quería visitar en México. Recomiendo llegar bien

temprano y subir a la Pirámide del Sol y a la Pirámide de la Luna para tener un panorama completo», sugiere en el sitio de viajes Tripadvisor.

Hoy, Teotihuacán es el segundo sitio arqueológico con más visitas del mundo. Más de dos millones y medio de turistas llegan para admirar las pirámides, los templos y las avenidas.

También pueden ver la recreación de un antiguo ritual azteca, la Danza de los Voladores. Consiste en cinco personas (los voladores) que, a gran altura, hacen impresionantes acrobacias. Originalmente, se trataba de una ceremonia asociada a las cosechas° y a la fertilidad.

La Danza de los Voladores en Teotihuacán

Las líneas de Nazca

Estas líneas son dibujos en el suelo* hechos por la civilización prehispánica nazca. Se conservaron muy bien porque están en una zona donde casi nunca llueve. No se sabe exactamente cuál es la función de las líneas, aunque hay varias teorías. Este es un resumen numérico del lugar:

Están a **200** millas de Lima, capital de Perú.

Son Patrimonio de la Humanidad desde **1994**.

Hay cerca de **800** dibujos de animales y humanos.

Las líneas tienen **30** cm de profundidad*.

Se investigaron por primera vez en **1932**.

Rapa Nui

Rapa Nui, o Isla de Pascua, es parte del territorio de Chile en el Pacífico Sur. El atractivo turístico de la isla son las esculturas gigantes con forma de cabezas, creadas entre los siglos XII y XVII. No se conoce con certeza* por qué se construyeron.

1 En la isla hay más de 800 estatuas. Se llaman **«moái»**.

2 Las esculturas tienen entre **3,5** y **12** metros de alto.

3 Están **talladas* en piedra** de un volcán extinguido.

4 Se cree que representan a los **antepasados***.

5 Hoy viven en la isla **5.000** personas.

Los moáis de la isla de Pascua

¿COMPRENDISTE?

Decide si las siguientes frases son verdaderas (V) o falsas (F).

1 Teotihuacán es el sitio arqueológico más visitado del mundo.　　V ◯ F ◯

2 Los turistas recomiendan ir a primera hora.　　V ◯ F ◯

3 Los moáis están hechos de piedra volcánica.　　V ◯ F ◯

4 La función de los moáis fue descubierta en 1932.　　V ◯ F ◯

5 Las líneas de Nazca tienen poca profundidad.　　V ◯ F ◯

AHORA TÚ

¿Qué opinas? Contesta las siguientes preguntas y comenta tus ideas con otros/as compañeros/as.

1 ¿Cuál fue el viaje más interesante que hiciste? ¿Por qué?
_____

2 ¿Qué consejo le puedes dar a alguien que quiere hacer ese mismo viaje?
_____

3 ¿Cuál de estos tres sitios recomiendas a alguien interesado en la escultura? ¿Por qué?
_____

4 ¿Cuál de estos tres sitios es ideal para alguien que quiere hacer ejercicio? ¿Por qué?
_____

5 ¿Cuál de estos tres sitios te gustaría visitar a ti? ¿Por qué?
_____

Glosario:

el antepasado – ancestor
la certeza – certainty
la cima – top
el colibrí – hummingbird
la cosecha – harvest

la profundidad – depth
el suelo – ground
tallado/a – carved
el visitante – visitor

Fuentes: *El Cronista*, Tripadvisor, INAH.

Un colibrí* dibujado en Nazca, Perú

Verbos

aburrirse *to be bored*
acostumbrarse *to get used to*
agarrar *to take*
bañarse *to swim*
conocer *to know*
construir *to build*

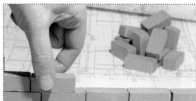

decidir *to decide*
desayunar *to have breakfast*
descansar *to rest*
descubrir *to discover*
despertarse *to wake up*
divertirse *to have fun*
dormir *to sleep*
encontrar *to find*
entrar *to come in*
hacer senderismo *to hike*

hacer surf *to surf*
intentar *to try*
leer *to read*
levantarse *to get up*
ordenar *to clean up*
pasear *to walk*
pedir *to ask for*
relajarse *to relax*

respirar *to breathe*
sentir *to feel*
tener *to have*
tomar el sol *to sunbathe*
vestirse *to get dressed*
volver *to go back*

Los viajes y las vacaciones

el aeropuerto *airport*
el avión *plane*

el boleto / billete *ticket*

el campamento de verano
summer camp

el extranjero *foreigner*
el hotel *hotel*
la llave *key*
la maleta *suitcase*

la montaña *mountain*
el paisaje *landscape*

el pasaporte *passport*
la propina *tip*
la tarjeta de crédito *credit card*

Ocio y tiempo libre

escuchar música *to listen to
music*

hacer deporte *to do sports*
ir a museos o a eventos
culturales *to go to museums or
cultural events*

ir al cine *to go to the movies*
ir de compras *to go shopping*

jugar a los videojuegos *to play
videogames*
leer *to read*
pasar tiempo con la familia *to
spend time with family*
salir con amigos *to go out with
friends*

tocar un instrumento *to play an
instrument*

trabajar como voluntario *to
work as a volunteer*
ver la televisión *to watch TV*

PRESENT PROGRESSIVE TENSE

(See page 21)

■ Use **estar** + present participle to express an action in progress or the continuity of an action.

*Esta semana **estoy estudiando** mucho.*
This week, I'm studying a lot.

*Ahora mismo **estoy comiendo**, te llamo luego.*
Right now I'm eating, I will call you later.

■ The present participle in Spanish is formed by removing the –**ar** ending and replacing it with –**ando** or by removing the –**er** or –**ir** ending and replacing it with –**iendo**.

PRESENT PARTICIPLE	
trabaj**ar** = trabaj**ando**	*to work = working*
corr**er** = corr**iendo**	*to run = running*
escrib**ir** = escrib**iendo**	*to write = writing*

USING THE PRETERIT, IMPERFECT AND PRESENT PERFECT

(See page 23)

Preterit	Imperfect	Present Perfect
■ The preterit tense is used to talk about actions that were **completed** at a fixed point in the past and have **no relation** with the **present**. • *Ayer **fui** en bici a clase.* • *El año pasado **fui** de vacaciones a Ecuador.*	■ Use the imperfect to describe **ongoing** or **habitual actions** in the past. • *Aquel día **llovía** mucho.* • *Antes yo siempre **iba** a Florida de vacaciones.*	■ We use the present perfect to say what a person **has done**. You generally use it in the same way you use its English equivalent. • *Ya **he hablado** con mi profesor de Matemáticas.* • *Luis y Rob **han comido** aquí.*

INFORMAL COMMANDS

(See page 28)

■ Use an imperative **tú** command when you want to order or tell someone to do something. Also it can be used to give advice or suggestions.

■ The affirmative **tú** commands are formed the same way as the present-tense forms that you use for **usted**, **él**, *or* **ella**.

Infinitive	Tú ➡ drop s	Affirmative *tú* commands
hablar	habl**a**	*Habla más lentamente. Speak more slowly.*
comer	com**e**	*Come la cena. Eat dinner.*
escribir	escrib**e**	*Escribe la carta. Write the letter.*

The following verbs have irregular **tú** commands in the affirmative:

Infinitive	oír	tener	venir	salir	ser	poner	hacer	decir	ir
Imperative	**oye**	**ten**	**ven**	**sal**	**sé**	**pon**	**haz**	**di**	**ve**

CONSTRUYENDO UN FUTURO

Descansando entre clase y clase

⫸ ¿Cuántos años crees que tienen estos muchachos?

⫸ ¿Qué crees que van a hacer después de graduarse?

⫸ ¿Y tú? ¿Qué planes tienes para el futuro?

⫸ ¿Qué crees que es lo más importante a la hora de elegir una carrera?

In this unit, you will learn to:

- Talk about making future plans
- Make guesses and assumptions
- Make promises
- Describe future actions and conditions

Using

- Future tense of regular and irregular verbs
- Expressions of time
- *Si* + present + future

Cultural Connections

- Share information about politics and the environment in Hispanic countries and compare cultural similarities

SABOR HISPANO

- ¡Bienvenido a los parques nacionales de España!

¡ACCIÓN!

1 Observa las imágenes de Víctor y Marta e indica a quién se refiere cada frase.

VÍCTOR

MARTA

	Víctor	Marta	Los dos	Ninguno
a. Va a hacer deporte.	○	○	○	○
b. Va a pintar.	○	○	○	○
c. Va a tocar un instrumento.	○	○	○	○
d. Lleva una camiseta.	○	○	○	○
e. No va a jugar al tenis.	○	○	○	○
f. Va a practicar con su banda.	○	○	○	○
g. Va a ganar el partido.	○	○	○	○

2 Relaciona las dos columnas para saber qué actividades van a hacer Marta y Víctor.

1. Va a ponerse   **a.** el día.

2. Va a practicar su   **b.** protección solar.

3. Va a ir a clase   **c.** deporte favorito.

4. Va a tocar   **d.** de música.

5. Van a disfrutar   **e.** la guitarra.

3 🎧 ⁴ **Escucha la conversación y completa.**

Marta: Todavía no sé qué quiero estudiar cuando empecemos (a) .... ¿Tú ya sabes qué vas a estudiar?

Víctor: Me encanta la música, así que me imagino que estudiaré (b) ...., como mi hermana mayor. Ella está muy contenta y dice que la universidad es genial.

Marta: Pero tu hermana estudia en (c) ...., ¿verdad?

Víctor: Sí, le encanta la ciudad y está muy contenta.

Marta: ¿Y tú también quieres irte a estudiar allí?

Víctor: Bueno, supongo que iré a Barcelona o quizás a (d) .... La universidad de Salamanca es preciosa y muy antigua y la ciudad tiene mucha marcha *(lively)*, porque hay mucha gente joven.

Marta: Yo creo que me quedaré aquí en Zaragoza y estudiaré (e) .... o Enfermería. Víctor, si te vas… ¡qué pena!

Víctor: Bueno, bueno, que solo estoy haciendo (f) .... Todavía no es nada seguro, ¡y faltan unos años! Además, si me voy, te prometo que vendré a verte cada fin de semana.

Marta: ¿Me lo prometes?

Víctor: ¡Prometido!

Casa de las Conchas, Salamanca

Parque Güell, Barcelona

Basílica del Pilar, Zaragoza

4 🎧 ⁴ **Escucha otra vez y contesta verdadero (V) o falso (F), según lo que dicen Marta y Víctor.**

	V	F
a. Marta no tiene claro qué va a estudiar.	☐	☐
b. La hermana de Víctor estudia Bellas Artes.	☐	☐
c. Víctor ya sabe que va a estudiar en Salamanca.	☐	☐
d. Víctor y Marta viven en Zaragoza.	☐	☐
e. Víctor dice que en Barcelona hay mucha marcha.	☐	☐
f. A Marta le da igual si Víctor se va a estudiar a otra ciudad.	☐	☐
g. Víctor le hace una promesa a Marta.	☐	☐

5 **Relaciona las frases con la imagen correspondiente.**

a. Me imagino que tendré que lavar los platos.

b. Voy a subir a poner la lavadora.

c. Te prometo que todo saldrá bien.

d. Espero tener tiempo de verlo todo.

e. Creo que este año sí aprobaré.

f. Este verano tengo la intención de ponerme en forma.

g. Te juro que te compraré otras.

h. Para mi fiesta de cumpleaños, este año pienso ir a un karaoke.

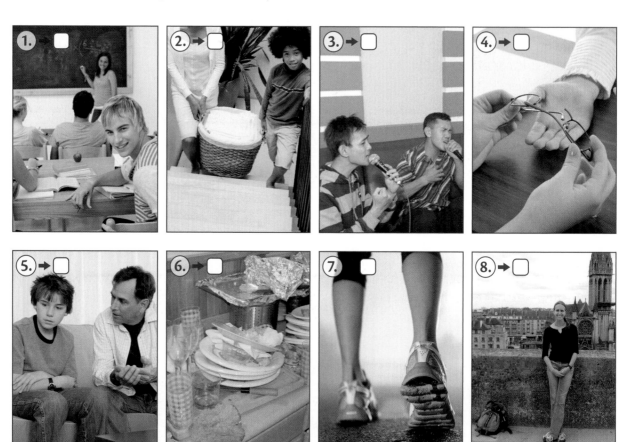

6 **Hazle las siguientes preguntas a tu compañero/a. Después, cambien de papel.**

a. ¿Ya sabes qué vas a hacer después de la escuela secundaria? ¿Qué?

b. ¿Tienes claro qué vas a estudiar en la universidad o escuela técnica? ¿Qué?

c. ¿Quieres ir a otra ciudad para estudiar o trabajar? ¿Por qué?

d. ¿Has ido alguna vez a un karaoke? ¿Cómo fue?

e. ¿Practicas algún deporte? ¿Cuál? ¿Con qué frecuencia?

f. ¿Cuál fue la última ciudad que visitaste? ¿Y la próxima que quieres visitar?

MAKING ASSUMPTIONS

■ Para **hacer suposiciones o conjeturas**:

Creo que mañana lloverá. *I believe that it will rain tomorrow.*

Me imagino que no podremos ir a la playa. *I imagine that we won't be able to go the beach.*

Supongo que nos quedaremos en casa. *I guess that we will stay at home.*

1 Indica qué han hecho las siguientes personas.

| a. Alicia (estudiar) | b. el abuelo Paco (pescar) | c. Iván (hacer excursiones) | d. el tío Pepe (tener un accidente) | e. Patricia (escalar montañas) |

Alicia ha estudiado mucho.

2 👥 Con tu compañero/a, relaciona las imágenes con las personas de la Actividad 1 según lo que van a hacer en el futuro.

1. ☐   2. → ☐   3. → ☐   4. → ☐   5. → ☐

3 👥 ¿Qué actividades crees que van a hacer las personas de la Actividad 1? ¿Coinciden con las suposiciones que hicieron tu compañero/a y tú?

Irá al mecánico ○ Irá de expedición a la selva ○ Subirá al Everest ○
Irá a la universidad ○ Cocinará pescado a la plancha

a. Alicia

b. El abuelo Paco

c. Iván

d. El tío Pepe

e. Patricia

4 👥 **En parejas, hablen sobre lo que creen que van o no van a hacer en su futuro. Completen las tres últimas frases según sus propios planes.**

Modelo: E1: *Supongo que viajaré a Argentina.*

E2: *Yo también. / Yo no. Creo que viajaré a Italia.*

Hablaré español perfectamente.

Hablaré muchos idiomas.

Seré un/a deportista profesional.

Escribiré un libro.

Viviré en el extranjero.

Tocaré un instrumento.

Correré maratones.

Conoceré ....

Iré a ....

Estudiaré ....

Me imagino que viajaré por todo el mundo con mi mejor amiga.

5 👥 **Ten la misma conversación con otro compañero/a. ¿Con cuál de ellos crees que tienes más en común? Explica tus razones a la clase.**

MAKING PROMISES

■ Para **hacer promesas**:

- **Te prometo que**... *I promise you that...*
- **Te lo prometo** / **juro**. *I promise / swear it...*
- **Te doy mi palabra**. *I give you my word.*
- **Te juro que**... *I swear that...*
- **¡Prometido!** *Promise!*
- **Lo haré sin falta**. *I will be sure to do it.*

¡Prometido!

6 🎧 ⁵ **Escucha y completa las conversaciones. Después, relaciónalas con sus imágenes.**

(1.) ➡ ☐

a. Madre: ¡El próximo fin de semana estás castigado *(punished)*! Ayer llegaste tardísimo.
Hijo: .... que no volverá a pasar, de verdad.
Madre: Siempre dices lo mismo y nunca haces caso. ¡No hay más que hablar!
Hijo: ¡Pero, mamá…!

(2.) ➡ ☐

b. Luis: ¡Estuve media hora esperándote y la película ya ha empezado! La próxima vez entro yo solo al cine y no te espero.
Sandra: Anda, no te enfades. He llamado para avisarte… .... que no volverá a pasar.
Luis: ¡Pero si desde que te conozco siempre llegas tarde!

(3.) ➡ ☐

c. Pedro: Tu fiesta ha estado genial. Nos hemos divertido muchísimo.
Daniel: Me alegro. A ver si celebramos otra para tu cumpleaños.
Pedro: ....

7 👥 **Lee las siguientes promesas y comenta con tu compañero/a qué ha podido pasar para motivar cada promesa.**

a. Te prometo que no me meteré en tu correo electrónico.
b. Te juro que tendré mucho cuidado con él.
c. De verdad que lo haré sin falta. ¡Prometido!

8 👥 **Elige una de las promesas anteriores y prepara con tu compañero/a una conversación como las de la Actividad 6.**

MORE IN ELETECA: EXTRA ONLINE PRACTICE

1.

2.

3.

4.

5.

6.

ANTES DEL VIDEO

1 Todas estas palabras tienen relación con el episodio que vas a ver. Relaciónalas con su definición.

1. adivina	**a.** Cuando pierdes la tranquilidad y la calma.
2. confuso	**b.** Es el sistema formado por la naturaleza.
3. ponerse nervioso	**c.** Disciplina científica que estudia los árboles, las plantas, etc.
4. planes	**d.** Persona que conoce el futuro de las personas.
5. medioambiente	**e.** Expresión de las preferencias políticas de los ciudadanos.
6. candidato de un partido político	**f.** Trabajador que cuida los bosques.
	g. Lugar de la naturaleza protegido.
7. votos	**h.** Subida de la temperatura de la atmósfera muy negativa para la vida natural.
8. guardabosques	
9. ciencias de la naturaleza	**i.** Animales que viven en la naturaleza.
10. parque nacional	**j.** Cuando no tienes las ideas claras.
11. especies salvajes	**k.** Cuando tienes una intención o un proyecto para el futuro.
12. efecto invernadero	**l.** Persona que se presenta a las elecciones.

2 Fíjate en las imágenes y relaciónalas con las siguientes frases y conversaciones. Basa tu respuesta en lo que crees que puede ocurrir. Usa tu imaginación.

a. "Harás un importante estudio sobre el efecto invernadero".

b. » No sé qué estudiar y quiero aclarar mis planes de futuro.

   » Divide la baraja en dos y deja que doña Morgana mire tu futuro.

c. "El futuro se mostrará a través de mis cartas. Abran la mente".

d. "Esta carta representa al árbol de la vida. Tu destino está muy claro".

e. » Por fin ya tiene claro lo que va a estudiar.

   » ¡Las cosas que se hacen por los amigos!

f. "Tendrás muchos votos por todo el país y ganarás unas elecciones".

Imagen ☐
Imagen ☐
Imagen ☐
Imagen ☐
Imagen ☐
Imagen ☐

DURANTE EL VIDEO

3 Mira el episodio y señala cuáles de las siguientes afirmaciones son verdaderas.

a. ☐ La adivina se llama Morgana.

b. ☐ Felipe pregunta por su futuro.

c. ☐ Sebas tiene dos caminos en su futuro.

d. ☐ Sebas prefiere ser guardabosques.

e. ☐ Sebas trabajará en economía.

f. ☐ Según las cartas, Sebas estudiará Ciencias de la Educación.

g. ☐ A Felipe le gustan los dos posibles destinos.

h. ☐ Morgana es una adivina falsa.

4 Ordena cronológicamente las frases de acuerdo a lo que ocurre en el episodio.

a. ① Los muchachos esperan impacientes en un sitio oscuro iluminado con velas.

b. ☐ Felipe y la adivina se quedan solos y se ríen.

c. ☐ Hay un posible futuro como político para Sebas.

d. ☐ Felipe dice que su amigo quiere saber cosas sobre su futuro.

e. ☐ La adivina pregunta qué quiere saber Sebas sobre el futuro.

f. ☐ La adivina echa las cartas.

g. ☐ Llega la adivina.

h. ☐ Sebas dice que no cree en los adivinos.

i. ☐ Hay un segundo posible futuro como guardabosques.

j. ☐ Sebas explica que tiene dudas sobre qué estudiar.

k. ☐ Aparecen dos posibles futuros para Sebas.

l. ☐ La adivina pide concentración.

m. ☐ A Sebas le gusta más el futuro como guardabosques.

n. ☐ La adivina pregunta quién quiere saber algo sobre su futuro.

ñ. ☐ Se va muy contento a contarle la novedad a sus padres.

o. ⑯ En realidad Morgana es una adivina disfrazada para ayudar a Sebas a tomar una decisión.

DESPUÉS DEL VIDEO

5 👥 Contesta las preguntas y comenta tus respuestas con tu compañero/a.

	Sí	No	¿Por qué?
¿Has ido a visitar a una adivina?	☐	☐	
¿Crees en el tarot?	☐	☐	
¿Es necesario que alguien te ayude a tomar decisiones sobre tu futuro?	☐	☐	
¿Sabes ya qué vas a hacer en el futuro?	☐	☐	

6 👥 Habla con tu compañero/a sobre las siguientes afirmaciones. Expresa tu opinión a favor o en contra.

a. Personalmente, puedo hacer poco por el medioambiente.

b. Si todos colaboramos podemos cambiar el futuro de la tierra.

c. Considero que hay personas que pueden adivinar el futuro.

d. Tengo muy claro lo que haré en el futuro.

 MORE IN ELETECA: EXTRA ONLINE PRACTICE

1 Observa las imágenes y separa los fenómenos y prácticas en positivos o negativos. Añade a la lista otras palabras que conozcas relacionadas con el medioambiente.

consumo responsable

reciclaje

contaminación

energía renovable

sequía

transporte ecológico

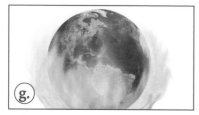

calentamiento global

deshielo

deforestación

 Positivos

....
....
....
....

 Negativos

....
....
....
....

2 Lean estas descripciones y relaciónenlas con su símbolo correspondiente. ¿Existen estos símbolos en Estados Unidos? ¿Significan lo mismo?

a.	b.	c.
1. ➡ ☐ Esta ilustración invita al consumidor a ser cívico y dejar las botellas, latas o otra basura en un lugar adecuado para ello, como papeleras, basureros, etc. Lo encontrarás en casi todos los productos con el objetivo de responsabilizar al consumidor.	**2.** ➡ ☐ En este logo cada flecha representa uno de los pasos del proceso de reciclaje: recogida, el proceso mismo del reciclaje y la compra de los productos reciclados, de manera que el sistema continúa una y otra vez, como en un círculo.	**3.** ➡ ☐ El envase (*container*) que lleva este ícono garantiza que, al convertirse en basura, este envase se reciclará. Lo encontramos en envases de plástico, metálicos, cartón, papel…

3 📖 Lee el siguiente artículo aparecido en una revista. Después, haz una lista de cuatro recomendaciones que hacen y compara tus respuestas con las de tu compañero/a.

Ideas sencillas para salvar el planeta

El día a día nos ofrece muchas posibilidades para poner nuestro granito de arena en la protección y salvación del planeta. Si no sabes por dónde empezar, nosotros te damos algunas sugerencias *(suggestions)*.

Además de modificar los hábitos, se trata de que estos cambios sean sencillos de realizar *(easy to do)* para conseguir una repetición constante y resultados a largo plazo *(long term)*, los verdaderamente productivos.

Pero, ¿por dónde empezar? Podemos cambiar el chip sin esfuerzo en cuestiones cotidianas como la compra diaria, el uso de la computadora, nuestra basura, la publicidad comercial en papel que llena nuestro buzón *(mailbox)* o, entre muchos aspectos, la climatización de nuestro hogar.

Al ir a hacer la compra, infórmate del origen de los productos y las condiciones en que se elaboran, eso te ayudará a comprar con responsabilidad. Además, intenta consumir frutas y verduras orgánicas, mejorarás tu alimentación y ayudarás a mejorar el medioambiente.

Si utilizamos el portátil en lugar de una computadora ya estamos haciéndole un favor al medioambiente, y también a nuestro bolsillo *(pocket)* pues, por lo general, con él gastaremos aproximadamente la mitad de energía.

Otra idea es evitar *(avoid)* en nuestro buzón la publicidad en papel contactando con las empresas para que nos borren de sus listados. Si necesitamos ver algún catálogo, siempre podemos acudir a la versión *online* para consultarlo en un momento determinado. Piensa, además, que los recursos naturales no son infinitos y compara cuánto se tarda en cortar un árbol y cuánto tardará en crecer. Por eso, no malgastes el papel.

No gastar demasiado en climatización es otra cosa que podemos hacer teniendo un termostato programable y siguiendo consejos básicos para el aire acondicionado y la calefacción *(heating)*, así como evitar el transporte privado y preferir la bicicleta o el tren al coche o al avión.

También conviene revisar la temperatura a la que tenemos regulado el refrigerador, un par de puntos por encima de lo necesario supone un ahorro *(saving)* económico y eléctrico. Además, cambia tus electrodomésticos viejos por otros más modernos que causan un menor impacto medioambiental al consumir menos energía.

Un truco que nos ayudará a pensar qué hacer ante situaciones nuevas es recordar las famosas "tres erres" como propuesta de hábitos de consumo: Reducir, Reutilizar y Reciclar. Recicla los desechos domésticos de forma adecuada, separando los materiales; el reciclaje es básico para ayudar al planeta y son muchas las cosas y los materiales que pueden ser reutilizados.

Lógicamente, una sola persona no consigue cambios suficientes pero sí ayuda a hacerlos realidad si sus esfuerzos *(efforts)* se suman a los de otras muchas personas. El trabajo en equipo resulta totalmente imprescindible. Como ves, se pueden hacer más cosas de las que parece sin mucho esfuerzo. ¿Colaboras?

Texto adaptado de: *http://www.ecologiaverde.com/ideas-sencillas-para-ayudar-a-salvar-el-planeta/*

4 Relaciona las frases sacadas del texto con la imagen correspondiente.

a. Infórmate del origen de los productos y las condiciones en que se elaboran.

b. Intenta consumir frutas y verduras orgánicas.

c. Compara cuánto se tarda en cortar un árbol y cuánto tardará en crecer, no malgastes el papel.

d. Usa un termostato programable y sigue los consejos básicos para el aire acondicionado y la calefacción.

e. Prefiere la bicicleta o el tren al coche o al avión.

f. Si utilizamos el portátil en lugar de una computadora, ya estamos haciéndole un favor al medioambiente.

g. Cambia tus electrodomésticos viejos por otros más modernos que causan un impacto medioambiental menor al consumir menos energía.

h. Recicla los desechos domésticos de forma adecuada, separando los materiales.

5 👥 **Habla con tu compañero/a sobre la información del artículo. Usa las siguientes preguntas como modelo.**

• ¿Qué ideas prácticas de las que aparecen en el artículo ya conocías?

• ¿Qué información es nueva para ti?

6 👥 **En grupos pequeños, habla con tus compañeros/as sobre las cosas que haces para proteger el medioambiente.**

• ¿Qué cosas haces ya para proteger el medioambiente?

• ¿Crees que vas a hacer alguna más después de leer el artículo?

7 Lee este artículo aparecido en un periódico.

Unas elecciones muy reñidas

Mañana se celebrarán las elecciones a la presidencia del país. Las encuestas de estos días señalan (*indicate*) que los dos principales partidos están muy igualados y que puede pasar cualquier cosa. Pablo Tomeu y Francisco Torres, los dos principales candidatos a presidente, están optimistas ante estas elecciones, aunque habrá que esperar hasta contar todos los votos para conocer el resultado final.

Los dos partidos (*parties*) han prometido hacer grandes cambios en el país si consiguen ganar las elecciones. El candidato Pablo Tomeu ha dicho que si gana, hará una gran reforma en educación. También ha dicho que mejorará (*will improve*) la salud pública y que abrirá varios hospitales nuevos.

El programa del partido de Francisco Torres apuesta por (*supports*) el medioambiente. Como ha dicho a lo largo de toda su campaña, este será un punto fundamental: si el partido de Torres sale elegido, aumentará el uso del transporte público, bajará el precio de los autos eléctricos, desarrollarán más energías renovables, etc.

Hasta mañana por la tarde no conoceremos quién será el futuro presidente del país y los cambios que viviremos en los próximos cuatro años.

el candidato = el aspirante, el postulante
la encuesta = el sondeo

8 Contesta verdadero (V) o falso (F).

	V	F
a. El partido de Tomeu es el favorito.	☐	☐
b. Los dos principales candidatos piensan que pueden obtener buenos resultados.	☐	☐
c. Se presentan más de dos partidos a estas elecciones.	☐	☐
d. El partido que quiere mejorar la sanidad, también quiere mejorar el transporte.	☐	☐
e. Las elecciones se celebran cada cinco años.	☐	☐

9 Se van a celebrar elecciones en tu ciudad y tú eres uno de los candidatos a alcalde. ¿Cuál es tu programa? Escribe un discurso usando el vocabulario que has aprendido y los siguientes temas.

medioambiente o educación o trabajo o transporte o salud

Estimados ciudadanos:
Prometo que voy a construir más zonas verdes, así los niños podrán jugar en los parques. Además, si votan por mí, el transporte en la ciudad será más barato. Si mi partido gana, les prometo que...

MORE IN ELETECA: EXTRA ONLINE PRACTICE

GRAMÁTICA

■ The future tense expresses what will happen. Regular verbs in the future tense are conjugated by adding the following endings to the infinitive form of the verb:

REGULAR VERBS			
	ESTUDIAR	**COMER**	**VIVIR**
yo	estudiar**é**	comer**é**	vivir**é**
tú	estudiar**ás**	comer**ás**	vivir**ás**
usted/él/ella	estudiar**á**	comer**á**	vivir**á**
nosotros/as	estudiar**emos**	comer**emos**	vivir**emos**
vosotros/as	estudiar**éis**	comer**éis**	vivir**éis**
ustedes/ellos/ellas	estudiar**án**	comer**án**	vivir**án**

■ Irregular verbs in the future tense have irregular stems, but use the same endings as regular verbs.

IRREGULAR VERBS			
poder ➡ **podr-**			é
salir ➡ **saldr-**	tener ➡ **tendr-**		ás
caber ➡ **cabr-**	poner ➡ **pondr-**	hacer ➡ **har-**	á
haber ➡ **habr-**	venir ➡ **vendr-**	decir ➡ **dir-**	emos
saber ➡ **sabr-**	valer ➡ **valdr-**		éis
querer ➡ **querr-**			án

■ The future tense is often used with the following expressions of time:

- El año / el mes / la semana / la primavera **que viene**.   *El año que viene* iré a España.
- **Dentro de** dos años / un rato / unos días.   *Dentro de* unos días vendrá a casa.
- El / la **próximo/a** semana / mes / año.   *El próximo* año tendré 17 años.
- **Mañana** / **Pasado mañana**.   *Pasado mañana* tendré un examen.

1 **Completa conjugando en futuro los verbos entre paréntesis. ¿Qué situación se describe?**

Veo… que dentro de poco (conocer, tú) .... a una persona que (ser) .... muy importante para ti. (Salir, ustedes) .... juntos. Un día esta persona (querer) .... hacerte un regalo, pero tú le (decir) .... que no puedes aceptarlo. (Venir, tú) .... otra vez aquí porque (tener, tú) .... muchas dudas y me (pedir) .... consejo.

2 👥 **Ordena las siguientes expresiones en la línea de tiempo en la página siguiente. Empieza con la expresión más cercana al presente. Después, túrnate con tu compañero/a para decir qué harás en cada momento del futuro.**

> el mes que viene ○ dentro de dos años ○ dentro de un rato ○ mañana
> pasado mañana ○ el año que viene ○ las próximas Navidades

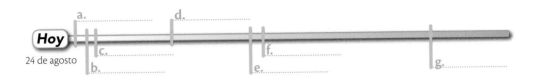

Hoy
24 de agosto

2. *SI* + PRESENT + FUTURE

■ The sentence below describes an **action that depends on a certain condition** so that it can take place.

> • **If I have** time (condition), **I will go** shopping. (action)

■ To talk about **future actions that depend on a condition**, in Spanish use:

> **Si + Present + Future**
> **Si tengo** tiempo, **iré** de compras.
> **Si** no **llueve**, **jugaremos** al tenis. *If it doesn't rain, we will play tennis.*

3 **Forma frases relacionando los elementos de las dos columnas.**

1. Si el metro no funciona,
2. Si me invita a su cumpleaños,
3. Si me pongo enferma,
4. Si no nos vemos esta tarde,
5. Si piensas un poco,

a. te llamaré.
b. iré a pie.
c. no podré ir a la excursión.
d. sabrás la respuesta.
e. tendré que comprarle un regalo.

4 **Completa el texto con los siguientes verbos.**

> castigan ○ llegaré ○ podré ○ vuelvo ○ veré ○ vemos ○ castigarán ○ salgo ○ aburriré

Si (a) .... la película de las 10 de la noche, (b) .... muy tarde a casa. Si (c) .... a llegar tarde, seguro que mis padres me (d) .... Si me (e) .... , no (f) .... salir el fin de semana con mis amigos. Si no (g) ...., no (h) .... a mis amigos y me (i) .... mucho.

5 **Completa las siguientes frases con tu opinión. Después, habla de tus planes en grupos pequeños.**

a. Si ...., daré la vuelta al mundo.
b. Si tengo suerte, ...
c. Si el sábado hace mal tiempo, ...
d. Si ...., aprenderé japonés.
f. Si me toca la lotería, ...

6 **Escribe condiciones para conseguir estos propósitos.**

> estar en forma ○ ser feliz ○ ser rico ○ tener el mejor trabajo del mundo

Modelo: *Si corro cada día, estaré en forma (be in shape).*

DESTREZAS

1 Antes de leer el texto, repasa la estrategia en Destrezas y sigue las recomendaciones.

> ### Destrezas
>
> **Scanning for specific information**
>
> Use the comprehension questions at the end of the activity to help you decide what information to search for as you read.
>
> List some key words or phrases you should focus your attention on.
>
> ....
>
> ....

2 Lee el texto y elige la respuesta correcta.

1. Teo escribe un correo sobre...

   a. sus últimas vacaciones.

   b. sus exámenes.

   c. sus próximas vacaciones.

2. Teo tiene información sobre la isla...

   a. por sus amigos.

   b. porque se la ha dado Luis.

   c. porque se lo han contado y por Internet.

3. Teo pide información sobre...

   a. playas y alojamiento.

   b. playas y gastronomía.

   c. playas, gastronomía y alojamiento.

4. En el correo, Teo...

   a. solo pide información a su amigo.

   b. pide información a su amigo y le propone hacer actividades juntos.

   c. solo le propone a su amigo hacer actividades juntos.

5. Teo quiere practicar...

Asunto: Mi viaje a Los Ángeles

De: teo@gmail.com   Para: luis@hotmail.com

Hola, Luis:

¿Qué tal va todo? Me imagino que seguirás de exámenes. ¡Con lo estudioso que eres, seguro que sacas unas notas increíbles!

Te escribo para decirte que el mes que viene tendré unos días de vacaciones y quiero ir a Los Ángeles. Supongo que estarás allí y que podremos hacer muchas cosas juntos. Por cierto, pienso llevarme mi tabla de surf. Me han dicho que allí hay unas olas fantásticas, ¿me puedes dar alguna información sobre las playas? También quiero ir un día a la isla Santa Catalina. He leído en Internet que es muy bonita y que se puede ir a ver delfines. ¿Vendrás conmigo? Me imagino que tú sabrás dónde están los botes que te llevan hasta allí. Por cierto, ¿conoces algún lugar para ir de acampada?

Como ves, no pienso parar ni un solo día. Y por la tarde, supongo que me enseñarás los lugares donde va la gente joven...

¡Espero tu correo! Un abrazo,

Teo

EXPRESIÓN E INTERACCIÓN ESCRITAS

3 Quieres pasar unos días en un parque nacional y necesitas información sobre qué se ofrece allí. Antes de empezar a escribir, lee la estrategia en Destrezas y sigue la sugerencia.

Destrezas

Organizing your information in a logical order

Think about the information you need and prepare your questions. Include the specific vocabulary you will need.

Information: availability for dates you want, access to pools and sports facilities included in price, pets allowed.

Vocabulary: plazas libres, wi-fi, restaurante, luz eléctrica…

---

4 Escribe tu email al camping para pedir la información.

PRONUNCIACIÓN La acentuación

As you know, all words in Spanish have a syllable that is pronounced with more stress than the other syllables in the word, and in some cases, a written accent is needed to identify the stressed syllable.

1 🎧 6 Escucha las siguientes palabras y subraya la sílaba en la que recae el acento en cada una de ellas.

• cuéntamelo	• historia	• ciudad	• lápiz	• aquí
• corazón	• carácter	• después	• verano	• rápido
• sábado	• música	• dáselo	• maravilla	• político
• pensar	• cómic	• devuélvemelo	• jardín	• casa
• salió	• fábrica	• gracias	• dímelo	• envíanoslas
• joven	• canción	• palo	• difícil	• genial

2 Ahora, clasifica las palabras de la Actividad 1 según la sílaba tónica.

- Palabras **agudas** ☐☐☐ ....
- Palabras **esdrújulas** ☐☐☐ ....
- Palabras **llanas** difícil ☐☐☐ ....
- Palabras **sobreesdrújulas** ☐☐☐☐ ....

3 Observa las palabras que tienen tilde *(written accent)* y completa las reglas de acentuación.

a. Las palabras agudas se acentúan cuando terminan en ...., ... o ....

b. Las palabas llanas se acentúan cuando terminan en una consonante distinta de ....o ....

c. Las palabras esdrújulas o sobreesdrújulas se acentúan ....

d. Recuerda que las palabras **qué**, **cómo**, **dónde**, **cuándo** y **cuánto** tienen tilde solamente en las frases .... y .... Por ejemplo: *¿De dónde eres? ¡Qué calor!*

MORE IN ELETECA: EXTRA ONLINE PRACTICE

¡BIENVENIDOS A LOS PARQUES

Parque Nacional del Teide, Tenerife, Islas Canarias

NACIONALES DE ESPAÑA!

Antes de leer

¿Hay parques nacionales en tu país?

¿Has visitado alguno?

¿Qué características tienen estos parques?

🎧 7 **Naturaleza espectacular, flora única y fauna salvaje°. Estos son algunos de los elementos de los parques nacionales. ¡Visítalos!**

«Es nuestro mayor tesoro°», dice Humberto Gutiérrez, Jefe de Medioambiente de Tenerife, «el Parque Nacional del Teide es el que recibe más visitas de toda Europa y el segundo del mundo. Además, en él está el volcán más grande del mundo». El Parque Nacional del Teide, en las islas Canarias, España, es uno de los 15 parques nacionales de este país.

Los parques nacionales se caracterizan por su impresionante naturaleza y su fauna. A menudo están formados por cordilleras o montañas,

volcanes, lagos, desiertos, cascadas°, bosques, rocas, barrancos°, calderas° o glaciares.

«No es suficiente con tener hectáreas de terreno. Para que una extensión sea declarada Parque Nacional, esta debe tener una belleza, fauna y flora especiales. El gobierno de un país la acota° y protege para que no se construya en ella», dicen desde el Ministerio de Agricultura, Alimentación y Medioambiente de España.

Otros parques nacionales importantes son el Parque Nacional de Doñana, el Parque Nacional de Sierra Nevada, el Parque Nacional Marítimo-Terrestre del Archipiélago de Cabrera y el Parque Nacional de los Picos de Europa.

Muchos de estos parques han sido declarados Patrimonio de la Humanidad por la UNESCO.

Parque Nacional de Ordesa y Monte Perdido, Aragón

Parques Nacionales

Aquí están los 5 parques nacionales más importantes de España.

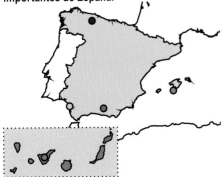

- ■ Parque Nacional del Teide
- ■ Parque Nacional de Doñana
- ■ Parque Nacional de Sierra Nevada
- ■ Parque Nacional Marítimo-Terrestre del Archipiélago de Cabrera
- ■ Parque Nacional de los Picos de Europa

Atractivos

Estos son los elementos más atractivos de un Parque Nacional, según sus visitantes.

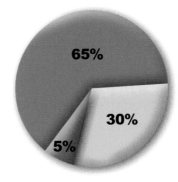

65%

30%

5%

- ■ La geografía
- ■ La fauna
- ■ La flora

Parque Nacional de Sierra Nevada, Granada, Andalucía

¿COMPRENDISTE?

Relaciona las siguientes frases.

1. Los parques nacionales
2. En el Parque Nacional de Sierra Nevada
3. El Parque Nacional del Teide
4. En los parques nacionales a menudo hay
5. El Parque Nacional de los Picos de Europa

a. está en el norte de España.
b. está en una isla.
c. nieva mucho.
d. son terrenos protegidos por el gobierno.
e. montañas, barrancos y bosques.

AHORA TÚ

¿Qué opinas? Contesta las preguntas y comenta tus ideas con tus compañeros/as.

1. ¿Es importante para un país tener parques nacionales? ¿Por qué?

2. ¿Crees que el número de visitantes a un parque nacional es positivo o negativo para el parque? ¿Por qué?

3. ¿Crees que un parque nacional aporta riqueza* a un país? ¿Cómo?

4. ¿Qué elementos famosos hay en algún parque nacional que conoces?

5. ¿Qué parque te gustaría visitar? ¿Por qué?

Parque Nacional de Los Picos de Europa, Asturias

VOCES LATINAS ▶ EL MISTERIO DE RAPA NUI

Glosario

acotar – enclose

el barranco – ravine

la caldera – crater

la cascada – waterfall

la riqueza – wealth

salvaje – wild

el tesoro – treasure

Fuentes: *El viajero (El País)*, *Viajar (El Periódico)*, Oficina de Turismo de España, *El Mundo*, *La Nación*, Red de Parques Nacionales, Compañía de Parques Nacionales, Parques Nacionales Naturales, Reservas Parques Nacionales, Gobierno de Canarias, Gobierno de España.

1 **Relaciona las siguientes expresiones con su definición correspondiente.**

1. efecto invernadero
2. combustibles fósiles
3. vertedero
4. sensores

a. Lugar para depositar los residuos y la basura de una zona o ciudad.

b. Dispositivos que detectan una acción externa como la temperatura o la presión y que transmiten la información.

c. Calentamiento del planeta provocado por diversos gases.

d. Lo son el carbón, el petróleo y el gas natural.

2 🎧 8 **Lee el siguiente relato. Para ayudarte a comprenderlo, subraya antes las palabras de la Actividad 1 que aparecen en él.**

Viaje al futuro

Alberto llegó de la escuela, comió, encendió la tele, agarró el mando a distancia *(remote control)* y se tumbó en el sofá. ¡ZAP!

—Si quiere disfrutar de unas vacaciones de ensueño, Florida es su destino. ¡ZAP!

—Siempre te querré a ti, mi amor. ¡ZAP!

—Quiero hacerle una pregunta; usted, al recibir el Premio Nobel de Energía afirmó que el futuro que nos espera es mucho más negro de lo que pensamos —interesante, pensó Alberto.

—Sí, efectivamente. Las grandes ciudades del futuro provocarán el efecto invernadero y una megapolución si no hacemos algo. Habrá tanta superpoblación que tendremos que cultivar en grandes huertos urbanos para alimentarnos. Para no terminar con los combustibles fósiles, tendremos que reducir el número de carros y los kilómetros recorridos por los aviones. Habrá islas-vertedero para eliminar los residuos *(waste)*. Se tendrá que ahorrar energía utilizando los elementos de la naturaleza como el sol, el viento o la lluvia. ¡ZAP!

—Buenos días, les presento a William Mitchell, del Instituto Tecnológico de Massachusetts. ¿Cómo piensa usted que serán las ciudades del futuro?

—Bueno, yo pienso que estarán diseñadas como organismos vivos, con inteligencia propia. Las calles y edificios tendrán luces inteligentes que cambiarán de color e intensidad dependiendo de la hora del día. Tanto dentro como fuera de la casa, habrá sensores que nos informarán de todo lo que sucede *(takes place)*, como, por ejemplo, tener información de los edificios o monumentos de una ciudad solo con enfocarlos con un celular. ¡ZAP!

—Necesito montar en una nave para teletransportarme en una milésima de segundo a mi planeta, si no, se cerrarán los accesos y no podré entrar. ¡¡Necesito ayuda!! —gritó Alberto.

—Despierta, hijo. Has tenido una pesadilla.

Alberto miró primero a su madre, luego a su alrededor, y se sintió feliz de encontrarse en el siglo XXI.

3 **Contesta las siguientes preguntas. Trabaja con tu compañero/a.**

a. ¿Qué cuenta el relato?

☐ Un día en la vida de Alberto.
☐ Un sueño.
☐ Un viaje al futuro.

b. ¿Cuántos canales diferentes de televisión ve Alberto?

c. ¿Cuál de las visiones sobre el futuro te parece más optimista: la del primer científico o la del segundo?

d. ¿Cuál te parece más realista?

e. ¿Con cuál de los dos estás más de acuerdo?

f. ¿Por qué crees que Alberto se alegra cuando su madre lo despierta?

4 **Imagina cómo será la vida dentro de 100 años y escríbelo.**

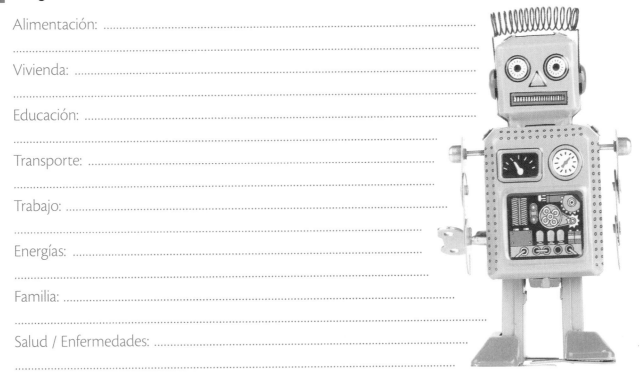

Alimentación: ....
....
Vivienda: ....
....
Educación: ....
....
Transporte: ....
....
Trabajo: ....
....
Energías: ....
....
Familia: ....
....
Salud / Enfermedades: ....
....

5 **Compara tu visión del futuro con la de tu compañero/a. ¿Comparten la misma visión?**

6 **Lee la siguiente frase: "Piensa globalmente, actúa localmente." ¿Qué crees que significa? Piensa en lo que puedes hacer para evitar un futuro negro.**

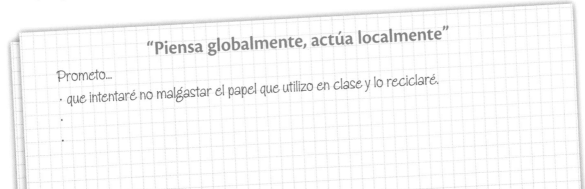

"Piensa globalmente, actúa localmente"

Prometo...
· que intentaré no malgastar el papel que utilizo en clase y lo reciclaré.
·
·

EVALUACIÓN

MAKING ASSUMPTIONS AND PROMISES

1 **Lee las frases e indica si son conjeturas (C) o promesas (P).**

		C	P
a.	Me imagino que mañana tendré que ir a hacer la compra.	☐	☐
b.	Te prometo que no lo volveré a hacer.	☐	☐
c.	Me imagino que no irá a la fiesta.	☐	☐
d.	Mañana te traeré el libro sin falta.	☐	☐
e.	Te juro que no lo contaré.	☐	☐
f.	Supongo que esta tarde cenaremos en casa de Juan.	☐	☐

THE FUTURE TENSE

2 **Escribe los siguientes verbos en el futuro.**

a. Tener, yo ....

b. Caber, ella/él ....

c. Poder, Uds. ....

d. Saber, ellos ....

e. Venir, nosotros ....

f. Ir, Uds. ....

g. Salir, usted ....

h. Valer, ellos/ellas ....

i. Ser, yo ....

j. Haber, él/ella ....

k. Poner, tú ....

l. Hacer, Uds. ....

m. Decir, yo ....

n. Querer, tú ....

3 **Ordena estas expresiones de más a menos cercanas en el futuro y escribe una frase con cada una.**

a. ☐ Pasado mañana ....

b. ☐ El año que viene ....

c. ☐ El próximo verano ....

d. ☐ Dentro de poco ....

e. ☐ Dentro de 10 años ....

f. ☐ Mañana ....

SI + PRESENT + FUTURE

4 **Completa las frases con el verbo entre paréntesis en el tiempo correspondiente.**

a. Si todo (ir) .... bien, dentro de dos años (ir, yo) .... a la universidad.

b. (Llegar, nosotros) .... tarde si (perder, nosotros) .... el autobús.

c. Si no me (llamar) .... Juan, lo (llamar, yo) ....

d. (Ir, yo) .... a la fiesta si tú (ir) ....

EL MEDIOAMBIENTE Y LA POLÍTICA

5 **Completa el texto con las siguientes palabras.**

> sequía ○ deforestación ○ consumo responsable ○ energías renovables ○
> calentamiento global ○ contaminación ○ deshielo

a. Si no llueve, habrá ....

b. El .... del planeta está provocando el .... de los polos.

c. Los países deberían apostar por las .... y el .... para reducir la ....

d. Si no detenemos la ...., nos quedaremos sin selva.

6 **Completa las frases con las palabras entre paréntesis.**

a. Antes de ...., ... políticos presentan .... para dar a conocer sus proyectos. (los partidos, su programa, las elecciones)

b. Hasta que no se cuentan .... no se puede saber qué .... ha conseguido .... (candidato, la victoria, todos los votos)

WORD STRESS

7 **Encuentra el intruso y explica en qué se diferencia.**

a. café / amor / mesa / ratón / color ....

b. médico / fábula / manzana / sábado / fábrica ....

c. Jesús / comí / camión / reloj / salón ....

d. árbol / cárcel / mesa / cosa / azul ....

e. quien / que / como / cuesta / donde ....

f. dímelo / cuéntaselo / mecánica / recíbelo ....

CULTURA

8 **Contesta las preguntas según la información que has aprendido en** *¡Bienvenidos a los parques nacionales de España!*

a. ¿Qué aspectos necesitan tener los parques para clasificarlos como parques nacionales?

b. ¿Cuáles son los parques nacionales más importantes de España y dónde están?

c. Según los visitantes de los parques, ¿cuáles son los elementos más atractivos? ¿Y para ti?

d. ¿Cómo son los parques nacionales de tu estado? ¿Qué puedes hacer allí?

MORE IN ELETECA: EXTRA ONLINE PRACTICE

Verbos

aburrirse *to be bored*

aprobar *to pass (a test, a course)*
caber *to fit*
castigar *to punish*

dar igual *to care less*
diseñar *to design*
eliminar *to eliminate*
estar en forma *to be in shape*
prometer *to promise*

quedarse *to stay*
valer *to be worth*

Expresiones temporales

dentro de…. (periodo de tiempo)
  within a (period of time)
dentro de un rato *in a moment*
el mes que viene *next month*
pasado mañana *day after
  tomorrow*

Hacer conjeturas y promesas

Creo que… *I believe that…*
Lo haré sin falta. *I 'll be sure to
  do it.*

Me imagino que… *I imagine
  that…*
¡Prometido! *Promised!*
Supongo que… *I guess that…*
Te juro que… *I promise you
  that…*
Te prometo que… *I promise you
  that…*
Te doy mi palabra. *I give you my
  word.*

El medioambiente

la basura *garbage*

el calentamiento global *global
  warming*

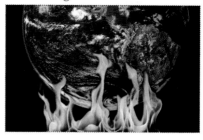

la climatización *heating and
  cooling systems*

los combustibles fósiles *fossil
  fuels*
consumir *to consume*
la contaminación *pollution*

la deforestación *deforestation*

los desechos *trash, waste*
el deshielo *melting*
el efecto invernadero *greenhouse
  effect*
la energía renovable *renewable
  energy*
malgastar *to waste*
reciclar *to recycle*
los recursos naturales *natural
  resources*
reducir *to reduce*
reutilizar *to reuse*
la sequía *drought*

el transporte ecológico
  *ecologically friendly
  transportation*
el vertedero *dumping site*

La política

el alcalde *mayor*
la campaña *campaign*
el candidato *candidate*
las elecciones *elections*
el partido político *political party*
el presidente *president*
el programa *platform*
la reforma *reform*
el voto *vote*

MAKING PROMISES

(See page 40)

- **Te prometo que**…
- **Te lo prometo / juro**.
- **Te doy mi palabra**.

- **Te juro que**…
- **¡Prometido!**
- **Lo haré sin falta**.

THE FUTURE TENSE

(See page 48)

■ The future tense expresses what will happen. Regular verbs in the future tense are conjugated by adding the following endings to the infinitive form of the verb: **-é, -ás, -á, -emos, -éis, -án.**

	ESTUDIAR	COMER	VIVIR
yo	estudiar**é**	comer**é**	vivir**é**
tú	estudiar**ás**	comer**ás**	vivir**ás**
usted/él/ella	estudiar**á**	comer**á**	vivir**á**
nosotros/as	estudiar**emos**	comer**emos**	vivir**emos**
vosotros/as	estudiar**éis**	comer**éis**	vivir**éis**
ustedes/ellos/ellas	estudiar**án**	comer**án**	vivir**án**

■ There are twelve common verbs that are irregular in the future tense. Their endings are regular, but their stems change.

IRREGULAR VERBS			
poder ➡ **podr-**			é
salir ➡ **saldr-**	tener ➡ **tendr-**		ás
caber ➡ **cabr-**	poner ➡ **pondr-**	hacer ➡ **har-**	á
haber ➡ **habr-**	venir ➡ **vendr-**	decir ➡ **dir-**	emos
saber ➡ **sabr-**	valer ➡ **valdr-**		éis
querer ➡ **querr-**			án

■ The future tense is often used with the following expressions of time:

- El año / mes / la semana / primavera **que viene**
- **Dentro de** dos años / un rato / unos días
- El/la **próximo/a** semana / mes / año
- **Mañana / Pasado mañana**

El año que viene iré a España.
Dentro de unos días vendrá a casa.
El próximo año tendré 17 años.
Pasado mañana tendré un examen.

SI + PRESENT + FUTURE

(See page 49)

To talk about **future actions that depend on a condition**, use the following:

- **Si** + **present** + **future**
  Si *no llueve,* *iremos a la playa.*

COSAS DE CASA

En esta familia, todos ayudan.

>>> ¿Qué miembros de la familia aparecen en esta foto?

>>> ¿Crees que se llevan bien? ¿Qué hacen?

>> Y tú, ¿te llevas bien con tu familia? ¿Qué cosas hacen juntos?

In this unit, you will learn to:

- Ask, give and refuse permission
- Give advice, orders and instructions
- Extend invitations

Using

- Affirmative and negative commands
- Commands and pronouns

Cultural Connections

- Giving commands and being polite

SABOR HISPANO

- Buenos y malos modales

¡ACCIÓN!

1 Completa el cuadro con la información de las imágenes y la del texto.

Pilar

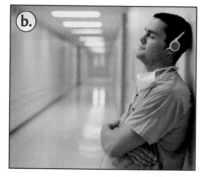
Antonio

Daría

Fernando

Marcos

Juan

Pilar Garrido, que es pintora, tuvo a Fernando con 26 años. Ella tiene tres años más que su marido, **Antonio Pérez**. A él le gusta la música clásica, pero a su hija Daría le gusta el heavy. **Daría** tiene cuatro años menos que Fernando y cinco más que su hermano Marcos. **Marcos** tiene 11 años y Juan, el abuelo, que está jubilado y le gusta cantar, tiene 77 años.

Nombre	Profesión	Edad	Gustos
Juan			
Antonio			
Pilar			ir al cine
Fernando	recepcionista		
Daría			
Marcos			

2 Completa las frases y descubre cómo es la convivencia en esta familia.

a. Antonio discute con su mujer porque usa sus camisas viejas para ....

b. Pilar se enfada con su padre porque se pone a .... mientras ella trabaja.

c. Fernando se enfada con su hermano porque nunca quiere .... con él.

d. Daría discute con su padre porque tienen .... musicales muy diferentes.

3 🎧 **9** **Escucha la conversación e indica si las frases son verdaderas (V) o falsas (F).**

Ernesto: ¡Últimamente mis padres se quejan por todo!

Daría: ¿Por qué dices eso? Tus padres son encantadores.

E.: Pues ahora se han vuelto superestrictos con todo. Me han dicho que entre semana no puedo llegar a casa más tarde de las seis. Bueno, menos los días que tengo tenis, que tengo que estar en casa a las ocho de la noche. Me han dicho que si llego un minuto más tarde, me castigarán sin salir.

D.: ¡Pero si salimos de entrenar a las siete y media! ¡Tendrás que irte corriendo a casa! ¡Y sin ducharte!

E.: Además, ahora dicen que no hacemos nada en casa y que tenemos que colaborar más.

D.: ¡Uf! ¡Qué pesados! Mi madre el año pasado hizo una lista con las tareas que tenía que hacer cada uno, ¡y fue un desastre!

E.: ¿Y eso?

D.: Mi abuelo era el encargado de hacer la compra, pero lo que hacía era pagar 270 pesos a mi hermano Fernando si iba él. Él me pagaba 180 pesos a mí y mientras él "estaba haciendo la compra" se iba de paseo. Y como yo odio (hate) ir al supermercado, pues le pagaba 90 pesos a mi hermano Marcos, ¡y él encantado!

E.: ¿Y tus padres no se enteraban (found out)?

D.: Al principio no, pero un día vieron a Marcos salir del súper y lo descubrieron.

E.: ¿Y cómo reaccionaron?

D.: Pues decidieron que con los 270 pesos del abuelo, los 180 de Fernando y mis 90, podían pagar a alguien para limpiar la casa varias horas a la semana. ¡Pero nosotros tenemos que seguir haciendo nuestra parte!, ¡y además nos cuesta dinero!

E.: ¡Ja, ja! ¡Tus padres sí que saben!

	V	F
a. Ernesto no puede llegar a casa ningún día más tarde de las ocho.	☐	☐
b. Según la opinión de Daría, los padres de Ernesto son muy simpáticos.	☐	☐
c. Fernando conseguía 90 pesos por no hacer la compra.	☐	☐
d. La persona que limpia en la casa de Daría va una hora a la semana.	☐	☐
e. Los padres de Daría descubrieron la verdad porque el abuelo lo contó todo.	☐	☐

4 **Escribe al lado de cada frase la persona correspondiente según la conversación de la Actividad 3.**

a. Inicialmente tenía que encargarse de hacer la compra: ....

b. Repartió las tareas de la casa entre los miembros de la familia: ....

c. Fue descubierto por sus padres en la puerta del supermercado: ....

d. En lugar de hacer la compra se iba caminar: ....

e. No le gusta nada hacer la compra: ....

COMUNICA

ASKING, GIVING, AND DENYING PERMISSION

- Para **pedir un permiso**:
  ¿Puedo / Podría comer un poco de pastel?
  Can / Could I have some cake?

- Para **conceder un permiso**:
  Sí, claro / por supuesto.
  Yes, of course.

- Para **denegar un permiso**:
  No, (lo siento) es que lo he hecho para llevarlo a la fiesta de Ana. *No, (I'm sorry) I made it to take to Ana's party.*
  ¡Ni hablar! / ¡De ninguna manera! *No way!*

OFFERING AND ENCOURAGING OTHERS TO ACCEPT

- Para **invitar** u **ofrecer**:
  ¿Quieres un poco de pastel?
  Do you want some cake?

- Para **responder**:
  Sí, gracias. *Yes, thank you.*
  No, gracias, es que no me gustan los dulces.
  No, thank you, I don't like sweets.

1 🎧 10 Completa las conversaciones con las expresiones del cuadro. Después, escucha y comprueba.

> quieres ○ no ○ come un poco ○ es que ○ sí, claro ○ puedo

a. Emilio: Mamá, ya sé que estás leyendo, pero… ¿(a) .... poner la tele?

Mamá: (b) ...., ponla. A mí no me molesta el ruido mientras leo.

Emilio: Vale, gracias, es que ahora hay un programa que me encanta.

b. Marcos: ¿(c) .... probar la pizza que he hecho?

Anabel: (d) ...., gracias, (e) .... acabo de comer.

Marcos: Anda, (f) ...., solo para probarla. Ya verás qué rica me sale.

Anabel: Bueno, la probaré, pero solo un poquito.

2 🎧 11 Escucha las siguientes conversaciones y marca la opción correcta.

	Diálogo 1	Diálogo 2	Diálogo 3	Diálogo 4
a. Conceder permiso.	☐	☐	☐	☐
b. Denegar permiso.	☐	☐	☐	☐
c. Aceptar una invitación.	☐	☐	☐	☐
d. Denegar una invitación.	☐	☐	☐	☐

3 Habla con tu compañero/a siguiendo las instrucciones de los cuadros.

Estudiante 1

Situación 1. Empiezas tú.
- Tienes que pedir permiso a tu compañero/a para hacer algo.

Situación 2. Empieza tu compañero/a.
- Tienes que aceptar o rechazar la invitación de tu compañero/a.

Estudiante 2

Situación 1. Empieza tu compañero/a.
- Tienes que conceder o denegar permiso según te pida tu compañero/a.

Situación 2. Empiezas tú.
- Tienes que invitar a algo u ofrecer algo a tu compañero/a.

ASKING FOR AND GIVING INSTRUCTIONS

■ Para **pedir instrucciones**:

¿Puedes / Podrías decirme cómo ir al centro?
Can / Could you tell me how to get to downtown?

Perdone / Perdona, ¿para ir a la estación?
Excuse me, how do I go to the station?

■ **Asking and giving advice**:

Últimamente no me concentro a la hora de estudiar, **¿qué puedo hacer?** *Lately I can't concentrate when I study, what can I do?*

Tendrías que / Deberías ir a la biblioteca / hacer deporte. *You should go to the library / play sports.*

¿Por qué no vas a la biblioteca / haces deporte?
Why don't you go to the library / play sports?

Ve a la biblioteca. / **Haz** deporte. *Go to the library. / Play sports.*

■ Para **dar instrucciones**:

Sí, mira, haz / toma / ve... *Yes, look, you do / take / go...*

Sí, toma la primera a la derecha, **sigue** todo derecho, después **cruza** la calle... *Yes, take the first right, keep going straight, then cross the street...*

Sí, tiene / tienes que tomar / hacer / ir...
Yes, you have to take / do / go...

■ **Giving orders**:

• **Haz / Ve**... *Do / Go...*

Pedro, **haz** las tareas antes de ver la tele.
Pedro, do your homework before watching TV.

---

4 Lee la primera parte de cada conversación y relaciónala con la respuesta correspondiente.

Perdona, ¿podrías decirme cómo llegar al Palacio de los Deportes?

No sé si voy a aprobar el examen de Historia. Solo he leído unas páginas del capítulo. ¿Qué puedo hacer?

Adriana, haz la tarea, deja de mandar textos y baja el volumen de la música.

a. ◯ Sí, claro. Sigue todo derecho y después toma la primera calle a la izquierda...

b. ◯ Que sí, mamá, ¡ya voy...!

c. ◯ ¿Y por qué no empiezas a estudiar ya? Lee una sección del capítulo cada día.

5 Indica las frases de la Actividad 4 que reflejan las siguientes situaciones.

	1	2	3	a	b	c
a. Pedir y dar consejos.	◯	◯	◯	◯	◯	◯
b. Pedir instrucciones.	◯	◯	◯	◯	◯	◯
c. Dar instrucciones.	◯	◯	◯	◯	◯	◯
d. Dar y aceptar órdenes.	◯	◯	◯	◯	◯	◯

6 Elige una de estas situaciones y cuéntasela a tu compañero/a. Él/Ella debe reaccionar.

a. Últimamente duermes poco, solo dos o tres horas. Pide consejo a tu compañero/a.

b. No sabes cómo mandar un mensaje de texto desde tu celular nuevo. Pregunta a tu compañero/a.

c. Necesitas ir a la oficina de tu escuela y no sabes dónde está. Tu compañero/a sí lo sabe.

1.

2.

3.

4.

5.

6.

ANTES DEL VIDEO

1 👥 **¿Con qué frases te identificas más? Coméntalo con tu compañero/a.**

a. La casa refleja cómo somos y por eso siempre tiene que estar limpia y ordenada.

b. Solo limpio y ordeno mi casa cuando tengo visita.

2 **Elige una frase para describir cada una de las imágenes y anticipa el contenido del episodio. Basa tu respuesta en lo que crees que puede ocurrir. Usa tu imaginación.**

Imagen 1

a. El salón está muy desordenado, pero el resto de la casa está fenomenal.

b. El salón está como el resto de la casa, todo es un desastre.

c. El salón está muy limpio, solo hay que ordenar la mesa.

Imagen 2

a. Eli pide a Sebas ayuda para ordenar la casa.

b. Eli quiere ver el dormitorio de Sebas ordenado.

c. Eli comunica a Sebas que tiene tres invitados para cenar.

Imagen 3

a. A Sebas no le gusta la idea de tener invitados.

b. Sebas no quiere ayudar con las tareas de casa.

c. Sebas no quiere ordenar su habitación.

Imagen 4

a. Es Alba, una amiga universitaria de Eli.

b. Es Alba, una amiga de Felipe.

c. Es Alba, la hermana de un invitado a la cena.

Imagen 5

a. Sebas está feliz porque a Eli tampoco le apetece limpiar.

b. Sebas está feliz porque Eli le va a ayudar con la limpieza del salón.

c. Sebas está feliz porque Alba es una de las invitadas.

Imagen 6

a. Eli está enfadada porque Sebas no quiere ni ayudar en la casa ni ordenar el salón.

b. Eli está enfadada porque Sebas solo quiere limpiar ya que viene Alba a cenar.

c. Está enfadada porque Sebas, para impresionar a Alba, quiere organizar y limpiar toda la casa y a ella no le parece necesario.

DURANTE EL VIDEO

3 **Mira el episodio completo y confirma tus hipótesis de la actividad anterior.**

4 **Vuelve a mirar el episodio y elige las frases que mejor se adaptan a cada una de las actitudes de los personajes. Después, para justificar tu respuesta, relaciona las frases con su explicación (a-f).**

Eli	Felipe	Sebas

2c		

1. No quiere dar mala impresión a una de las invitadas.

2. No quiere limpiar.

3. Quiere invitar a unos amigos a su casa.

4. Le sorprende ver a su amigo tan preocupado por la limpieza.

5. No puede hacer ese favor.

6. Pide ayuda y da órdenes a todos.

a. Porque son sus compañeros de la universidad.

b. Porque no tienen perro.

c. Porque cree que la casa está limpia.

d. Para tener la casa perfecta.

e. Porque normalmente es algo que no le importa nada.

f. Porque esa persona le gusta.

DESPUÉS DEL VIDEO

5 **Identifica las tareas de la casa que no mencionan en el episodio. Vuelve a verlo si es necesario.**

a. limpiar el polvo

b. poner la lavadora

c. planchar

d. poner la mesa

e. hacer la cama

f. barrer

g. tender la ropa

h. poner el lavaplatos

i. limpiar el suelo

j. hacer la comida

k. sacar la basura

l. limpiar las ventanas

m. cambiar las sábanas

n. pasar la aspiradora

ñ. fregar los platos

6 **¿Con qué personaje te identificas más? Coméntalo con tus compañeros/as.**

1 🎧 12 **Escucha las conversaciones y ordena las imágenes.**

a. ☐ hacer la cama

b. ➡☐ tender la ropa

c. ☐ hacer la comida

d. ☐ lavar los platos

e. ☐ tirar la basura

f. ➡☐ poner la mesa

g. ➡☐ poner la lavadora / el lavaplatos

h. ☐ planchar

i. ➡☐ barrer

j. ☐ pasear al perro

k. ➡☐ fregar el suelo

l. ➡☐ pasar la aspiradora

- hacer la cama = tender la cama
- el suelo = el piso
- las tareas domésticas = los quehaceres (de la casa)

2 **Completa las frases con los verbos del cuadro.**

fregar ○ tender ○ poner ○ limpiar ○ hacer ○ planchar ○ barrer ○ cambiar ○ pasar

a. Lo contrario de *quitar la mesa* es .... la mesa.

b. A veces cuando haces la cama también .... las sábanas.

c. Si limpio el suelo sin agua, lo ....; si lo limpio con agua y jabón, lo ....

d. Después de poner la lavadora, tengo que .... la ropa.

e. Lo hago con el polvo, los cristales y el baño y es lo contrario de *ensuciar*: ....

f. Antes de comer, ... la comida.

g. Antes de ponerte la ropa, la ....

h. Es más fácil .... la aspiradora que barrer.

3 Pilar ha decidido repartir las tareas de casa entre los miembros de su familia. Observa las imágenes y escribe qué le dice cada uno usando el imperativo afirmativo y negativo.

a. Abuelo, _plancha la ropa, pero ten cuidado de no quemarla..._

b. Antonio... ....

c. Nerea... ....

d. Javier... ....

4 Lee este artículo sobre la organización de las tareas domésticas. Después, decide si las siguientes frases son verdaderas (V) o falsas (F).

Responsabilidades del hogar

Organizar un hogar y una familia no es fácil. Por eso, es importante organizarse para distribuir las tareas y conseguir la colaboración de todos:

1. Haz un cuadro de tareas de tres columnas. En la primera, escribe todas las tareas del hogar. Pon, en primer lugar, las que se hacen todos los días, como pasear al perro por las mañanas, y, luego, las tareas semanales, como barrer, a continuación de las anteriores.

2. Piensa cuánto tiempo necesita cada tarea y escríbelo al lado, en la segunda columna.

3. Escribe en la tercera columna los nombres de las personas de la casa que crees que pueden hacer cada tarea. Asigna tareas de acuerdo con (according to) la edad, para que no sean demasiado difíciles para la persona que las realizará, o los horarios de cada uno.

4. Asigna a cada persona una o dos tareas diarias y una o dos semanales.

5. Planifica un horario rotativo y así nadie tendrá siempre los peores trabajos, como limpiar el baño o planchar.

Texto adaptado de: *http://www.ehowenespanol.com/distribuir-tareas-del-hogar-semana-como__206328/*

	V	F
a. La organización de las tareas en un hogar es una labor complicada.	☐	☐
b. Es necesario organizarse por horas.	☐	☐
c. Hay que separar las tareas diarias de las semanales.	☐	☐
d. La distribución de las tareas se hace en función del tiempo que duran (it takes).	☐	☐
e. Cada tarea se asigna a cada miembro por sorteo (randomly).	☐	☐
f. La organización de las tareas debe ser siempre la misma.	☐	☐

5 👥 **Habla con tu compañero/a sobre las tareas domésticas.**

¿Qué tareas domésticas hacen ustedes en casa? ¿Cuál de ellas les gusta menos? ¿Por qué?

6 Clasifica las siguientes palabras en la columna correspondiente. ¡*Atención!* Algunas palabras pueden aparecer en más de una columna. Si lo necesitas, usa el glosario.

> fútbol o golpear o tenis o balón o waterpolo o pelota o falta o portería o pared o
> red o squash o pase o raqueta o portero o chutar o marcar un gol o set o lanzar o
> cancha o campo o flotar o botar o ventaja o balonmano o jugador o rebotar

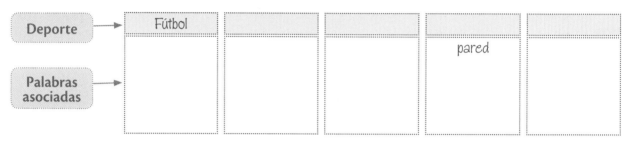

Deporte →	Fútbol				
Palabras asociadas →				pared	

7 👥 Juega con tu compañero/a. Tienen que adivinar a qué deporte se refiere cada texto. Gana quien necesite leer menos reglas para adivinarlo.

A	B
• Consigue una raqueta y una pelota pequeña.	• Forma dos equipos. En cada uno tiene que haber un portero.
• Busca un adversario para jugar.	• Durante el partido, intenta marcar el mayor número de goles al equipo contrario.
• Si el jugador contrario te ha lanzado la pelota, no debes permitir que esta bote dos veces o más en el suelo o él conseguirá el punto.	• Para marcar un gol, lanza la pelota hacia la portería contraria. Si la metes dentro, habrás marcado.
• Para ganar puntos, intenta que el adversario no pueda responder a tus golpes.	• Intenta robar el balón al jugador del equipo contrario, pero no lo agarres porque cometerás falta. No cometas faltas porque podrás ser expulsado.
• Para poder jugar, encuentra un espacio cerrado rodeado de paredes.	• Para marcar gol, utiliza cualquier parte del cuerpo, pero si usas la mano, esta tiene que estar abierta.
• Golpea la pelota con la raqueta y haz que rebote en la pared frontal de la cancha.	• No pises el suelo de la piscina, está prohibido. Tienes que mantenerte flotando durante todo el partido.
Deporte:	**Deporte:** ....

8 👥 **Seguro que conoces bien otros deportes. Siguiendo el juego de la Actividad 7, escribe frases en imperativo sobre las reglas de un deporte y juega otra vez con otro/a compañero/a.**

9 **Lee la siguiente entrevista a Vicky Alonso, una deportista española, y escribe las preguntas en su lugar correspondiente.**

Preguntas:

1. ¿En estos tiempos están todos los pabellones (*sports centers*) adaptados?
2. ¿Cómo es jugar en un equipo en donde los compañeros son hombres?
3. ¿Cómo llegó al mundo del deporte?
4. ¿Qué es lo mejor que le ha dado el deporte?
5. ¿Practicar un deporte adaptado supone un gran trabajo?

Vicky Alonso (Vigo, 1982) es una de las internacionales del deporte español. Lleva diez años en la élite del baloncesto en silla de ruedas, jugando en el Amfiv, un equipo con hombres, y está a punto (*ready*) de iniciar su quinto campeonato de Europa con la selección femenina. Dice que el deporte le ha hecho más fácil su minusvalía (*disability*).

» (a) ....

» Llegué por casualidad. Cuando comencé a sacar el carné de conducir, mi profesor de la autoescuela, que era entrenador (*coach*), me lo propuso, fui a probar y me gustó...

» (b) ....

» Yo creo que todo lo contrario, creo que el hecho de hacer deporte te ayuda muchísimo a superar la minusvalía, es todo lo contrario que en la vida cotidiana (*everyday*).

» (c) ....

» En Vigo nunca hemos tenido dificultades, pero sí en alguna otra ciudad donde los pabellones no eran del todo accesibles...

» (d) ....

» Siempre he jugado sola entre hombres, pero la verdad es que es estupendo. Yo comencé a entrenar (*train*) con ellos y, la verdad, nunca he tenido ningún problema.

» (e) ....

» Lo mejor ha sido conocer a otras personas que están en la misma situación y que se han encontrado con las mismas dificultades que tú, gente que te hace pensar que no es tan trágico estar así y que tampoco es tan difícil salir adelante (*get ahead*).

Adaptado de Castro Vigo: *http://www.lavozdegalicia.es/coruna/2011/08/23/0003_201108H23P52991.htm*

10  **Haz una presentación breve sobre Vicky Alonso ante tus compañeros/as. Describe qué ha conseguido y qué representa esta figura para ti.**

MORE IN ELETECA: EXTRA ONLINE PRACTICE

GRAMÁTICA

1. AFFIRMATIVE COMMANDS

- Affirmative commands are used to give an order, to invite, give advice, make recommendations, or give permission to someone.

  *Marcos, **limpia** tu habitación y después, **haz** la tarea.*

- For **tú** or informal commands, drop the **–s** from the present tense form of the verb. There are some irregular verbs for the **tú** form (**decir**, **hacer**, **poner**, **tener**...).

| | REGULAR VERBS | | | IRREGULAR VERBS | | | |
	COMPRAR	COMER	SUBIR	DECIR	HACER	PONER	TENER
tú	compra	come	sube	di	haz	pon	ten

- For **usted** or formal commands and **ustedes** or plural commands, start with the **yo** form of the present tense, drop the **–o** and switch to the opposite **–ar** or **–er/–ir** endings of the verb. For example, verbs ending in **–ar** will use the **–e/–en** endings in **usted** and **ustedes** commands. Verbs ending in **–er/–ir** will use the **–a/–an** endings in **usted** and **ustedes** commands.

- The informal affirmative command for **vosotros/as** has a different ending formed by substituting the **–r** in the infinitive with a **–d**:

  Compra**d** / come**d** / subi**d** / deci**d** / hace**d** / pone**d** / tene**d**...

- This form is used in Spain to tell a group of people you normally address as individually **tú** to do something.

  *Niños, **tened** cuidado al cruzar la calle.* *Children, be careful when crossing the street.*

REGULAR VERBS			
INFINITIVE	yo FORM	usted	ustedes
comprar	compro	compre	compren
comer	como	coma	coman
subir	subo	suba	suban

***Compren** fruta fresca y **coman** una al día.*

IRREGULAR VERBS			
INFINITIVE	yo FORM	usted	ustedes
decir	digo	diga	digan
hacer	hago	haga	hagan
poner	pongo	ponga	pongan
tener	tengo	tenga	tengan

***Ponga** la lavadora y **haga** la cena.*

■ With all affirmative commands, object pronouns are attached to the end of the verb.

Pon la mayonesa y la mostaza en el refrigerador.
***Ponlas** allí.*
Put the mayonnaise and the mustard in the refrigerator.
Put them there.

*Compra el pan. **Cómpralo**.*
Buy the bread. Buy it.

1 **Completa las frases conjugando en imperativo afirmativo los verbos entre paréntesis.**

a. Por favor, (entrar, usted) ....

b. Muchachos, (guardar, ustedes) .... los libros.

c. (Mirar, ustedes) .... por la ventana.

d. (Escribir, ustedes) .... en el cuaderno.

e. Pedro, (leer, tú) .... este libro de poesía.

f. (Escuchar, usted) .... atentamente.

g. Por favor, (poner, tú) .... la mesa.

h. (Hacer, ustedes) .... las tareas para mañana.

i. (Decir, usted) .... lo que piensa.

j. (Tener, tú) .... cuidado al cruzar la calle.

k. (Hablar, tú) .... más alto, por favor, no te oigo bien.

l. (Estudiar, ustedes) .... mucho, mañana tienen un examen muy importante.

m. (Cerrar, usted) .... la ventana, por favor, hace mucho frío.

n. (Poner, ustedes) .... sus abrigos encima de la cama.

2 **Los padres de Daría se van de viaje. Lee la nota que ha dejado la madre al abuelo y a los hijos y escribe en imperativo afirmativo los verbos entre paréntesis.**

Fernando, (a) .... (poner) el despertador para no quedarte dormido por la mañana y (b) .... (tener) cuidado de no dejarte el fuego de la estufa encendido. Marcos, puedes jugar un poco a los videojuegos si quieres, pero antes (c) .... (hacer) la tarea. Y Daría, tú (d) .... (sacar) al perro a pasear después de la escuela.

Papá, (e) .... (tener) cuidado si sales a la calle y (f) .... (agarrar) las llaves, que siempre te las olvidas. Y, por favor, (g) .... (dejar) la casa ordenada.

GRAMÁTICA

3 Transforma las siguientes frases en órdenes y sustituye las palabras por pronombres cuando sea posible.

a. Poner la película en la estantería. (ustedes) .... *Pónganla en la estantería.*

b. Comprar la comida al perro. (tú) ....

c. Dejar las cosas en su sitio. (ustedes) ....

d. Meter los tamales en la nevera. (usted) ....

e. Poner el despertador a tu hermano. (tú) ....

f. Estudiar la lección para mañana. (ustedes) ....

g. Decir los verbos en imperativo. (tú) ....

2. NEGATIVE COMMANDS

- Negative commands are used to tell someone what not to do.

- To form the negative commands:

  - For **usted/ustedes**, use the same form as the affirmative command.

    (usted) compre ➡ **no compre**

    (ustedes) compren ➡ **no compren**

  - For **tú**, add **−s** to the negative command of **usted**.

    (usted) no compre ➡ *(tú)* **no compres**

REGULAR VERBS			
	COMPRAR	COMER	SUBIR
tú	no compr**es**	no com**as**	no sub**as**
usted	no compr**e**	no com**a**	no sub**a**
ustedes	no compr**en**	no com**an**	no sub**an**

IRREGULAR VERBS				
	DECIR	HACER	PONER	TENER
tú	no **digas**	no **hagas**	no **pongas**	no **tengas**
usted	no **diga**	no **haga**	no **ponga**	no **tenga**
ustedes	no **digan**	no **hagan**	no **pongan**	no **tengan**

■ For **vosotros/as** (Spain) drop the **−ar**, **−er**, **−ir** ending of the infinitive and switch to **−éis** (for **−ar** verbs) or **−áis** (for **−er/−ir** verbs):

no **compréis** / no **comáis** / no **subáis** / no **digáis** / no **hagáis**...

■ With negative commands, pronouns always go before the conjugated verb.

*No **lo** bebas / no **me lo** digas / no **las** comas / no **lo** pienses / no **te** olvides...*

Don't drink it / don't tell it to me / don't eat them / don't think about it / don't forget...

4 **Completa las frases conjugando en imperativo negativo los verbos entre paréntesis.**

   a. Necesito silencio para estudiar. (Poner, tú) .... música.

   b. No nos gustan los productos de ese supermercado. (Comprar, ustedes) .... aquí.

   c. En la planta de arriba hace mucho calor. (Subir, ustedes) ....

   d. Es un secreto. (Decirlo, usted) ....

   e. El pastel está malo. (Probarlo, tú) ....

5 **El padre de Daría también ha escrito otra nota. Completa los espacios con los verbos del cuadro usando el imperativo negativo.**

> pelearse ○ comer ○ ensuciar ○ poner ○ olvidarse ○ quedarse ○ llegar

   Marcos, no (a) .... solo pizzas, tienes que comer lo que cocine tu hermana.

   Daría, tú eres la encargada de Hueso. No (b) .... de ponerle la comida y el agua

   todos los días, y ¡no (c) .... la cocina!

   Fernando, no (d) .... tarde, ni (e) .... dormido viendo la tele en el sofá.

   Abuelo, no (f) .... la radio muy alta, que después se quejan los vecinos.

   Y a todos, por favor, no (g) ....

6 **Transforma en imperativo negativo estas frases usando los pronombres cuando sea posible.**

   a. Poner la película en la estantería. (ustedes) .... *No la pongan en la estantería.* ....

   b. Comprar la comida al perro. (tú) ....

   c. Dejar las cosas en su sitio. (ustedes) ....

   d. Meter los tamales en la nevera. (usted) ....

   e. Poner el despertador a tu padre. (tú) ....

   f. Hacer la tarea a tu hermano. (tú) ....

7 **Ordena las palabras para formar frases en imperativo negativo.**

   a. le / nada / mi / hermano. / a / No / digas ....

   b. Dale / perro. / comida / la / al ....

   c. pongas / te / No / ese / jersey. ....

   d. Ponte / gafas / las / sol. / de ....

   e. se / No / peleen / primos. / sus / con ....

   f. compres. / lo / No / me ....

 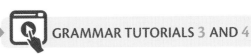

DESTREZAS

1 Antes de realizar la lectura, repasa la estrategia en Destrezas y sigue la recomendación.

> ### Destrezas
>
> **Asking yourself questions**
>
> It is helpful to ask yourself questions as you read. Skim through the brochure and ask yourself if you have read similar brochures to sign up for an activity you liked.

Si te gusta la interpretación o simplemente quieres conocer gente nueva y pasarlo bien, apúntate ya a nuestro taller de teatro. Puedes hacerlo de 8:00 a 20:30h en el teléfono (33) 3563-9184; en la recepción de la Casa Teatro El Caminante, C/ Marcos Castellanos, 26, Guadalajara; o a cualquier hora a través de nuestra web: *www.casateatroelcaminante.mx*.

El plazo de inscripción finaliza el 30 de septiembre.
- Inicio de curso: viernes 5 de octubre.
- Horario: todos los viernes de 18:00 a 20:00h.
- Lugar: Casa de la Cultura.
- Edad: sin límite de edad.
- Precio: 450 pesos al mes. (350 pesos para menores de 21 años y mayores de 55).
- Final de curso: 24 de junio. Ese día harán una representación para mostrar a sus amigos y familiares todo lo que aprendieron.

2 Lee de nuevo el texto y elige la opción correcta en cada caso.

1. El taller de teatro va dirigido a...
   a. personas que quieren ser actores profesionales.
   b. personas que tienen experiencia en el teatro.
   c. personas a las que les gusta el teatro.

2. El curso...
   a. es de una hora a la semana.
   b. dura un año.
   c. es un día a la semana.

3. El curso es para...
   a. mayores de 55 años.
   b. todas las edades.
   c. personas de entre 21 y 55 años.

4. La inscripción...
   a. puede hacerse a cualquier hora.
   b. puede hacerse solo los viernes de 18:00 a 20:00h.
   c. empieza el 30 de septiembre.

5. El precio del curso...
   a. es de 450 pesos.
   b. es gratis.
   c. depende de la edad.

6. El último día de curso...
   a. hay una clase gratis para los amigos y familiares de los alumnos.
   b. los alumnos van a ver una obra de teatro.
   c. los alumnos hacen una obra de teatro.

EXPRESIÓN E INTERACCIÓN ORALES

3 **Observa la imagen y habla durante 3 o 5 minutos siguiendo las instrucciones.**

a. Describe el lugar, las personas, los objetos y las acciones.

b. Habla sobre las características físicas de las personas y sobre su ropa o las cosas que llevan.

PRONUNCIACIÓN La entonación

■ Intonation refers to the pitch or the rising and falling of one's voice. Intonation is important because it can change the meaning of a sentence. In Spanish, statements end in a falling pitch.

- **Entonación enunciativa.** *Estudio español. Está duchándose.*

- **Entonación exclamativa.** *¡Qué interesante! ¡Ya he terminado!*

- **Entonación interrogativa.**   Abierta: *¿Dónde vives?*

       Cerrada: *¿Tienes un diccionario?*

- **Entonación suspendida**. *Pues si no lo sabe él... ¡Es tan lindo...!*

1 🎧 ¹³ **Escucha los ejemplos y repite.**

2 🎧 ¹⁴ **Escucha la entonación y elige la frase que oyes en cada caso.**

a. ☐ Ya ha venido.
☐ ¡Ya ha venido!
☐ ¿Ya ha venido?
☐ Ya ha venido…

b. ☐ No lo quiere.
☐ ¡No lo quiere!
☐ ¿No lo quiere?
☐ No lo quiere…

c. ☐ Habla español.
☐ ¡Habla español!
☐ ¿Habla español?
☐ Habla español…

d. ☐ Es que no puede.
☐ ¡Es que no puede!
☐ ¿Es que no puede?
☐ Es que no puede…

3 🎧 ¹⁵ **Escucha la conversación y pon los signos que faltan según la entonación que oyes.**

» Cuándo vendrá Marcos

» Supongo que el domingo

» Pues si viene el domingo

» Acaso te viene mal

» Cómo dices eso

» Quieres hablar claro

» Déjame que te explique

» Pues habla ya

MORE IN ELETECA: EXTRA ONLINE PRACTICE

BUENOS Y MALOS

MODALES

¿Hablas muy alto por teléfono?

🎧 **16** **Hablar alto, tocarse la nariz, empezar a comer antes que otros, llegar tarde... Mucha gente piensa que estos son malos modales pero, ¿son típicos de una persona maleducada o de una cultura?**

«Cuando me mudé a España me invitaron a una fiesta. La fiesta era a las 8 de la tarde. En Alemania la puntualidad es importante así que llegué a las 8 en punto. Pero mis amigos españoles no llegaron hasta las 8 y media... ¡Qué vergüenza!», dice Sebastian Rohde, un muchacho de 21 años de Berlín.

La experiencia de Sebastian no es única. En España no se considera de mala educación llegar tarde a una fiesta. «Si quedo con amigos a una hora determinada, se sobreentiende* que llegar algo más tarde es lo normal», dice Marisa López, una chica de Valencia.

«Pero en el ambiente laboral la actitud es muy distinta: con cosas relacionadas con el trabajo, la gente es muy profesional», dice Marisa.

«La primera vez que visité el Reino Unido, me chocó* mucho que la gente empezara a cenar antes que el resto de comensales*. En España eso se considera de mala educación», dice Samantha Borrás, una estudiante de Madrid que vive en el Reino Unido. «Preferimos comer la comida cuando está caliente», dice su novio inglés.

«¿Que si los españoles son maleducados? A veces sí lo parecen», dice Soroya Conti, una chica argentina que vive en España, «En mi país la gente que trabaja de cara al público utiliza muchas palabras de cortesía. En España se habla de forma más directa. Por eso, a algunos extranjeros les puede parecer que los españoles son maleducados».

«Creo que los españoles hablan muy alto. En Finlandia hablamos mucho más bajo. Allí se considera de mala educación hablar alto. Por eso algunas personas pueden pensar que los españoles son groseros*», dice Karen Laatvala, una estudiante que vive en Salamanca.

Una muchacha llega tarde a una cita.

¿Qué suelen pensar los extranjeros del comportamiento social de los españoles?

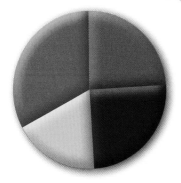

- Que no son puntuales.
- Que hablan alto.
- Que no tienen muy buena atención al cliente.
- Que interrumpen mucho.

5 comportamientos de buena educación en España

- Utilizar expresiones de cortesía.
- No comer hasta que todos los comensales hayan recibido su comida.
- Taparse la boca al toser* o estornudar*.
- No abrir la boca al comer.
- Comer con cubiertos*.

Un muchacho bosteza en público.

¿COMPRENDISTE?

Decide si las siguientes frases son verdaderas (V) o falsas (F).

1. Sebastian y Karen hablan de los modales de los españoles. V◯ F◯
2. Soroya piensa que los españoles siempre hablan de forma cortés. V◯ F◯
3. Sebastian llegó tarde a la fiesta. V◯ F◯
4. Samantha prefiere esperar al resto de comensales. V◯ F◯
5. Comer con las manos es señal de buena educación en España. V◯ F◯

AHORA TÚ

¿Qué opinas? Contesta las siguientes preguntas y comenta tus ideas con tus compañeros/as.

1. ¿Qué comportamientos se consideran correctos en tu país?
   _____
2. ¿Qué expresiones corteses usarías en español para pedir información?
   _____
3. ¿Has tenido alguna experiencia con otras culturas en las cuales has observado alguna señal de mala educación?
   _____
4. ¿Qué comportamientos son de mala educación, según tú?
   _____
5. ¿Te has comportado de forma grosera alguna vez? ¿Cuándo?

Glosario

chocar – to be in shock
el comensal – dinner guest
el cubierto – cutlery
estornudar – to sneeze
grosero/a – rude
sobreentender – understand perfectly
toser – to cough

VOCES LATINAS

¿CÓMO SON TUS MODALES?

Un muchacho come muy rápido.

Fuentes: Entrevistas personales a estudiantes de Erasmus, Guía de Protocolo, Protocolo.org.

RELATO Mi abuela Eva

1 Lee la siguiente frase y contesta las preguntas con tu compañero/a.

En la vida hay que poner el corazón en lo que haces. Si no, no sirve para nada.

a. ¿A qué crees que se refiere con "poner el corazón"?

b. ¿Estás de acuerdo con la frase?

c. Señala las cosas en las que pones el corazón: aficiones, deportes, estudios…

2 🎧 17 Lee el texto.

Mi abuela Eva

No sé si creer en las casualidades. Pero resulta que hoy, en el autobús, mientras iba a la escuela, alguien se había dejado olvidado un libro. Ya su portada me atraía a leerlo y a devorarlo *(devour it)*. Fíjate si estaba entusiasmada *(excited)* con la historia, que me pasé la parada de la escuela. El libro se llamaba *Como agua para chocolate* y cuenta la vida de Tita y su historia de amor con Pedro. La madre de Tita tuvo a su hija en la cocina, entre los olores *(smells)* de lo que estaba cocinando. Por eso, ya desde el principio, Tita sentía un gran amor por la cocina. Cuando cocinaba, su estado de ánimo *(mood)* influía en los platos que preparaba. Así, si hacía un plato estando alegre, cuando la gente lo comía, también se ponía contenta.

Ahora estoy en mi habitación y sigo leyéndolo sin parar. Quizás también me gusta esta historia porque me recuerda a mi abuela. Ella pasaba mucho tiempo en la cocina y le encantaba cocinar. Además, al igual que Tita, creía que era muy importante cómo te sentías cuando cocinabas. Siempre que podíamos, mi hermano y yo, a la vuelta de la escuela, pasábamos toda la tarde con ella. Cuando nos veía asomar *(peeking out)* la cabeza por la puerta siempre nos decía:

— Entren, entren. Miren qué estoy preparando.

Nosotros entrábamos hipnotizados. Dejábamos las mochilas en el suelo y nos poníamos manos a la obra *(get down to business)*.

— Manuela, ayúdame a cortar esta cebolla, y Tomás, lava las papas para cocerlas.

A mi hermano y a mí nos encantaba ser sus ayudantes en la cocina e imaginar que estábamos en uno de los mejores restaurantes de París.

— No, mira, si quieres que esté dulce, recítale un poema. Sí, así… Muy bien… En la vida hay que poner el corazón en lo que haces. Si no, no sirve para nada… Eso es, ponle alegría, que es para la familia…

Daba igual si no lo hacíamos perfecto, ella siempre nos sonreía. Claro, que eso no era muy difícil, porque todo le parecía bien y casi siempre estaba de buen humor. Creo que solamente se enfadaba y se quejaba *(complain)* cuando cortaba la cebolla y le lloraban los ojos.

– Seguro que esto no es bueno. Si lloro ahora cocinando, ¿qué pasará cuando lo coman los invitados? Yo no quiero llorar cocinando. ¿Y si se me caen las lágrimas *(tears)* encima de la comida?

Un día, por su cumpleaños, se nos ocurrió regalarle unas gafas de buceo *(swimming mask)* para cortar cebollas y así perder el miedo a cocinar algo triste. Todavía recuerdo su sonrisa cuando se las puso. Nos dijo que era el mejor regalo del mundo.

3 Completa con la información del texto de la Actividad 2.

a. Empezó a leer ....

b. Si estás triste y cocinas, ...

c. Estando con ella pensábamos ....

d. Las gafas de buceo le sirven para ....

e. La abuela siempre nos decía ....

f. El libro me recuerda a ella porque ....

4 El libro *Como agua para chocolate (Like Water for Chocolate)*, que está leyendo la protagonista del relato, forma parte de la corriente literaria del realismo mágico en Hispanoamérica. Lee la definición de este movimiento literario y contesta.

Este estilo se caracteriza por introducir elementos mágicos como algo normal de la vida cotidiana; forman parte de ella y son aceptados. La realidad y la fantasía se mezclan en la narración.

¿Qué idea del realismo mágico hay en el relato sobre la abuela Eva?

....
....
....
....
....
....
....

5 Escribe sobre una persona importante en tu vida. ¿Puedes utilizar el realismo mágico en tu narración?

EVALUACIÓN

1 **Relaciona.**

1. ¿Le importa si abro la ventana? Hace mucho calor.
2. ¿Te importa si uso tu celular?
3. ¿Puedo pasar?
4. ¿Quieres un poco más de sopa?
5. Tome, siéntese aquí.
6. Mamá, si hago toda mi tarea y limpio mi habitación, ¿podría ir esta noche al cine?

a. Gracias, joven.
b. ¡Claro! Pasa, pasa.
c. Llama, llama.
d. No, gracias, ya estoy lleno.
e. No, por favor, ábrala.
f. ¡Ni hablar!

INSTRUCTIONS, ADVICE, AND COMMANDS

2 **Relaciona cada frase con la persona que la dice.**

a. Pues llámala.
b. Vale, pero si me voy es para siempre, así que no me llames más.
c. Perdone, ¿para ir al museo Picasso?
d. No llegues tarde, que van a venir tus abuelos a cenar.
e. Ayer me lo pasé genial con Aurora, ¿qué puedo hacer?
f. ¡Que síííííí…! ¡Ya me lo has dicho un montón de veces!
g. Agarra tus cosas y vete. No quiero verte más.
h. Sigue todo derecho, y al final de la calle gira a la izquierda.

COMMANDS AND PRONOUNS

3 **Completa los espacios con los verbos entre paréntesis en imperativo.**

Si van a compartir su apartamento con alguien (a) .... (poner, ustedes) unas normas para las tareas. (b) .... (Repartir, ustedes, las tareas) de forma justa y equitativa. (c) .... (Tener, ustedes) en cuenta los gustos y preferencias de la otra persona. No (d) .... (hacer, ustedes) solo las tareas que más les gustan a ustedes. (e) .... (Ser, ustedes) comprensivos el uno con el otro. Si quieren una casa limpia y ordenada, (f) .... (pasar, ustedes) la aspiradora y (g) .... (limpiar, ustedes) el baño, como mínimo, una vez a la semana. (h) .... (Lavar, ustedes) los platos cada día y (i) .... (lavar, ustedes, los platos) bien, también por debajo. (j) .... (Sacar, ustedes) la basura todos los días. (k) .... (Sacar, ustedes, la basura), si no, la casa olerá fatal. No (l) .... (obsesionarse, ustedes) con la limpieza. Si un día no hacen la cama, no pasa nada.

LAS TAREAS DOMÉSTICAS Y LOS DEPORTES

4 **Completa las frases con las palabras que has aprendido en esta unidad.**

a. No tengo ropa limpia, hay que ....

b. Mi madre es alérgica al polvo, así que tenemos que .... y pasar .... todos los días.

c. En mi casa se cambian las .... los domingos.

d. Bernardo es muy malo jugando al fútbol. El otro día, ... el balón y metió gol en su propia ....

e. Me han regalado una .... para jugar al tenis igual que la que usa Rafa Nadal.

INTONATION

5 🎧 **18** **Escucha la conversación y elige la respuesta de Paco.**

Antonio: ¡Qué temprano vienes!

Paco: a. ☐ ¡Tú sí que has venido temprano!

 b. ☐ ¿Tú sí que has venido temprano?

Antonio: Es que hoy no he perdido el bus. Por cierto, ¿qué hora es?

Paco: a. ☐ ¿Es que no tienes reloj?

 b. ☐ Es que no tienes reloj…

Antonio: Lo he olvidado en casa. ¿A qué hora viene el jefe?

Paco: a. ☐ No lo sé.

 b. ☐ ¡No lo sé!

Antonio: ¿Y si vamos a tomar un café?

Paco: a. ☐ ¡Otro café!

 b. ☐ ¿Otro café?

Antonio: Es que no he desayunado.

Paco: a. ☐ Bueno, ¿te acompaño?

 b. ☐ Bueno, te acompaño.

CULTURA

6 **Contesta las siguientes preguntas con lo que has aprendido en *Buenos y Malos Modales*.**

a. Si llegas tarde a una fiesta, ¿es de mala educación en España? ¿Y en tu país o región?

b. Si estás en España, ¿puedes empezar a cenar si no están todos los comensales? ¿Y en tu país o región?

c. Cuando un español habla en voz alta, ¿está enfadado? ¿Y en tu país o región?

d. ¿Qué hay que hacer en España si toses o estornudas? ¿Y en tu país o región?

e. En España, ¿se puede interrumpir a una persona que está hablando? ¿Y en tu país o región?

Verbos

aceptar *to accept*
agradecer *to thank*
botar *to throw away, to bounce*
chutar *to kick*

conceder *to grant*
dar permiso *to give permission*
decepcionar *to disappoint*
denegar *to refuse*
flotar *to float*
golpear *to hit*
lanzar *to throw*
limpiar *to clean*

marcar un gol *to score*
quejarse *to complain*
rechazar *to reject*
sonreír *to smile*

Los deportes

el balón *ball*
el campo *field*
la cancha *court*
la falta *fault*
el pase *pass*
la portería *goal*
el portero *goal keeper*

la raqueta *racket*

rebotar *to bounce*
la red *net*

Las tareas del hogar

la aspiradora *vacuum cleaner*
barrer *to sweep*
la basura *trash*
hacer la cama *make the bed*
hacer la comida *to cook lunch*

lavar los platos *wash the dishes*
planchar *to iron*
el polvo *dust*
poner la lavadora *to do the laundry*
poner la mesa *set the table*
las sábanas *bed sheets*

tender la ropa *hang out clothes*
tirar la basura *take out the trash*

Otras palabras útiles

apúntate *sign up*
decepcionado/a *disappointed*
equitativo/a *equitable, fair*
el esfuerzo *effort*
el estilo *style*

estricto/a *strict*
fatal *awful*
la inscripción *inscription*
la interpretación *interpretation*

la obra de teatro *theater play*

Pedir permiso, concederlo y denegarlo

¡De ninguna manera! *No way!*
¡Ni hablar! *Don't even mention it!*

No, (lo siento) es que... *No, (I'm sorry)*
¿Puedo / Podría...? *Can / Could I...?*
¿Quieres...? *Do you want...?*
¿Te / Le importa si...? *Do you mind if...*

Expresiones para pedir y dar instrucciones, órdenes y consejos

Perdone / Perdona, ¿para...? *Excuse me, how do I...?*
¿Por qué no...? *Why don't you...?*
¿Puedes / Podrías decirme cómo...? *Can / Could you tell me how...?*
¿Sabes cómo...? *Do you know how to...?*
Tendrías que / Deberías... *You should...*

AFFIRMATIVE COMMANDS (See page 72)

- Affirmative commands are used to give an order, to invite, give advice, make recommendations, or give permission to someone.

- Verbs ending in **–ar** will use the **–e/–en** endings in **usted** and **ustedes** commands. Verbs ending in **–er/–ir** will use the **–a/–an** endings in **usted** and **ustedes** commands.

- With all affirmative commands, the object pronouns are attached to the end of the verb.

REGULAR VERBS			
	COMPRAR	**COMER**	**SUBIR**
tú	compra	come	sube
usted	compre	coma	suba
ustedes	compren	coman	suban

IRREGULAR VERBS				
	DECIR	**HACER**	**PONER**	**TENER**
tú	**di**	**haz**	**pon**	**ten**
usted	**diga**	**haga**	**ponga**	**tenga**
ustedes	**digan**	**hagan**	**pongan**	**tengan**

NEGATIVE COMMANDS (See page 74)

- Negative commands are used to tell someone what not to do.

- To form the negative commands:

  - For **usted/ustedes**, use the same form as the affirmative command.
    (usted) compre ➡ **no compre**
    (ustedes) compren ➡ **no compren**

  - For **tú**, add **–s** to the negative command of **usted**.
    (usted) no compre ➡ *(tú)* **no compres**

- With negative commands, pronouns always go right before the conjugated verb.

REGULAR VERBS			
	COMPRAR	**COMER**	**SUBIR**
tú	no compre**s**	no coma**s**	no sub**as**
usted	no compre	no coma	no sub**a**
ustedes	no compre**n**	no coma**n**	no sub**an**

IRREGULAR VERBS				
	DECIR	**HACER**	**PONER**	**TENER**
tú	no **digas**	no **hagas**	no **pongas**	no **tengas**
usted	no **diga**	no **haga**	no **ponga**	no **tenga**
ustedes	no **digan**	no **hagan**	no **pongan**	no **tengan**

1 Leo, un estudiante americano, participa en un intercambio internacional. Va a pasar unos meses en Madrid en la casa de Andrés. Lee la carta que Andrés le escribió a Leo dándole algunos consejos para convivir con su familia y escribe los verbos entre paréntesis en futuro.

¡Hola, Leo! Hoy he recibido tu carta y la verdad es que me alegra mucho saber que finalmente (a) .... (venir, tú) a Madrid en agosto. En esas fechas (b) .... (hacer) mucho calor, pero no te preocupes porque entre semana (c) .... (poder, tú) estar todo el día en la piscina de mi casa. No es muy grande pero (d) .... (pasártelo, tú) muy bien. Los fines de semana mi familia y tú seguramente (e) .... (ir) a la sierra, a casa de mi tía. Allí ya (f) .... (ver, tú) cómo no (g) .... (pasar, tú) tanto calor; incluso por la noche probablemente (h) .... (necesitar, tú) ponerte una chaqueta. Mi hermana seguro que (i) .... (querer) hacer alguna excursión y, si van a La Pedriza, (j) .... (bañarse, ustedes) en el río. Yo creo que (k) .... (llevarse, tú) muy bien con mi hermana porque, aunque es un poco pesada, la verdad es que es muy divertida. Mi padre es muy hablador, así que te (l) .... (contar) muchas historias de cuando él era joven. Mi madre también habla mucho y, además, te (m) .... (preguntar) mil veces si quieres algo más de comer y le (n) .... (dar) igual si quieres más o no, porque ella siempre te (ñ) .... (poner) tanta comida ¡que te (o) .... (salir) por las orejas!

2 🎧 19 Escucha las diferentes conversaciones entre la familia de Andrés y di qué función tienen.

	Pedir permiso	Conceder permiso	Denegar o rechazar permiso	Dar órdenes	Dar consejos	Dar instrucciones	Invitar u ofrecer
a.	☐	☐	☐	☐	☐	☐	☐
b.	☐	☐	☐	☐	☐	☐	☐
c.	☐	☐	☐	☐	☐	☐	☐
d.	☐	☐	☐	☐	☐	☐	☐
e.	☐	☐	☐	☐	☐	☐	☐
f.	☐	☐	☐	☐	☐	☐	☐
g.	☐	☐	☐	☐	☐	☐	☐
h.	☐	☐	☐	☐	☐	☐	☐

3 🎧 20 Escucha las tareas que hay que hacer en casa de Andrés y clasifícalas en la columna correspondiente.

HACER	PONER	LIMPIAR	LAVAR	RECOGER

4 ¡Mira cómo ha dejado Andrés la habitación! Ayúdale a escribir un email a Leo para que ordene la habitación antes de que la vean sus padres. Completa las ordenes con imperativo y con los pronombres necesarios.

○●○   Asunto: Ordenar la habitación

Para: leo@yamail.es

Leo, ¡ayúdame! ¡Con las prisas no me ha dado tiempo de ordenar la habitación! Esto es lo que hay que hacer:

a. Me dejé un vaso de agua al lado de la cama. Por favor, ...llévalo..... a la cocina.

b. No terminé de guardar la ropa en el armario. Por favor, ... tú.

c. Se me olvidó sacar la ropa de entrenar de la bolsa de deporte. .... de la bolsa y .... en la lavadora.

d. No me dio tiempo a hacer la cama. ....

e. No limpié el polvo de la estantería. ....

f. Dejé el escritorio muy desordenado. ....

g. Creo que, además, me dejé la computadora encendida. ....

¡Te prometo que te lo agradeceré toda la vida! :)

5 Mira las imágenes y escribe qué va a hacer el fin de semana la familia de Andrés y cuándo.

El fin de semana que viene ....
....
....

6 Imagina que un estudiante de intercambio va a pasar un mes contigo. Explícale cómo es tu familia, lo que hacen normalmente, y cómo reparten las tareas. Dale consejos para vivir en tu casa y explícale lo que has planeado hacer durante esos días.

¡Sonríe, que te están filmando!

≫ ¿Has filmado algún video con tus amigos/as o compañeros/as de clase?

≫ ¿Alquilas películas en un videoclub o las miras en tu computadora?

≫ Cuando eras pequeño, ¿cuál era tu película favorita?

In this unit, you will learn to:

- Express curiosity, surprise, and skepticism
- Give information, tell stories and anecdotes in inexact terms
- Express motive and purpose
- Talk about movies and theater

Using

- Imperfect and preterit (review)
- Pluperfect
- Time expressions
- Prepositions: *por* and *para*

Cultural Connections

- Share information about daily life in Hispanic countries and compare cultural similarities

SABOR HISPANO

- El cine mexicano... ¡está de moda!

¡ACCIÓN!

1 Observa las imágenes y habla con tu compañero/a.

- ¿Qué ves?
- ¿Reconoces a alguien?
- ¿Qué crees que pueden tener todas las imágenes en común?

2 Relaciona estas frases con una de las imágenes de la Actividad 1.

a. ☐ Es la entrega de un Oscar a un famoso director de cine español.

b. ☐ Es un teatro en la capital uruguaya, Montevideo, que lleva el nombre del descubridor del Río de la Plata.

c. ☐ Es un taller de teatro.

d. ☐ Es un Goya, el premio de cine más prestigioso del cine español.

3 Ahora, relaciona cada titular con los enunciados de la Actividad 2.

1. ☐ Comienza el ciclo de teatro de vanguardia en el Solís.

2. ☐ Este año las actividades extraescolares con más participación han sido los talleres de cine y teatro.

3. ☐ La noche del cine español se viste de gala.

4. ☐ Nunca antes un director español había pisado tantas veces la alfombra de Hollywood.

4 🎧 **21** **Escucha la conversación y completa.**

Ricardo: ¿Te has enterado de los talleres de este curso? (a) .... van a ser totalmente diferentes.

Daniela: ¿(b) ....?

R.: Pues (c) .... han contratado a dos famosos para organizar un taller con el Departamento de Literatura.

D.: ¡(d) ....! Dos famosos trabajando en una escuela...

R.: Ya, pero, (e) ...., a estos los han elegido por su relación con la cultura y por su carrera profesional. He oído que son amigos del nuevo profesor de Literatura, parece que se conocieron cuando trabajaban juntos en una escuela de idiomas, creo que enseñaban español.

D.: ¡(f) ....! Dos profesores famosos, ¡(g) ....! Pero, (h) ...., que (i) .... ¿De qué es el taller? ¿Quién lo va a impartir (teach)?

R.: (j) ...., es un taller de cine y teatro...

D.: ¡(k) ....!

R.: La parte de cine la va a impartir la directora y guionista Anamar Orson y la parte de teatro el actor Cristian Pascual.

D.: ¿(l) ....? Pero si los dos son conocidísimos... ¡Cristian Pascual en la escuela! ¡(m) ....! ¿(n) ....?

R.: Sí, Daniela, sí, hablo en serio, aunque si quieres, llamamos para preguntar al Departamento de Literatura, porque no estoy demasiado seguro.

5 🎧 **21** **Contesta verdadero (V) o falso (F). Después, escucha de nuevo y comprueba.**

	V	F
a. Daniela y Ricardo están hablando del nuevo profesor de Literatura.	☐	☐
b. Ricardo ha oído que este curso van a tener un taller de cine y teatro.	☐	☐
c. El taller lo va a impartir un importante director de cine.	☐	☐
d. El taller lo va a organizar el profesor de Literatura con dos amigos que son muy famosos.	☐	☐

6 **Clasifica ahora las expresiones que has escrito en la Actividad 4 según su significado. ¡Atención! Alguna puede tener más de una opción y no todos los significados tienen expresiones.**

1. Expresa sorpresa positiva o negativa. ➡ ....

2. Expresa seguridad. ➡ ....

3. No le interesa lo que le cuenta la otra persona. ➡ ....

4. Le parece difícil creer lo que le cuenta la otra persona. ➡ ....

5. Nunca dice quién le ha contado esa información. ➡ a,..

6. Pide más información para continuar la conversación y expresa curiosidad. ➡ b,..

COMUNICA

■ Para **dar una información** sin hablar de la fuente *(source)*:
- **Pues parece que**...
- **Al parecer**...
- **Según dicen**...
- **He oído que**...
- **¿Te has enterado de**...?

■ Para expresar **sorpresa**:
- **¿De veras?** *(sorpresa positiva)*
- **¡Qué fuerte!**
- **¡No me digas!**

■ Para mostrar **interés** o **curiosidad** y pedir más información:
- **Cuenta, cuenta**... / **Dime, dime**...
- **Estoy intrigadísimo/a**.
- **¿Y eso?**

■ Para expresar **incredulidad** y extrañeza:
- **¡Anda ya!**
- **¡Imposible!**
- **¡No me lo puedo creer!**
- **¡Qué raro / extraño!**
- **¿(Hablas) En serio?**

1 Fíjate en las imágenes y reacciona ante esas situaciones con las expresiones anteriores. Justifica tus reacciones ya que pueden ser varias.

Esta semana has llegado tarde cuatro veces.

a.

Tengo que contarles algo muy fuerte que me pasó ayer.

b.

Cuando mi abuela era joven ya usaba Internet.

c.

El año pasado nadie suspendió Matemáticas.

d.

¿Te has enterado de que este año no hay excursión de fin de curso?

e.

El sábado conocí a un muchacho superinteresante.

f.

2 Crea tres situaciones similares a las anteriores para que tu compañero/a reaccione.

3 Escribe dos experiencias o situaciones en dos hojas de papel sobre lo que crees que hicieron otros/as compañeros/as la semana pasada. Tu compañero/a leerá el comentario y reaccionará usando alguna de las expresiones que ya practicaste. Después, cambia de papel.

Modelo: E1 (*writes*): Juan finalmente le ganó a Rosario en la competencia de Ciencias.

E2 (*reads and reacts*): ¡No me lo puedo creer!

4 Elige una de las siguientes situaciones y preséntala a tus compañeros/as. Luego, túrnense escuchando y reaccionando a las situaciones presentadas.

Modelo: E1: Al parecer...

E2: Cuenta, cuenta...

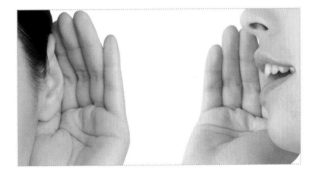

Situación 1

• Ayer alguien tomó tus apuntes, hizo fotocopias y ahora los está vendiendo en Internet.

Situación 2

• Esta mañana te han llamado de tu compañía telefónica para informarte de que has ganado una computadora.

Situación 3

• Anoche cuando estabas en la cama escuchaste ruidos extraños en una casa vecina en la que no vive nadie.

Situación 4

• Ayer te pasó algo muy fuerte y todavía no se lo has dicho a nadie…

Situación 5

• Hoy el director de la escuela ha comunicado que este año no van a poder usar las computadoras en ninguna clase.

Situación 6

• Mañana tienen que empezar la primera clase de la mañana dos horas antes.

Situación 7

• Las navidades pasadas todos los compañeros de tu madre se hicieron millonarios, pero ella no, porque olvidó comprar la lotería de su empresa.

Situación 8

• ¡Los boletos que has comprado para el concierto son falsos!

Situación 9

• El viernes, en la clase de español, nos van a poner una película.

Situación 10

• Alguien dice que te vio en un centro comercial en horario de clase.

COMUNICA

EXPRESSING PURPOSE OR MOTIVE OF AN ACTION

■ Use **por** to express:

- The **motive** behind an action

  *Los han elegido **por** su relación con la cultura y **por** su carrera profesional.* *They were selected because of their association with culture and because of their professional careers.*

■ Other uses:

- **Duration** of an event

  *Los Beatles triunfaron **por** los años sesenta.* *The Beatles were successful in the seventies.*

- **Means** (teléfono, correo electrónico...)

  *Me enteré del premio de Ana **por** la tele.* *I found out about Ana's prize on (by means of) television.*

- **Movement through**

  *Cuando miré **por** la ventana estaba lloviendo.* *When I looked out (through) the window, it was raining.*

  *Ana y Matilde han viajado **por** muchos países.* *Ana and Matilde have traveled through many countries.*

- **Frequency**

  *Vamos al cine dos veces **por** semana (dos veces a la semana).* *We go to the movies two times a week.*

■ Use **para** to express:

- The **purpose**, **end goal** or **objective** behind an action

  *Han contratado a dos famosos **para** organizar un taller.* *They have contracted two famous people to organize a workshop.*

■ Other uses:

- **Deadline**

  *La tarea es **para** el próximo lunes.* *The homework is due by next Monday.*

- **Recipient** of an action

  *Estos talleres son **para** estudiantes.* *These workshops are for students.*

- **Opinion**

  ***Para mí**, las películas románticas son muy aburridas.* *For me, romantic movies are very boring.*

■ Use an infinitive after **por**:

*Llegó tarde **por** estar en un atasco.* *She arrived late due to being stuck in traffic.*

■ Use a conjugated verb after **porque** and **como** (since):

*Llegó tarde **porque** estuvo en un atasco.* *She arrived late because she was stuck in traffic.*

***Como** estuvo en un atasco, llegó tarde.* *Since she was stuck in traffic, she arrived late.*

■ Use an infinitive after **para**:

*Estudió **para** ser directora de cine.* *She studied in order to be a director.*

■ Other expressions that express **purpose**:

*Estudió **con el objetivo / el fin / la finalidad de** ser directora de cine*

She studied for the purpose of being / in order to be a movie director.

---

5 **Completa con *por* o *para*.**

a. Esta carta no es .... mí, creo que ha habido un error.

b. Ayer el profesor de Matemáticas me riñó .... ser impuntual.

c. .... mi padre el cine comercial es de mala calidad.

d. Estudio español .... viajar por países hispanos.

e. Los documentos los enviaron .... correo electrónico.

6 Elige *por* o *para*. Luego, relaciona cada imagen con la frase correspondiente. ¡Atención! No todas las frases tienen imagen. Marca con una X la frase sin imagen.

1. ◯ Creo que el hotel está **por** / **para** el centro.

2. ◯ En vacaciones nos comunicamos **por** / **para** correo electrónico.

3. ◯ **Por** / **Para** los hispanos reunirse **por** / **para** comer es muy importante.

4. ◯ Tenemos que estar listos **por** / **para** las ocho.

5. ◯ Gracias **por** / **para** todo, estas flores son **por** / **para** ti.

6. ◯ Llamo **por** / **para** teléfono a mi abuela una vez **por** / **para** semana.

7. ◯ No me sonó el celular, es que estábamos pasando **por** / **para** un túnel.

7 Completa el siguiente cuestionario con *por* o *para*. Después, hazle las preguntas a tu compañero/a.

Estudiante 1

a. ¿Qué haces .... mejorar tu español?

b. .... ti, ¿qué es mejor, ver una película en tu casa o en el cine?

c. ¿Has viajado mucho .... tu país?

d. ¿Cómo te comunicas más con tus amigos: .... Internet o .... teléfono?

e. ¿ .... quién piensas que deberían ser los descuentos en los teatros y los cines?

Estudiante 2

a. ¿Cuál es la mejor película .... ti?

b. ¿Cómo sueles entregar los trabajos de clase: .... correo electrónico o .... escrito?

c. ¿ .... quién piensas que se estrenan más obras de teatro?

d. ¿ .... qué países te gustaría viajar?

e. ¿Cuáles son los mejores consejos .... sacar buenas notas?

1.

2.

3.

4.

5.

6.

ANTES DEL VIDEO

1 **Mira la Imagen 1 y responde a las preguntas.**

a. ¿Vas mucho al cine?

b. ¿Cuál es la última película que has visto en el cine?

c. ¿Te gustó? ¿Por qué?

d. ¿Compras algo para comer o para beber cuando vas al cine?

2 **Relaciona.**

1. tráiler
2. taquilla
3. butaca
4. refresco
5. sala
6. palomitas

a. Puede ser de naranja, limón, cola…
b. Cada una de las habitaciones del cine.
c. Lugar donde compramos las entradas.
d. Publicidad de una película.
e. Comida de maíz que podemos comprar en el cine.
f. Silla en el cine.

DURANTE EL VIDEO

3 **Mira la Imagen 2 y marca verdadero (V) o falso (F).**

00:10 - 01:25

	V	F
a. Alba es nueva en la ciudad.	☐	☐
b. Las tres muchachas odian el cine de terror.	☐	☐
c. Van a ver una comedia con muchos efectos especiales.	☐	☐
d. Las muchachas creen que se reirán mucho.	☐	☐

4 **Mira la Imagen 3. Luego, mira la secuencia y toma nota del plan que tienen Felipe y Sebas. Escríbelo con tu compañero/a.**

01:30 - 03:50

5 ▭═▶ **Mira la Imagen 4. Clasifica estas frases. ¿Quién las dice, Alba o Sebas? Basa tu respuesta**
03:50 - 04:50 **en lo que crees que puede ocurrir. Usa tu imaginación. Luego, mira la secuencia y comprueba tus respuestas.**

a. Yo sé que te encanta el cine de terror.

b. Pensé que no te gustaba el cine de terror.

c. A mí me encantan las comedias.

d. Me encanta pasar mucho miedo.

e. Una bolsa de palomitas y un refresco, por favor.

f. Algunas películas de terror sí me gustan.

Alba	Sebas

6 👥 **Fíjate en la Imagen 5 y habla con tu compañero/a. ¿Qué película crees que van a ver los muchachos? Basa tu respuesta en lo que crees que puede ocurrir. Usa tu imaginación. Después, continúa viendo el episodio y escribe el título de la película de terror que ponen en el cine.**

....

DESPUÉS DEL VIDEO

7 👥 **Mira la Imagen 6. ¿Por qué pone Felipe esa cara? ¿Qué pasó? Habla con tu compañero/a.**

8 **Escribe un texto en el que cuentas qué crees que va a pasar después de la película.**

....

....

9 **Marca si estas frases son verdaderas (V) o falsas (F) y, después, da tu opinión.**

	V	F	A mí me gustan	A mí no me gustan	Razones
a. A Eli le gustan las películas de terror.	☐	☐	☐	☐	
b. A Alba le gustan las películas con mucha fantasía.	☐	☐	☐	☐	
c. A Sebas le gustan las películas románticas.	☐	☐	☐	☐	
d. A Alba le gustan las palomitas.	☐	☐	☐	☐	

10 👥 **En grupos de tres, compartan sus gustos y opiniones, ¿están de acuerdo?**

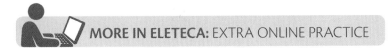

1  Con tu compañero/a, habla de tus preferencias y experiencias sobre las películas y obras de teatro.

- ¿Qué prefieres: el cine o el teatro?
- ¿Cuándo fuiste por última vez?
- ¿Qué obra de teatro o película viste?
- ¿Sobre qué trataba? ¿Te gustó?

2 Clasifica las siguientes palabras en la columna correspondiente.

> escenario ○ cámara ○ actor ○ director/a ○ guion ○ aplausos ○ interpretación
> actriz ○ decorado ○ espectador/a ○ premio ○ escritor/a ○ obra ○
> taquilla ○ telón ○ película ○ efectos especiales ○ festival ○ argumento

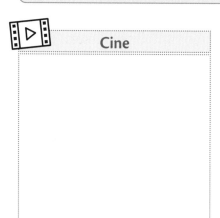 Cine	 Teatro	 Cine y teatro

3 Amplía tu vocabulario con las siguientes familias de palabras. Fíjate en el ejemplo.

a. Los protagonistas .protagonizan. una obra o película.

b. Los guionistas escriben el .... de una obra o película.

c. El telonero abre el .... en el teatro.

d. Los decoradores ganaron un premio por el .... de la obra.

e. Javier Bardem, uno de los intérpretes de la película, *No es país para viejos*, ganó un Oscar por su .... como Anton Chigurh.

f. Los espectadores aplaudieron a todos los actores de la obra, pero la actriz principal recibió los .... más fuertes.

4 Lee los siguientes títulos de películas en español. Con tu compañero/a, clasifícalas según su género. ¡*Atención!* Puede haber más de una opción. ¿Puedes poner más ejemplos?

- Rápido y furioso
- 12 años de esclavitud
- El señor de los anillos
- Star Trek: en la oscuridad
- El gran Gatsby
- Los juegos de hambre
- Carrie
- Pequeña señorita Sunshine
- Rescatando al soldado Ryan
- Diez cosas que odio de ti

comedia

drama

terror

romántica

ciencia ficción

denuncia social

histórica

independiente

aventuras

acción

5 Completa estas opiniones sobre el cine con las palabras de la Actividad 4.

a. No me gusta ir al cine para ver historias de amor tontas. Odio *(I hate)* esas películas .... tan típicas del cine comercial como *Querido John*. Prefiero sufrir un poco con las historias tristes y realistas de los .... como *Lee Daniels, el mayordomo*. Bueno, y también me gustan las películas ...., como *Argo*, donde puedes aprender sobre lo que sucedió en la historia reciente.

b. A mí me encanta pasar miedo viendo una peli de .... , como *Destino final*, o imaginar mundos de fantasía con una película de ...., como *El hobbit*. Otra opción para un viernes por la noche es reírse con una buena ...., como *Ladrona de identidades*. La risa es muy buena para la salud, por eso no me gustan las películas tristes.

c. Cuando voy al cine prefiero no pensar demasiado y divertirme, por eso no entiendo a la gente que odia el cine comercial. Dicen que el cine .... es muy artístico, pero muchas personas creemos que es demasiado serio y aburrido. En general, me gusta mucho el cine comercial, excepto las películas de ...., como *The Avengers: los Vengadores*, creo que son demasiado violentas.

6 Relaciona las expresiones coloquiales con su significado.

1. » ¿Qué tal los exámenes?
    » **Me han ido de cine.**
    a. ☐ Me han ido muy bien y lo he aprobado todo.
    b. ☐ Los resultados han sido normales.

2. » ¿Vas a invitar a Matilde a tu fiesta?
    » Es muy **cómica**.
    a. ☐ Es muy famosa.
    b. ☐ Es muy graciosa y divertida.

3. **¡No montes un drama!** Solo era un dólar.
    a. ☐ No exageres.
    b. ☐ No te preocupes.

4. Carlos es un **peliculero**.
    a. ☐ Filma películas.
    b. ☐ Es un poco mentiroso y exagerado.

GRAMÁTICA

1. REVIEW OF PAST TENSES

Preterit

■ Use the preterit tense to talk about actions that were **completed** at a fixed point in the past.

*Anamar **volvió** de Madrid anoche. Anamar returned from Madrid last night.*

Imperfect

■ Use the imperfect to describe people, things or situations in the past, and to talk about ongoing or habitual actions in the past.

*Cuando **vivían** en Córdoba **estudiaban** juntos. When they lived in Córdoba, they used to study together.*

Present Perfect

■ Use the present perfect to say what a person **has done**. It describes actions completed in the recent past or in an unfinished period of time.

*Este año Anamar **ha ganado** dos premios. This year Anamar has won two awards.*

1 Ayer Cristian llamó a Anamar y le dejó un mensaje en el contestador. Lee lo que le dijo y completa los espacios con los marcadores del cuadro.

> en ese momento ○ otra cosa ○ entonces ○ luego ○ el otro día

¡Anamar! Te he llamado mil veces esta semana. ¿Todavía no has vuelto de Berlín? Mira, te llamo para contarte que (a) .... quedé con Paco para tomar un café y me propuso colaborar en un taller de cine y teatro en su escuela. Yo acepté y (b) .... me pidió hablarlo contigo. (c) .... dije que estabas muy ocupada, pero (d) .... pensé: "Solo van a ser cuatro semanas y siempre te ha encantado trabajar con jóvenes…" Ah, (e) ...., la respuesta tiene que ser urgente. Paco necesita confirmar nuestra colaboración para empezar a organizarlo.

2 🎧 22 Ahora, escucha el mensaje y comprueba.

2. NARRATING IN THE PAST

3 Completa con los marcadores de la actividad anterior.

■ To indicate when an action **approximately** takes place, use:

• una vez

• hace unos días / meses / minutos / años…

• un día

• ....

• ....

■ To indicate **continuity** or to **advance the story**, use:

• al principio

• después

• a continuación

• más tarde

• unos momentos después

• ....

• ....

■ To **add detail or specify additional information**, use:

• por cierto

• ....

4 👥 **Prepara con tu compañero/a una conversación entre Anamar y Cristian con la siguiente información. Luego, túrnense representando la conversación.**

Anamar

a. Llama a Cristian para responder a su mensaje de voz.

b. Acepta la propuesta del taller y pide disculpas por no responder antes. Cuéntale que anoche perdieron tus maletas en el aeropuerto, y que tuviste que esperar tres horas hasta que las encontraron. Llegaste al hotel muy tarde y no escuchaste el mensaje hasta hoy por la mañana.

c. Después pregunta a Cristian por Paco y reacciona ante la información que Cristian te da sobre él.

Cristian

a. Contesta a la llamada de Anamar y muestra alegría por hablar con ella.

b. Acepta las disculpas y reacciona ante la información de Anamar.

c. Coméntale a Anamar que este año Paco tiene un nuevo trabajo en una escuela y que está muy contento porque el departamento lo ha elegido a él para organizar los talleres. Preséntale tu idea de organizar un taller de teatro y cine en esta escuela.

3. THE PLUPERFECT

■ We use the **pluperfect** or **past perfect** to talk about an action that took place before another action in the past. It is often referred to as the past within the past and corresponds to **had done** in English.

1.º Anamar llegó al aeropuerto a las 7:00h.

2.º Cristian dejó un mensaje a las 7:30h.

*Cuando Cristian dejó el mensaje, Anamar ya **había llegado** a casa.*
When Cristian left the message, Anamar had already arrived home.

■ The **pluperfect** is formed with the imperfect tense of **haber** and the past participle of the main verb.

		-AR	-ER	-IR
yo	había			
tú	habías			
usted/él/ella	había			
nosotros/as	habíamos	viaj**ado**	com**ido**	dorm**ido**
vosotros/as	habíais			
ustedes/ellos/ellas	habían			

■ To form the past participle of a verb, drop the ending of the infinitive and add –**ado** for –**ar** verbs and –**ido** for –**er** / –**ir** verbs.

■ Some verbs have irregular past participles.

• abrir	➡ **abierto**		• morir	➡ **muerto**
• decir	➡ **dicho**		• poner	➡ **puesto**
• descubrir	➡ **descubierto**		• romper	➡ **roto**
• escribir	➡ **escrito**		• ver	➡ **visto**
• hacer	➡ **hecho**		• volver	➡ **vuelto**

5 **Fíjate en la trayectoria de Anamar, una ponente del taller de teatro, y completa las frases con el pretérito indefinido o el pluscuamperfecto. ¡*Atención!* Piensa qué acciones precedieron a otras según su cronología.**

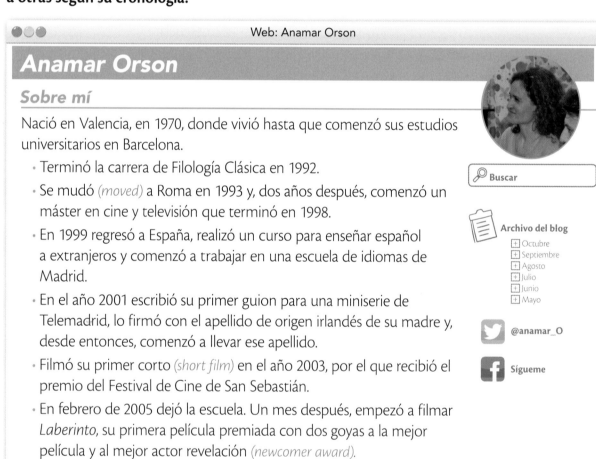

Web: Anamar Orson

Anamar Orson

Sobre mí

Nació en Valencia, en 1970, donde vivió hasta que comenzó sus estudios universitarios en Barcelona.

• Terminó la carrera de Filología Clásica en 1992.

• Se mudó *(moved)* a Roma en 1993 y, dos años después, comenzó un máster en cine y televisión que terminó en 1998.

• En 1999 regresó a España, realizó un curso para enseñar español a extranjeros y comenzó a trabajar en una escuela de idiomas de Madrid.

• En el año 2001 escribió su primer guion para una miniserie de Telemadrid, lo firmó con el apellido de origen irlandés de su madre y, desde entonces, comenzó a llevar ese apellido.

• Filmó su primer corto *(short film)* en el año 2003, por el que recibió el premio del Festival de Cine de San Sebastián.

• En febrero de 2005 dejó la escuela. Un mes después, empezó a filmar *Laberinto*, su primera película premiada con dos goyas a la mejor película y al mejor actor revelación *(newcomer award)*.

🔍 Buscar

Archivo del blog
- ⊞ Octubre
- ⊞ Septiembre
- ⊞ Agosto
- ⊞ Julio
- ⊞ Junio
- ⊞ Mayo

🐦 @anamar_O

f Sígueme

a. Cuando Anamar (escribir) .... su primer guion ya (comenzar) .... a trabajar en una escuela.

b. Antes de filmar su primera película, Anamar ya (escribir) .... un guion para Telecuatro.

c. Cuando (terminar) .... de filmar *Laberinto*, Anamar ya (dejar) .... la escuela de idiomas.

d. Cuando Ana se (hacerse) .... famosa por su primera película ya (cambiarse) .... el apellido.

COMPRENSIÓN DE LECTURA

1 **Antes de leer el texto, repasa la estrategia en Destrezas y sigue las recomendaciones.**

Destrezas

Focusing on relevant information

When reading about a topic that may be unfamiliar to you, use the following steps.

1. Read the entire text to get a general idea of the topic.
2. Read each paragraph and highlight the main topic or subject as there could be more than one.
3. Look at each question. Is it asking about a topic or a person performing an action? Do you need a subject, a complement, a motive, a temporal expression, etc., to complete the sentence?
4. Go back to the highlighted text, look for information, and answer the question.
5. Remember that the question order follows the sequence of the information presented in the text.

2 **Lee el texto y elige la opción correcta.**

XII EDICIÓN DE JÓVENES TALENTOS CINEMATOGRÁFICOS
Una apuesta por el cine más actual

El pasado 4 de marzo se celebró el duodécimo certamen de jóvenes talentos cinematográficos. Al evento asistieron no solo directores y actores noveles, sino que contó con la presencia de un buen número de veteranos que acudieron a interesarse por el trabajo de las nuevas generaciones.

Este año la Academia de las Artes y las Ciencias Cinematográficas de España, organismo dependiente del Ministerio de Cultura, ha contado con un presupuesto mucho más bajo que en años anteriores, por lo que, después de unos meses de muchas dudas, ha conseguido celebrar su duodécima edición con la ayuda de la publicidad de empresas privadas.

En la apertura del acto, la presentadora, Amelia Guillén, agradeció la colaboración de estas empresas patrocinadoras y pidió al público un fuerte aplauso para los más de 300 candidatos a los diferentes premios.

Antes de entregar el primer premio, Amelia Guillén dedicó unas palabras a todos los profesionales anónimos del séptimo arte, técnicos de sonido, cámaras, maquilladores, decoradores... "todos ellos absolutamente imprescindibles, pero invisibles para la gran mayoría del público", señaló la presentadora.

1. Al certamen acudieron...
   a. actores y directores jóvenes únicamente.
   b. actores y directores de diferentes generaciones.
   c. actores y directores de diferentes partes del mundo.

2. Este año el certamen ha estado en peligro...
   a. por las pocas ayudas recibidas del Estado.
   b. porque había pocas empresas patrocinadoras.
   c. por la falta de candidatos.

3. Amelia Guillén dio las gracias…

   a. a todos los participantes al certamen.

   b. al público que asistió a la ceremonia del certamen.

   c. a las empresas que colaboraron económicamente en el certamen.

4. La presentadora del certamen…

   a. pidió un gran aplauso a los profesionales anónimos.

   b. se emocionó al entregar el primer premio.

   c. reconoció el trabajo de profesionales del cine no conocidos por el público.

3 **Lee el texto y, aplicando la misma estrategia de la Actividad 1, contesta las preguntas.**

BREVE HISTORIA DEL CINE ESPAÑOL

El 11 de octubre de 1896, Eduardo Jimeno Correas filmó *Salida de la misa de doce de la iglesia* con la primera cámara Lumière que un año antes había comprado en Lyon, Francia. Un año después, el barcelonés Fructuós Gelabert filmó *Riña en un café*, la primera película española con argumento. El siglo XX comenzó con una producción de cine experimental, representado por directores como Luis Buñuel que, con impactantes películas como *Un perro andaluz*, consiguió el prestigio internacional y cierto escándalo en España.

Cuando en 1928 llegó el cine sonoro a España, pocas productoras habían desarrollado medios técnicos para realizar películas, esto provocó una crisis en la producción de trabajos cinematográficos.

Posteriormente, el cine producido durante la dictadura del General Francisco Franco fue, en general, un medio de propaganda de las ideas políticas, morales y religiosas oficiales. Las películas contrarias a la dictadura se censuraban, o simplemente se prohibían.

A partir de los años ochenta comienza un gran periodo para el cine español. Directores como Pedro Almodóvar, José Luis Garci y Montxo Armendáriz, entre otros, iniciaron en estos años sus carreras y las desarrollaron con éxito nacional e internacional. Además, en 1986 se fundó la Academia de las Artes y las Ciencias Cinematográficas, organismo encargado de la organización de los famosos premios Goya y que ha promocionado y difundido los méritos del cine producido en este país. En la actualidad son muchos los directores españoles con éxito y reconocimiento internacional.

1. La primera película española…

   a. fue de ficción.

   b. se filmó a la salida de una iglesia.

   c. se filmó con una cámara fabricada en España.

2. Las películas de Luis Buñuel tuvieron proyección internacional…

   a. pero no se entendieron muy bien en España.

   b. provocaron una crisis cinematográfica.

   c. fueron censuradas durante la dictadura de Franco.

3. El gobierno del dictador Francisco Franco…

   a. promocionó películas de cine experimental.

   b. estableció la Academia de las Artes y las Ciencias Cinematigráficas.

   c. prohibió películas contrarias a la dictadura.

4. El director Montxo Armendáriz inició su carrera profesional…

   a. durante la dictadura de Franco.

   b. en los años ochenta.

   c. en 1986 cuando fundó la Academia de las Artes y las Ciencias Cinematigráficas.

PRONUNCIACIÓN La letra *h*

1 Como ya sabes, en español la letra *h* no se pronuncia (*hola, hoy, hablar*). Lee la siguiente información sobre el uso de la *h* en la ortografía española.

Se escriben con *h*:

Grupo 1

Las palabras que empiezan por **hue–, hie–, hui–**: *huevo, hierba, huida.*

Grupo 2

Las palabras que empiezan por los prefijos **hidro–, hiper–, hipo–, homo–, hetero–, heli–**: *hidrógeno, hipermercado, hipopótamo, homogéneo, heterogéneo.*

Grupo 3

La mayoría de las palabras que empiezan por **hosp–, horm–, horn–, herm–, hern–**: *hospital, hormiga, horno, hermético, hernia...* Hay excepciones como: *Ernesto, ermita.*

Grupo 4

Otras palabras se escriben con ***h*** por derivación de palabras de la misma familia: *habitante, habitar, habitación...*

2 🎧 **23** Escucha esta serie de palabras y escribe el número en la columna adecuada.

Grupo 1	Grupo 2	Grupo 3	Grupo 4

■ In Spanish there is a group of words or expressions that sound the same, but have different meanings. Here are some examples of homophones.

a (preposition)	**ha** (verb **haber**)
ay (exclamation)	**hay** (verb **haber**) **ahí** (adverb)
haber (verb)	**a ver** (preposition + verb)
hecho (verb **hacer**)	**echo** (verb **echar**)
hola *(greeting)*	**ola** *(wave, noun)*

3 🎧 **24** Completa con los homófonos anteriores. Después, escucha y comprueba.

a. Mónica .... vuelto .... Madrid.

b. ¿Ves estos libros de cine tan bonitos? Creo que los van .... vender todos y no va ....
haber más hasta el próximo mes.

c. ¡ ...., Isaac! Quita la computadora de ...., ¿no ves que no .... espacio suficiente?

d. ¡ ...., Sergio! ¡Has visto qué .... tan buenas .... para hacer surf?

e. Otra vez he .... una tortilla horrible, siempre le .... demasiada sal.

MORE IN ELETECA: EXTRA ONLINE PRACTICE

EL CINE MEXICANO...
¡ESTÁ DE MODA!

El actor mexicano Diego Luna atiende las entrevistas de los periodistas.

Antes de leer

¿Qué tipo de películas te gustan?

¿Has visto alguna película en español? ¿Cuál?

🎧 25 **El cine en español, y en especial el mexicano, tiene cada vez más presencia en los festivales y cines internacionales. Lee estos extractos de entrevistas al director Guillermo del Toro.**

¿Cuándo supo que se quería dedicar al cine?

De niño crecí viendo películas de animación japonesas. Todas eran de monstruos japoneses y robots pilotados por humanos. Desde entonces quise contar historias a través de imágenes.

¿Cuándo comenzó?

Cuando estudiaba en el Instituto de Ciencias de Guadalajara comencé a filmar y a los 21 años filmé mi primera película. En esa época también fundé el Festival de Cine de Guadalajara.

¿Cuál es su especialidad?

La verdad es que no tengo ninguna. He filmado películas basadas en cómics, películas de terror, películas históricas, de fantasía, de ciencia ficción…

¿Cuáles son sus películas más importantes?

Sin duda, *El laberinto del fauno* y *El espinazo del diablo*.

¿Por qué?

Porque me dieron a conocer° en muchos países. A partir de ese momento comencé a trabajar en proyectos más ambiciosos e interesantes. Esas dos películas son muy queridas por mí… Tienen una temática que me interesa: en ellas hablo de la niñez° y de la política, y utilizo elementos fantásticos.

¿A qué otros directores mexicanos admira?

Admiro mucho a Luis Mandoqui porque tiene personalidad.

¿Dónde vive?

Ahora vivo en Los Ángeles, Estados Unidos. México es mi hogar pero Los Ángeles es la cuna° del cine.

¿Qué proyectos futuros tiene?

Estoy estudiando una propuesta para desarrollar *El increíble Hulk*, una historia basada en los cómics de Marvel.

Guillermo del Toro, en la presentación de la película *Don't be Afraid of the Dark*

Estas son las películas más taquilleras* del cine moderno mexicano

- No se aceptan devoluciones
- Nosotros los nobles
- El crimen del padre Amaro
- El laberinto del fauno
- Como agua para chocolate

Estos son los 5 actores mexicanos más famosos

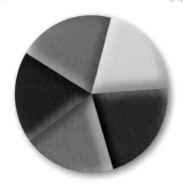

- Salma Hayek
- Gael García Bernal
- Diego Luna
- Paulina Rubio
- Camila Sodi

La actriz mexicana Salma Hayek, en la alfombra roja del Festival de Cannes

---

¿COMPRENDISTE?

Decide si las siguientes frases son verdaderas (V) o falsas (F).

1. Diego Luna y Luis Mandoqui trabajan en el cine. V ○ F ○
2. Guillermo del Toro está orgulloso de *El espinazo del diablo*. V ○ F ○
3. Los Ángeles es el centro de la industria cinematográfica. V ○ F ○
4. Salma Hayek es una directora de cine importante. V ○ F ○
5. La película mexicana que ha conseguido más dinero es *No se aceptan devoluciones*. V ○ F ○

AHORA TÚ

¿Qué opinas? Contesta las siguientes preguntas y comenta tus ideas con tus compañeros/as.

1. ¿Has visto alguna película de Guillermo del Toro? ¿Qué te ha parecido?
   _____
2. ¿Qué cualidades piensas que son importantes para contar historias a través del cine?
   _____
3. ¿Qué otros medios son buenos para contar historias?
   _____
4. ¿Qué se necesita para ser un buen actor?
   _____
5. ¿Qué películas te han marcado*? ¿Por qué?
   _____

Glosario

la cuna – cradle
dar a conocer – to become known
marcar – to influence
la niñez – childhood
taquillera – box office hit

VOCES LATINAS

EL MÉXICO DE FRIDA KALHO

El director mexicano Luis Mandoqui, en una entrevista

Fuentes: *El País*, *La Vanguardia*, Prezi.com, Cineactual, *Fotogramas*, YouTube, *El Mundo*, Canal100.mx

1 Lee el siguiente texto sobre el famoso poeta y dramaturgo español, Federico García Lorca.

Lorca y la Generación del 27

Federico García Lorca fue un escritor andaluz perteneciente a la Generación del 27, (1). La mayoría de los miembros del grupo estudió la obra de los clásicos españoles, publicó en las mismas revistas, vivió en la Residencia de Estudiantes y cultivó una literatura basada en la mezcla *(mixture)* de lo popular *(common)* y de lo culto *(cultured)*, de lo tradicional y de lo moderno y miraba a su entorno *(surroundings)* español y al ámbito universal.

Lorca, como casi todos sus compañeros, apoyó *(supported)* públicamente las reformas democráticas de la Segunda República, en especial las dedicadas a la cultura y la educación, (2).

Cuando en 1939 Franco ganó la guerra civil muchos de estos escritores tuvieron que huir *(flee)* al extranjero por miedo a la represión del nuevo gobierno fascista. (3). Algún tiempo antes Lorca había recorrido España con *La Barraca* y había viajado a Nueva York y a Argentina, país en el que continuó con sus obras de teatro.

Sus poemas más conocidos son *Romancero Gitano* (1928), *Poeta en Nueva York* (1930) y *Poema del cante jondo* (1931). (4) (en todas se producen conflictos entre las normas establecidas y la libertad). Sus temas son el amor, la muerte, el destino, la soledad, la frustración, la tradición, el campo… Sus personajes favoritos, la mujer, los gitanos *(gypsies)*, los niños y los marginados. Escribió con un cuidado estilo, tradicional y vanguardista al mismo tiempo, (5)…

2 Las siguientes frases están extraídas del texto que acabas de leer. Escribe al lado de cada una el número del lugar en el que deberían aparecer.

a. ☐ Sus obras de teatro más famosas son *Bodas de sangre* (1933), *Yerma* (1934) y *La casa de Bernarda Alba* (1936).

b. ☐ un grupo de escritores que compartieron experiencias y características literarias comunes.

c. ☐ y su lenguaje sigue siendo muy investigado por sus enigmáticos símbolos: la luna, el caballo, el agua, los gitanos.

d. ☐ Federico García Lorca no tuvo tanta suerte *(luck)* y murió asesinado en 1936, el mismo año en el que estalló *(broke out)* la guerra civil.

e. ☐ y fundó *(founded)* la compañía teatral *La Barraca* con la que estuvo dirigiendo e interpretando diversas obras de teatro por toda la geografía española.

3 🎧 **26** **Lee estos fragmentos y relaciónalos con la obra de teatro de Federico García Lorca a la que pertenecen.**

a
Bernarda: Niña, dame un abanico. **Amelia:** Tome usted. *(Le da un abanico redondo con flores rojas y verdes).* **Bernarda:** *(Tirando el abanico al suelo).* ¿Es este el abanico que se da a una viuda? Dame uno negro y aprende a respetar el luto de tu padre. **Martirio:** Tome usted el mío. **Bernarda:** ¿Y tú? **Martirio:** Yo no tengo calor. **Bernarda:** Pues busca otro, que te hará falta. En ocho años que dure el luto no ha de entrar en esta casa el viento de la calle. Haceros cuenta que hemos tapiado con ladrillos puertas y ventanas. Así pasó en casa de mi padre y en casa de mi abuelo.

b
(Mira hacia la puerta). **Yerma:** ¡María! ¿Por qué pasas tan deprisa por mi puerta? **María:** *(Entra con un niño en brazos).* Cuando voy con el niño, lo hago… ¡Como siempre lloras…! **Yerma:** Tienes razón. *(Toma al niño y se sienta).* **María:** Me da tristeza que tengas envidia *(envy).* *(Se sienta).* **Yerma:** No es envidia lo que tengo; es pobreza. **María:** No te quejes. **Yerma:** ¡Cómo no me voy a quejar cuando te veo a ti y a las otras mujeres llenas por dentro de flores, y viéndome yo inútil en medio de tanta hermosura!

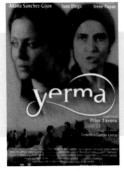

Yerma

Obra teatral de Federico García Lorca que narra la historia de Yerma, una joven campesina que sufre porque desea tener un hijo. La directora Pilar Távora adaptó la obra y en 1999 se estrenó en el cine.

La casa de Bernarda Alba

Fue la última obra de teatro de Lorca. En ella Bernarda, mujer tradicional y autoritaria, encierra a sus hijas jóvenes en casa tras la muerte de su marido. La obra se llevó al cine en 1987 en una película del director Mario Camus.

4 **Contesta las siguientes preguntas acerca del estilo de Lorca según los textos que has leído.**

a. ¿Qué características de la obra de Lorca observas en los textos?

b. ¿Qué tienen en común ambas obras?

EVALUACIÓN

1 **Relaciona cada frase con su respuesta.**

1. Los materiales del taller son gratis
2. ¡Han robado las cámaras del taller!
3. Han publicado las notas del examen de español
4. Te aseguro que te envié el correo. ¿De verdad que no lo has recibido?

a. ¡Qué fuerte! Las compraron ayer.
b. No, ¡qué raro
c. ¿De veras?
d. ¡Anda ya!, si lo hicimos ayer

2 **Escribe de nuevo las siguientes frases usando las palabras entre paréntesis. Haz los cambios necesarios.**

a. Llegué tarde a clase porque no sonó el despertador. (como) ....

....

b. El partido se canceló por la lluvia. (porque) ....

....

c. La película tuvo muy mala crítica debido a su violencia. (por) ....

....

d. Con el objetivo de mejorar las instalaciones, la biblioteca estará cerrada una semana. (para) ....

....

3 **Completa con _por_ o _para_.**

a. El estreno de su primera película fue .... mayo.
b. Mis padres van al cine una vez .... semana.
c. Mi sueño es poder viajar .... el mundo.
d. Gracias .... todo.
e. Es una película muy fuerte, no es adecuada .... todas las edades.

4 **Observa la siguiente cronología y escribe un relato sobre lo que ocurrió. Usa las expresiones temporales y esta información para ayudarte a desarrollarlo. ¡Atención! Hoy es lunes.**

media hora antes o y entonces o al final o El otro día

- Había hablado con Ricardo para ver una película en mi casa (viernes, 5:00h)
- Le comenté el plan (viernes, 5:35h)
- Quedamos en mi casa (viernes, 8:00h)
- Daniela me llamó para ir al cine (viernes, 5:30h)

Modelo: El otro día Daniela me llamó...

REVIEW OF PAST TENSES

5 **Escribe los verbos entre paréntesis en el tiempo pasado correcto.**

Cristian (a) .... (nacer) en 1971 en Cartagena, ciudad en la que (b) .... (realizar) sus estudios de Bellas Artes (*Fine Arts*). Tres meses antes de terminar la carrera (*degree*), (c) .... (decidir) que quería ser actor y (d) .... (mudarse) a Nueva York para perfeccionar su inglés y estudiar interpretación. Durante el tiempo en que (e) .... (vivir) en Nueva York, por las mañanas (f) .... (estudiar) Arte Dramático y por las tardes (g) .... (enseñar) español. Encontró ese trabajo con la ayuda de Paco, un profesor de español que (h) .... (conocer) de antes. En 1999 (i) .... (trasladarse) a Buenos Aires, donde (j) .... (continuar) trabajando como profesor de español, de nuevo con Paco, que ya (k) .... (regresar) a Argentina un año antes. En la escuela (l) .... (conocer) a Anamar y en el año 2002 (m) .... (actuar) por primera vez en una serie de televisión que (n) .... (escribir) su compañera Anamar el verano anterior. Por esta serie se hizo muy famoso y desde entonces no (ñ) .... (parar) de trabajar en cine, televisión y teatro. De hecho, se rumorea que últimamente (o) .... (recibir) varias ofertas de algunos de los directores más prestigiosos del mundo del cine.

EL CINE Y EL TEATRO

6 **Completa estas frases con una palabra o expresión relacionada con el cine y el teatro.**

a. Un tipo de cine más relacionado con el arte que con la taquilla es el cine ....

b. Cuando he tenido un gran día o todo me ha salido bien digo que me ha ido ....

c. Cuando vamos al cine para ver una .... podemos escuchar muchas carcajadas de risa.

d. Para comprar los boletos de una peli o una obra tienes que pasar por la ....

THE LETTER *H*

7 **Elige la opción correcta.**

a. Quita el bolso de **hay** / **ahí** / **ay**, no es un lugar seguro.

b. Esta semana hemos **hecho** / **echo** muchos exámenes.

c. Hoy es un poco peligroso bañarse en el mar con estas **holas** / **olas**.

d. Corren porque creen que no va a **ver** / **haber** boletos.

CULTURA

8 **Contesta las siguientes preguntas con la información aprendida en *El cine mexicano*.**

a. ¿Quién es Guillermo del Toro y cuál ha sido su trayectoria?

b. ¿Qué tipo de películas captó su imaginación como niño? ¿Tiene alguna especialidad?

c. ¿Qué actores mexicanos ya conocías de la lista que se presentó? Y de las películas, ¿conocías alguna?

e. ¿Crees que los directores mexicanos están de moda? Explica.

Cine y teatro

la alfombra de Hollywood *the red carpet*

el aplauso *applause*

el argumento *plot, story line*

la cámara *camera*

el cámara *cameraman*

el cineasta *filmmaker*

la comedia *comedy*

el corto *short film*

el decorado *set*

el decorador *set designer*

el director de cine *film director*

el drama *drama*

los efectos especiales *special effects*

la escena *scene*

el escenario *stage*

el escritor *writer*

el espectador *spectator*

el estreno *premiere*

el guionista *scriptwriter*

la obra *work*

la obra de teatro *play*

la película de aventuras *adventure*

la película de ciencia ficción *science fiction*

la película de denuncia social *social protest*

la película de terror *horror movie*

la película histórica *historical film*

la película independiente *indie*

el premio *award*

el protagonista *leading actor*

el rodaje *film shoot*

el taller de teatro *performing arts workshop*

la taquilla *box office*

el telón *curtain*

la trayectoria *career*

Verbos

abrir *to open*

escribir *to write*

estrenar *to release*

filmar *to shoot*

interpretar *to perform*

protagonizar *to have the leading role*

rodar *to shoot*

vestirse de gala *to dress for a special event*

Marcadores temporales

a continuación *next*

al principio *in the beginning*

después *after*

el otro día *(the) other day / another day*

en ese momento *at that time*

entonces *then*

hace unos días / meses / años... *days / months / years ago...*

luego *then*

más tarde *later*

por cierto *by the way*

un día *one day*

una vez *once*

unos momentos después *moments later*

Para dar una información

Pues parece que... *Well, it seems that...*

Al parecer... *Apparently...*

Según dicen... *According to what they are saying...*

He oído que... *I have heard that...*

¿Te has enterado de...? *Have you noticed / realized that...*

Para mostrar interés o curiosidad

Dime, dime... *Tell me, tell me...*

Estoy intrigadísimo/a. *I'm so intrigued.*

¿Y eso? *What's that about?*

Para expresar sorpresa

¿De veras? *Really?*

¡Qué fuerte! *pretty rough*

¡No me digas! *You must be kidding!*

Para expresar incredulidad

¡Anda ya! *Go on now!*

¡No me lo puedo creer! *I can't believe it!*

¡Qué raro / extraño! *How weird / strange!*

¿(Hablas) En serio? *Are you serious?*

Coloquialismos

de cine *Awesome, amazing*

montar un drama *to make a fuss*

ser peliculero/a *to be a show off*

ser muy protagonista *to be self centered*

ser cómica *to be funny*

PAST TENSES (REVIEW)   (See page 100)

INTERPRETAR			
	PRETERIT	**IMPERFECT**	**PRESENT PERFECT**
yo	interpreté	interpretaba	he interpretado
tú	interpretaste	interpretabas	has interpretado
usted/él/ella	interpretó	interpretaba	ha interpretado
nosotros/as	interpretamos	interpretábamos	hemos interpretado
vosotros/as	interpretasteis	interpretabais	habéis interpretado
ustedes/ellos/ellas	interpretaron	interpretaban	han interpretado

Preterit

■ Use the preterit tense to talk about actions that were **completed** at a fixed point in the past.
Anamar **volvió** *de Venecia anoche. Anamar returned from Venice last night.*

Imperfect

■ Use the imperfect to describe people, things or situations in the past, and to talk about ongoing or habitual actions in the past.
Cuando **vivían** *en Madrid* **estudiaban** *juntos. When they lived in Madrid, they used to study together.*

Present Perfect

■ Use the present perfect to say what a person **has done**. It describes actions completed in a recent past or in an unfinished period of time.
Este año Anamar **ha ganado** *dos premios. This year Anamar has won two awards.*

PLUPERFECT OR PAST PERFECT TENSE   (See page 101)

■ Use the pluperfect to talk about an action that took place before another past action.

■ To form the pluperfect tense:

	IMPERFECT TENSE OF *HABER*	**PAST PARTICIPLE**	**IRREGULAR PAST PARTICIPLES**	
yo	había		abierto	muerto
tú	habías		dicho	puesto
usted/él/ella	había	viajado	descubierto	roto
nosotros/as	habíamos	comido	escrito	visto
vosotros/as	habíais	dormido	hecho	vuelto
ustedes/ellos/ellas	habían			

¡SUPERESPACIO!

Tres amigas comparten la lectura de una revista.

≫ ¿Qué tipo de revista crees que están leyendo?

≫ ¿Sueles leer revistas? ¿Cuáles te interesan más?

≫ ¿Prefieres leerlas en formato impreso o digital?

In this unit,
you will learn to:

- Ask and give advice and recommendations
- Ask for permission and favors
- Express probability or hypothesis in the past
- Talk about food and health

Using

- The conditional

Cultural Connections

- Share information about pop culture and teen magazines in Hispanic countries and compare cultural similarities

SABOR HISPANO

- La dieta mediterránea... ¿mito o realidad?

¡ACCIÓN!

1 Fíjate en la imagen y elige la opción correcta.

1. La imagen representa...
   a. ◯ una revista de moda.
   b. ◯ una revista de cocina.
   c. ◯ una revista para jóvenes.

2. Maruchi es...
   a. ◯ actriz.
   b. ◯ cocinera.
   c. ◯ bailarina.

3. ¿Qué tipo de programa crees que es *Amor en directo*? Un programa...
   a. ◯ para encontrar pareja (*partner*).
   b. ◯ de canciones de amor.
   c. ◯ de chismes (*gossip*) de amor.

4. Mónica Pérez es...
   a. ◯ una famosa actriz.
   b. ◯ una cocinera.
   c. ◯ la participante de un concurso para encontrar pareja.

2 Relaciona el texto con su imagen correspondiente de la portada. ¡*Atención!* No todos los textos tienen imagen.

◯ **Parece ser que el amor está en el aire. Varios rumores circularon días atrás sobre la famosa pareja, aunque esta foto parece confirmar que se aman.**

◯ **Una receta infalible: descúbrela con nuestra cocinera favorita.**

◯ **"De pequeño ya sabía que quería ser actor", confiesa.**

◯ **Josefa y Benjamín se conocen en el estudio, ¿habrá flechazo?**

◯ **Escenas de la película más romántica del año.**

◯ **Define tu estilo de verano.**

3 🎧 **27** **Escucha la conversación entre Lucía y Carla y contesta las preguntas.**

	Carla	Lucía
a. ¿Quién está muy "enamorada" de Maxi Castro?	☐	☐
b. ¿Quién sabe más sobre la vida de Mónica Pérez?	☐	☐
c. ¿A quién no le gusta la comida sana?	☐	☐
d. ¿Quién pide ayuda para contestar un test?	☐	☐
e. ¿Quién cree que la entrevista tiene mucha información sobre la vida de Maxi?	☐	☐

4 **Lee la conversación y contesta verdadero (V) o falso (F). Corrige las afirmaciones falsas.**

Lucía: Mira, Carla, las fotos que trae esta semana *SuperEspacio*. Hay una entrevista a Maxi Castro.

Carla: ¿Maxi Castro? ¡Ay!, Lucía, déjame ver… Yo estoy enamoradísima de ese actor… Es tan guapo y tan simpático.

Lucía: Mira… también viene un test para saber si conoces bien la vida de Maxi… Y si aciertas *(answer correctly)* todas las preguntas, participas en el sorteo *(sweepstake)* de un viaje a París, la ciudad del amor. ¿Podrías ayudarme?

Carla: Claro, yo conozco todos los secretos de la vida de Maxi. De todos modos, yo que tú primero leería la entrevista y después contestaría el test. Seguro que esa entrevista contiene mucha información.

Lucía: ¿Has visto que parece que Mario Medina y Mónica Pérez están juntos?

Carla: ¿Mónica Pérez es la actriz de la película *La soga*?

Lucía: Carla, deberías estar más informada… Es la actriz de la serie *Sombras*. Es la que hace el papel *(role)* de mala.

Carla: Bueno, vale. También sale la cocinera esa de *Salud al día*, el programa de televisión… A mi madre le encanta y en casa nos lo pone todos los días.

Lucía: A mí no me saques de las hamburguesas y las papas fritas. Odio las verduras.

Carla: ¿En serio? No me lo puedo creer. Pues deberías comer más verdura. Es muy buena para la salud.

	V	F
a. Maxi Castro es un cantante muy famoso.	☐	☐
b. *Salud al día* es un programa de cocina sana.	☐	☐
c. La actriz Mónica Pérez es protagonista en una serie de televisión.	☐	☐
d. La cocinera y el actor tienen un romance.	☐	☐

5 En la conversación anterior aparecen frases destacadas con un nuevo tiempo: el condicional. ¿Para qué crees que se usa este tiempo en cada caso? Relaciona.

1. ¿Podrías ayudarme?
2. Yo que tú leería la entrevista y después contestaría el test.
3. Deberías estar más informada...
4. Deberías comer más verdura.

a. Para dar una recomendación o un consejo.

b. Para pedir un favor.

6 Observa las siguientes portadas de revistas. Después, con tu compañero/a, contesta las preguntas.

a. ¿Qué tipo de revistas son?
b. ¿A qué tipo de público piensas que va dirigida cada una?
c. ¿Sueles leer algunas de estas revistas? ¿Qué contenidos te gustan más?
d. ¿Te interesan las revistas del corazón?
e. ¿Qué tipos de famosos suelen aparecer en ellas?
f. ¿Te parece que han ganado la fama de una manera justa?
g. ¿Piensas que es fácil hacerse famoso?
h. ¿Te gustaría llegar a ser famoso?
i. ¿Qué ventajas o desventajas crees que tiene la fama?

ASKING FOR AND GIVING ADVICE

■ Para **pedir consejos**:

¿Qué puedo hacer? *What can I do?*

¿Tú qué harías? *What would you do?*

¿Podrías *aconsejarme? Could you advise me?*

■ Para **dar consejos** o recomendaciones:

Yo / Yo que tú / Yo en tu lugar, *comería de una manera más saludable. If I were you, I would eat healthier.*

Deberías / podrías *acostarte. Es tarde. You should / could go to sleep. It's late.*

■ Otras formas:

¿Por qué no *vas al médico? Why don't you go to the doctor?*

Toma *un taxi, llegarás más rápido. Take a taxi, you'll get there faster.*

¿Y si *comes menos fritos? And if you eat less fried food?*

Juan y tú **tienen que** *ir a ver esa película. Juan and you have to go see that movie.*

No fumes. *Te hace daño. Don't smoke. It's harmful.*

1 Maxi Castro va a rodar una nueva película y los productores han organizado un *casting* para encontrar a una muchacha "actual" que participe con él. Carla se ha apuntado a las pruebas pero ahora está muy nerviosa y cree que lo hará fatal. ¿Puedes ayudarla dándole algunos consejos?

a. .... me aprendería muy bien el papel.

b. ¿Y si ....? Van a ser muchos en el casting.

c. .... me tomaría un té de hierbas relajante antes de la prueba.

d. Deberías ....

e. ¿Por qué no ....? Tú lo haces muy bien y eso es un punto extra a tu favor.

2 La chef Maruchi da a sus telespectadores algunos consejos para llevar una alimentación rica y saludable. Completa las conversaciones con los siguientes verbos.

> podrías ○ practicaría ○ tomaría ○ deberías ○ comería ○ harías ○ disminuiría ○ prepararía

Carlos: Maruchi, te veo todos los días en la tele y me encanta tu programa. Mi problema es que últimamente estoy engordando mucho, ¿tú qué (a) .... para adelgazar?

Maruchi: Yo que tú (b) .... con moderación y (c) .... las comidas con aceite de oliva, preferentemente crudo. También (d) .... el consumo de azúcar y de sal.

Carlos: ¡Uf!... todo eso ya lo hago, pero engordo...

Maruchi: A lo mejor consumes más calorías de las que necesitas. En ese caso, yo en tu lugar, (e) .... ejercicio diariamente.

Alicia: Hola, Maruchi, me encanta tu programa. Mira, mi problema es que últimamente me encuentro muy cansada y, a veces, me duele la cabeza. El médico dice que estoy sanísima, pero yo me siento sin energías, ¿(f) .... darme algunos consejos?

Maruchi: Alicia, querida, ¿seguro que te alimentas bien? En primer lugar, (g) .... incluir legumbres y frutos secos en tu dieta. Para el dolor de cabeza, yo que tú (h) .... abundante cantidad de agua durante todo el día.

3 🎧 **28 Ahora, escucha y comprueba tu respuesta de la Actividad 2.**

COMUNICA

4 👥 **Con tu compañero/a, pide consejos para las siguientes situaciones.**

Estudiante 1

a. ¡No soy popular en Facebook!

b. Siempre que tengo un examen me pongo muy nervioso y no me puedo concentrar.

c. Tengo muchos granos (*pimples*) pero no puedo dejar de comer chocolate.

d. Lloro viendo todas las películas.

e. Mis padres quieren que salga con el hijo / la hija de sus amigos, pero a mí no me gusta.

Estudiante 2

a. Necesito ver mi celular constantemente.

b. Creo que en mi casa hay un fantasma pero nadie me cree.

c. El muchacho / La muchacha que me gusta me ha invitado a una fiesta pero bailo fatal.

d. No puedo dormir por las noches.

e. Me encanta la ropa de mi hermano/a mayor pero no me la deja.

ASKING FOR FAVORS AND PERMISSION

■ Para **pedir permiso** decimos:

¿**Te importa si** me llevo estos libros? *Do you mind if I take these books?*

¿**Puedo** cerrar la puerta? *Can I close the door?*

¿**Podría** salir un poco antes de clase? *Could I leave class a little early?*

¿**Me dejas** usar tu teléfono? *Will you allow me to use your phone?*

■ Para **pedir favores** decimos:

¿**Me prestas** un boli? *Will you lend me a pen?*

¿**Te importaría** llevar estos libros a la biblioteca? (formal) *Would you mind taking these books to the library?*

¿**Podrías** prestarme tu diccionario de español? (formal) *Could you lend me your Spanish dictionary?*

¿**Sería tan amable** de decirme la hora? (muy formal) *Would you be so kind as to tell me the time?*

■ Para **explicar** o **justificar** el porqué de la petición se utiliza **es que**...:

Es que he perdido mi boli. *It's just that I lost my pen.*

5 *Amor en directo* es un programa popular con personas que buscan un romance. Benjamín, el siguiente participante, está buscando novia. Quiere dar una buena impresión en su primera cita. Mientras espera en el camerino antes del programa, prepara lo que podría decirle. Relaciona para formar las frases en las que ha pensado.

1. ¿Te importa si
2. ¿Podría
3. ¿Puedo
4. ¿Me dejas
5. ¿Le importaría
6. ¿Podrías

a. pasarme la sal?
b. te llamo para vernos otro día?
c. invitarte a cenar?
d. acompañarte a casa?
e. aconsejarnos en la comida?
f. tomarnos una foto juntos?

6 **Escribe el número de las frases de la Actividad 5 al lado de la situación en la que Benjamín las diría.**

a. ☐ Están cenando y la comida está sosa *(bland)*.

b. ☐ Acaban de salir del restaurante.

c. ☐ Se acaban de sentar en la mesa del restaurante y piden ayuda al camarero.

d. ☐ Se están despidiendo después de la cita.

e. ☐ Han salido del plató *(set)* de *Amor en directo* y están pensando qué hacer.

f. ☐ Están pasando una buena noche y le pide al camarero un recuerdo de ella.

EXPRESSING PROBABILITY IN THE PAST

■ Si queremos **expresar probabilidad** en el pasado, decimos:

*Anoche **cenaría** sobre las 7.* (Serían aproximadamente las siete, pero no estoy seguro).
Last night I must have had dinner around seven.

Tendría *unos 15 años cuando conocí a Sara.* (No recuerdo con exactitud la edad que tenía).
I must have been about 15 when I met Sara.

7 **Fíjate en las imágenes y adivina qué pudo pasarles a estas personas. Utiliza las expresiones del cuadro.**

> estar nervioso/a por el examen de Historia ○ perder la cartera ○ quedarse dormido/a ○
> perder el metro o el autobús ○ quedarse chateando por Internet hasta tarde

a. Ayer Pepe llegó tarde a clase… *Perdería el autobús.*

b. Hoy Carlos se ha dormido en clase… ....

c. Ayer María tenía la luz de la habitación encendida a las 4 de la mañana… ....

d. Ayer llamé a Laura por teléfono y estaba muy rara… ....

e. Ayer estaba en la cafetería y un cliente muy bien vestido se fue sin pagar… ....

8  **La muchacha que tenía que encontrarse con Benjamín no ha venido al programa. En parejas, hablen sobre los posibles motivos.**

Sería…   Se quedaría…

Tendría…   Estaría…

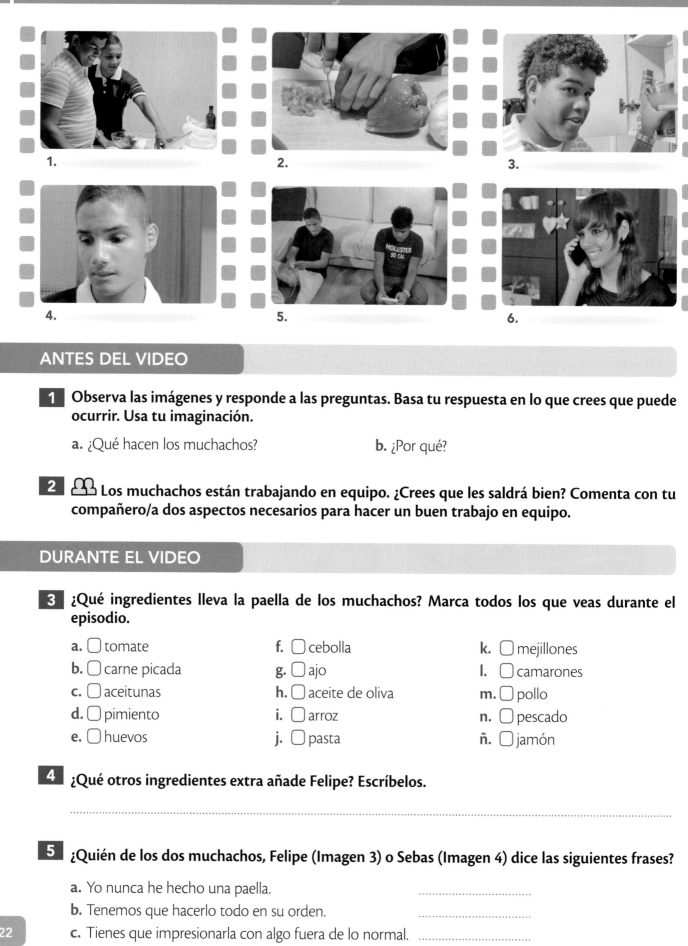

1.

2.

3.

4.

5.

6.

ANTES DEL VIDEO

1 Observa las imágenes y responde a las preguntas. Basa tu respuesta en lo que crees que puede ocurrir. Usa tu imaginación.

a. ¿Qué hacen los muchachos?

b. ¿Por qué?

2 Los muchachos están trabajando en equipo. ¿Crees que les saldrá bien? Comenta con tu compañero/a dos aspectos necesarios para hacer un buen trabajo en equipo.

DURANTE EL VIDEO

3 ¿Qué ingredientes lleva la paella de los muchachos? Marca todos los que veas durante el episodio.

a. ☐ tomate

b. ☐ carne picada

c. ☐ aceitunas

d. ☐ pimiento

e. ☐ huevos

f. ☐ cebolla

g. ☐ ajo

h. ☐ aceite de oliva

i. ☐ arroz

j. ☐ pasta

k. ☐ mejillones

l. ☐ camarones

m. ☐ pollo

n. ☐ pescado

ñ. ☐ jamón

4 ¿Qué otros ingredientes extra añade Felipe? Escríbelos.

....

5 ¿Quién de los dos muchachos, Felipe (Imagen 3) o Sebas (Imagen 4) dice las siguientes frases?

a. Yo nunca he hecho una paella. ....

b. Tenemos que hacerlo todo en su orden. ....

c. Tienes que impresionarla con algo fuera de lo normal. ....

d. Preferiría los tacos, porque me salen muy ricos. ....

e. Una paella es mucho más sorprendente. ....

f. Hay que ser creativo. ....

6 ━━▸ **Mira esta secuencia y elige la opción correcta en cada uno de los casos.**

04:30 - 06:00

a. Los muchachos están jugando a videojuegos porque **ya han terminado** / **la paella está todavía cocinándose**.

b. Sebas quiere ir a la cocina a ver la paella pero Felipe le dice que **continúe jugando** / **es demasiado pronto**.

c. Cuando llega Alba, en la casa huele **muy bien** / **a quemado**.

d. Alba decide pedir unas **hamburguesas** / **pizzas** para cenar.

7 **Di si estas afirmaciones son verdaderas (V) o falsas (F).**

	V	F
a. Sebas quiere preparar una paella para impresionar a Alba.	☐	☐
b. Sebas y Felipe miran la receta en un libro.	☐	☐
c. Sebas ha gastado sus ahorros en los ingredientes.	☐	☐
d. Felipe cree que los frijoles están buenos con todo.	☐	☐
e. La paella de Sebas y Felipe no lleva marisco.	☐	☐
f. Los muchachos se ponen a jugar a videojuegos cuando han terminado de comer.	☐	☐
g. Cuando Alba llega, la mesa ya está preparada.	☐	☐
h. Alba es la invitada a la cena pero ella paga las pizzas.	☐	☐

DESPUÉS DEL VIDEO

8 **¿Por qué la receta no salió bien? Marca con tu compañero/a todas las opciones posibles.**

a. No siguieron la receta punto por punto.

b. Añadieron ingredientes fuera de la receta.

c. No vigilaron la paella hasta el final.

d. No conocían el plato previamente.

e. Improvisaron mucho.

f. Compraron ingredientes caros.

g. No estaban supervisados por un adulto.

9 **¿Alguna vez has preparado algún plato? Escribe brevemente qué preparaste, cuándo, con quién estabas y cómo salió el plato.**

....

....

....

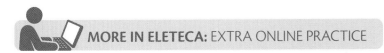

1 🎧 **29** Relaciona los alimentos con las siguientes imágenes. Luego, escucha el audio y verifica tus respuestas.

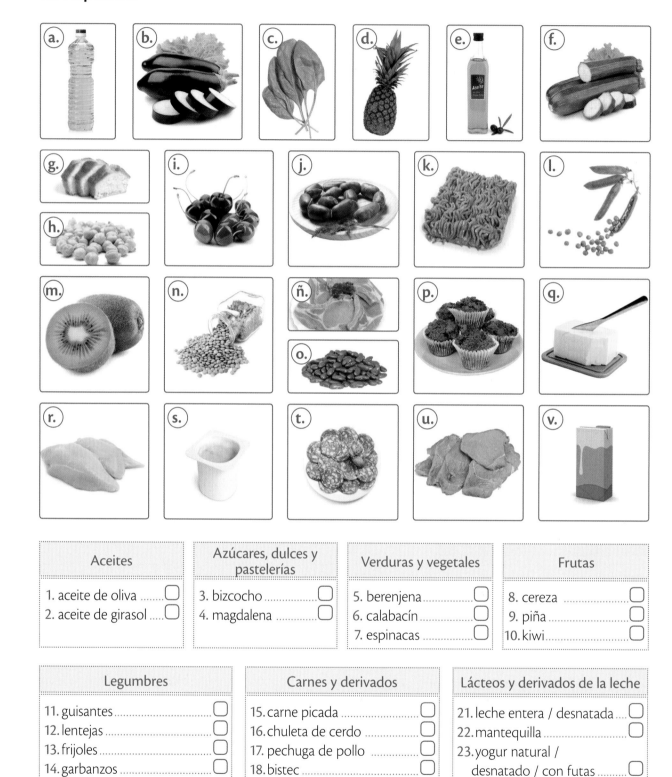

Aceites	Azúcares, dulces y pastelerías	Verduras y vegetales	Frutas
1. aceite de oliva ......☐	3. bizcocho ....☐	5. berenjena...............☐	8. cereza ....☐
2. aceite de girasol ....☐	4. magdalena ....☐	6. calabacín................☐	9. piña ....☐
		7. espinacas ....☐	10. kiwi ....☐

Legumbres	Carnes y derivados	Lácteos y derivados de la leche
11. guisantes ....☐	15. carne picada ....☐	21. leche entera / desnatada ....☐
12. lentejas ....☐	16. chuleta de cerdo ....☐	22. mantequilla ....☐
13. frijoles ....☐	17. pechuga de pollo ....☐	23. yogur natural /
14. garbanzos ....☐	18. bistec ....☐	desnatado / con futas ....☐
	Embutidos (cold cuts)	
	19. salchichón ....☐	
	20. chorizo ....☐	

2 Relaciona las palabras de las dos columnas para formar combinaciones frecuentes.

1. pescado
2. ensalada
3. pan
4. leche
5. trozo de
6. agua
7. fruta
8. yogur
9. papas

a. entera
b. fritas
c. del tiempo
d. multicereales
e. desnatado
f. mixta
g. mineral
h. pastel
i. a la plancha

3 Mónica Pérez, la actriz, y Maruchi, la famosa chef, están hablando de cómo mejorar los hábitos alimenticios de Mónica. Lee la conversación y completa con las palabras de la Actividad 2.

Maruchi: Primero, vamos a analizar qué es lo que comes habitualmente. A ver, ¿qué sueles desayunar?

Mónica: Tomo un vaso de (a) ....

Maruchi: ¿Y qué más?

Mónica: Pues, nada más.

Maruchi: ¿Solo eso? Bueno, ¿y luego? ¿A la hora de la comida?

Mónica: Como una hamburguesa con (b) .... y un refresco.

Maruchi: ¿Tomas postre?

Mónica: Sí, un (c) .... de chocolate.

Maruchi: ¿Y para cenar?

Mónica: Para cenar tomo (d) .... como salmón o sardinas con una (e) .... y de postre, un (f) ....

Maruchi: Bien. En realidad, creo que tenemos que hacer algunos cambios, sobre todo en el desayuno y la comida. Para desayunar, yo tomaría café o té, con leche desnatada, pero lo acompañaría con (g) .... y mermelada. Lo que yo cambiaría bastante es la comida. Para empezar, la haría más variada, incorporando verduras y legumbres de todo tipo. Por otro lado, yo en tu lugar abandonaría completamente los dulces y tomaría una (h) .... de postre. ¡Ah! y olvídate también de las bebidas con gas, mucho mejor beber (i) ....

4 Túrnate con tu compañero/a y hazle preguntas sobre sus hábitos alimenticios. Después, dale los consejos necesarios según sus respuestas.

Estudiante 1

a. ¿En qué consiste tu dieta?
b. ¿Te gusta la comida rápida?
c. ¿Te interesa comer de forma saludable?
d. ¿Has cambiado algo de tu alimentación en los últimos años?

Estudiante 2

a. ¿Con qué frecuencia comes verdura?
b. ¿Vas mucho a restaurantes de comida rápida?
c. ¿Dónde crees que tienes una alimentación más sana: en casa o en la escuela?
d. ¿Crees que comes bien?

5 🗣️ **Relaciona las siguientes palabras, que se utilizan habitualmente en la preparación de comidas, con su correspondiente definición. Trabaja con tu compañero/a. Fíjate en las pistas que aparecen en las definiciones para ayudarte.**

1. añadir
2. escurrir
3. aliñar
4. poner en remojo
5. lavar
6. cocer
7. congelar
8. triturar

a. Poner un alimento en agua durante un tiempo para poder cocinarlo bien el día siguiente.

b. Quitar el agua de un alimento después de cocinar.

c. Limpiar con agua un alimento.

d. Cortar un alimento en trozos más pequeños. Hay máquinas que lo hacen muy bien y muy rápido.

e. Poner alimentos a temperaturas muy frías para conservarlos frescos.

f. Poner un alimento, como la verdura, en agua caliente durante un tiempo determinado.

g. Poner sal, aceite y vinagre a la ensalada.

h. Poner ingredientes adicionales poco a poco o al final.

6 **Maruchi también prepara diferentes platos para la revista *SuperEspacio* y nos enseña algunos trucos para preparar una comida saludable y sabrosa. Utiliza los verbos de la Actividad 5 para completar los trucos de Maruchi.**

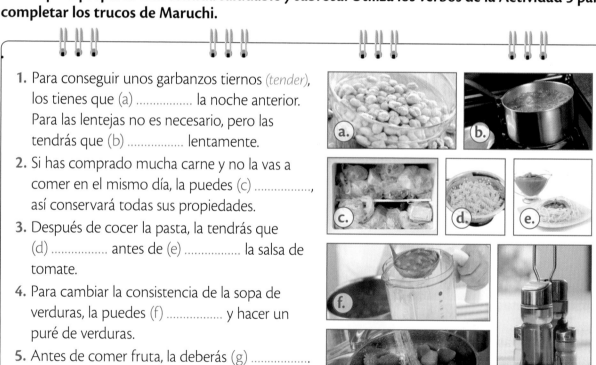

1. Para conseguir unos garbanzos tiernos *(tender)*, los tienes que (a) .... la noche anterior. Para las lentejas no es necesario, pero las tendrás que (b) .... lentamente.

2. Si has comprado mucha carne y no la vas a comer en el mismo día, la puedes (c) ...., así conservará todas sus propiedades.

3. Después de cocer la pasta, la tendrás que (d) .... antes de (e) .... la salsa de tomate.

4. Para cambiar la consistencia de la sopa de verduras, la puedes (f) .... y hacer un puré de verduras.

5. Antes de comer fruta, la deberás (g) ....

6. Para darle más sabor a la ensalada, la puedes (h) .... con aceite de oliva.

7 🗣️ **¿Te gusta cocinar? En grupos pequeños, túrnense para describir lo que saben preparar. Usen las expresiones aprendidas para explicar cómo lo preparan. Luego decidan quién es la persona del grupo que mejor sabe cocinar.**

MORE IN ELETECA: EXTRA ONLINE PRACTICE

1. THE CONDITIONAL TENSE: REGULAR VERBS

	CANTAR	COMER	ESCRIBIR
yo	cantaría	comería	escribiría
tú	cantarías	comerías	escribirías
usted/él/ella	cantaría	comería	escribiría
nosotros/a	cantaríamos	comeríamos	escribiríamos
vosotros/as	cantaríais	comeríais	escribiríais
ustedes/ellos/ellas	cantarían	comerían	escribirían

Note that all endings have a written accent on the **í**.

The simple conditional is used to:

- Give **advice** and make recommendations:

  Yo / Yo que tú / Yo en tu lugar, comería más fruta y verdura. *If I were you, I would eat more fruit and vegetables.*

  Deberías / Podrías dejarle un mensaje. Creo que está preocupado. *You should / could leave him a message. I think he's worried.*

- Ask for **favors** and **permission**:

  ¿**Te importaría** hacerme un favor? Es que mañana tengo un examen… *Would you mind doing me a favor? It's just that tomorrow I have a test…*

- Express **probability** or **hypothesis** in the past:

  En aquella época yo **ganaría** unos 1.000 euros al mes. *Back then I was probably earning some 1.000 euros a month.*

1 **Josefa, la muchacha que iba a quedar con Benjamín en *Amor en directo*, ha decidido ir finalmente al programa porque la convenció su amiga Diana, pero, ahora, está hecha un mar de nervios. Lee la conversación entre las dos amigas y completa con los verbos entre paréntesis.**

Josefa: ¡Qué vergüenza! ¿Y qué hago si me hace una pregunta indiscreta?

Diana: Yo le (a) .... (responder) con otra pregunta.

Josefa: ¿Y si lo veo y no me gusta?

Diana: Pues yo que tú le (b) .... (dar) una oportunidad y (c) .... (cenar, yo) con él. Si después de la cena no te gusta, no (d) .... (participar, yo) más en el programa.

Josefa: ¿Y si me gusta?

Diana: Pues entonces (e) .... (seguir) conociéndolo y sobre todo (f) .... (quedar) con él fuera de las cámaras, ya sabes que la televisión engaña *(misleads)* mucho… Si no que te lo digan a ti, que no querías ni ir…

Josefa: Tienes razón, (g) .... (deber, yo) conocerlo mejor. Pero, igual me enamoro de él y él no de mí, ¿te imaginas?

Diana: ¡Ay, Josefa! Yo no lo (h) .... (pensar) más, ¡solo es un concurso! (i) .... (Ir), (j) .... (divertirse) un rato, (k) .... (conocer) a gente nueva y quién sabe…, igual es el hombre de tu vida…

Josefa: ¿Y si lo es?

Diana: Pues entonces yo (l) .... (casarse) con él, y (m) .... (ser, yo) muy feliz.

Josefa: Y entonces… ¿me (n) .... (ayudar, tú) a elegir vestido de novia?

Diana: ¡¡Grrrrrr!! Que sí, ¡¡pesada!!

2 El pobre Benjamín también está muy nervioso. Como ya sabes qué opina Josefa, ¿qué consejos le darías? Escríbele una nota.

Modelo: *Querido Benjamín, yo en tu lugar...*

2. THE CONDITIONAL TENSE: IRREGULAR VERBS

■ For all irregular verbs in the conditional, the endings remain the same as with regular verbs, only the stem changes as follows:

IRREGULAR VERBS		

poder ➡ **podr-**			ía
salir ➡ **saldr-**	tener ➡ **tendr-**		ías
caber ➡ **cabr-**	poner ➡ **pondr-**	hacer ➡ **har-**	ía
haber ➡ **habr-**	venir ➡ **vendr-**	decir ➡ **dir-**	íamos
saber ➡ **sabr-**	valer ➡ **valdr-**		íais
querer ➡ **querr-**			ían

What other tense uses these same stems?

3 Completa los espacios con el verbo adecuado del cuadro en condicional.

> poner ○ saber ○ decir ○ tener ○ animar

a. .... unos cuatro años cuando empecé a dar mis primeros pasos como actor.

b. No tengo nada que decir respecto a mi relación con Mario Medina. Yo que tú .... en la revista que solo somos buenos amigos.

c. Yo no .... qué hacer sin los consejos de mi amiga Diana.

d. Yo .... a todos los jóvenes que una alimentación con muchas verduras es una garantía de salud para el futuro.

e. Yo .... a los jóvenes tímidos a buscar pareja a través de *Amor en directo*.

4 Piensa otra vez en los relatos de la revista *SuperEspacio*. ¿Quién dijo qué? Relaciona las frases de la Actividad 3 con la persona correspondiente.

Mónica Pérez

Josefa

Maxi Castro

Maruchi

Benjamín

5 🎧 **30** **Escucha las entrevistas e identifica a la persona entrevistada en cada caso.**

Benjamín ○ Maruchi ○ Maxi ○ Mónica

a. ....   b. ....   c. ....   d. ....

6 🎧 **30** **Escucha las entrevistas de nuevo y completa con el verbo adecuado en condicional.**

	Uso
» ¿Qué .... si a tu hijo no le gusta el sabor de casi ninguna?	ⓒ
» .... usar tu imaginación.	○
» .... la primera vez que venía a la tele.	○
» ¿Y tú qué .... entonces, Luz?	○
» Mira, yo	○
» Sí, ... decir que sí.	○
» Creo que no .... hacer otra cosa.	○
» ¿Te .... firmarme un autógrafo para mi hija?	○
» ¿ .... decirnos cuándo nació esa bonita amistad?	○
» Reconoces que Mario Medina .... parte de tu vida privada.	○
» .... limitarte a escribir lo que digo.	○
» Yo que tú lo .... claro de una vez.	○

7 👥 **Con tu compañero/a, comprueba tus respuestas de la Actividad 6. Luego, identifiquen cuál de los siguientes usos del condicional corresponde a cada frase. Fíjate en el ejemplo.**

a. dar consejo

b. expresar probabilidad o hipótesis en el pasado

c. pedir consejo

d. pedir un favor

8 👥 **Con tu compañero/a, comprueba tus respuestas en la Actividad 6. ¿Cómo reaccionarías en las siguientes situaciones? Prepara dos respuestas para cada una. Luego, en grupos pequeños, compartan las reacciones. ¿Quién tiene las mejores respuestas?**

a. Vas al programa de Maruchi, *Salud al día*, y como siempre, invita a algunos espectadores a probar el plato que acaba de preparar. Te escoge a ti, pero cuando lo pruebas *(taste)*, ¡sabe fatal! ¿Qué harías?

b. Ahora vas a la grabación del programa *Amor en directo*. Presentan al primer concursante y ves que sale tu novio/a al escenario. ¿Qué harías?

c. Ya no puedes más, y necesitas tomar un café. Estás esperando en cola en uno de esos cafés de moda y ves a la actriz Mónica Pérez con Maxi Castro sentados en una mesa. Parece que están enamorados. Se levantan y salen por una puerta de atrás, tomados por la mano. ¿Qué harías?

DESTREZAS

COMPRENSIÓN DE LECTURA

1 **Antes de empezar a leer, repasa la estrategia en Destrezas y sigue las recomendaciones.**

Destrezas

Identifying the format of a text

Look at the images, headings, and layout to help you understand the purpose of the text. Then follow these steps:

	Texto 1	Texto 2	Texto 3
1. Read the text and the question connected to this text for a general sense of the content.			
2. Highlight the most important word or phrase in the question or write it in the column to the right.			
3. Go back to the main text and look for related nouns or verbs.			
4. Read the supporting details. Do they answer what is asked?			

2 **Lee los textos y contesta las preguntas en la página siguiente.**

La revista para jóvenes a partir de 15 años.

Suscripción a la revista

Ahora podrás disfrutar de las más interesantes noticias sobre actualidad, videojuegos, música, cine, deportes, literatura; propuestas de escapadas de fin de semana, salir por tu ciudad, talleres, concursos; entrevistas a tus ídolos, los consejos de Maruchi... ¡Todo esto y mucho más en la puerta de tu casa!

No te lo pienses más y aprovecha la oferta: si te suscribes este mes, ¡recibirás gratis la revista durante 6 meses!

Participa en el sorteo y ¡gana un viaje a París, la ciudad del amor!

¿Cómo puedes participar?

Es muy fácil, tan solo tienes que leer la entrevista a Maxi Castro y responder al cuestionario sobre su vida que encontrarás en el interior de la revista. Después envíanos tus respuestas, bien por correo ordinario o por Internet a través de nuestra revista digital. Entre los participantes que acierten todas las preguntas se realizará un sorteo ante notario. El nombre del ganador se dará a conocer en la publicación del mes de febrero. No lo dudes, participa y ¡gana!

¿Qué ver en Madrid?

El paseo comienza en la Puerta del Sol, centro de Madrid. No olvides fotografiarte junto al Oso y el Madroño, uno de los símbolos de la ciudad. Después, dirige tus pasos a la calle Arenal y busca la chocolatería San Ginés, donde puedes desayunar un chocolate con churros.

1. Si quieres suscribirte a la revista *SuperEspacio*…

    a. debes tener más de 15 años.

    b. no necesitarás bajar al quiosco a comprarla.

    c. no tendrás que abonar ningún importe.

2. Podrás participar en el sorteo…

    a. tan solo con contestar el cuestionario y enviar tus respuestas a la revista.

    b. si has contestado correctamente al cuestionario.

    c. si acudes a la celebración del sorteo que se realizará ante notario.

3. El texto sobre Madrid recomienda…

    a. recorrer la calle Arenal.

    b. encontrar la chocolatería en la calle Arenal.

    c. evitar ir a la calle Arenal.

PRONUNCIACIÓN Las letras y y x

- To form the plural of a word ending in **y**, add -**es: rey / reyes**.
  Notice that the **y** is now pronounced as a consonant.

- Verbs like **oír**, **caer**, **creer** and those ending in -**uir** like **construir**, **destruir**, and **huir** (to flee) will have a **y** in the **usted/él/ella** and **ustedes/ellos/ellas** form in the preterit.

  oír ➡ o**y**ó   caer ➡ ca**y**eron   creer ➡ cre**y**ó

  construir ➡ constru**y**ó   destruir ➡ destru**y**eron   huir ➡ hu**y**eron

1   **Completa con la forma correcta de los verbos entre paréntesis.**

    a. Ayer Juan (oír) .... un ruido extraño y (creer) .... que era un ladrón. Salió corriendo para atraparlo, (caerse) .... y el ladrón (huir) .... con todo el dinero.

    b. El pueblo maya consiguió muchos avances tecnológicos y (construir) .... un gran imperio.

    c. El huracán (destruir) .... la casa de mis tíos en Santo Domingo.

- The letter **x** is used in place of s before the consonant pairs **pl**- and **pr**-: **explorar**, **exprimir**.

2   **Completa con *x* o *s*, según la regla que acabas de aprender.**

    a. e ☐ plotar   **c.** e ☐ timado   **e.** e ☐ tupidez   **g.** e ☐ presar

    b. e ☐ plicar   **d.** e ☐ presión   **f.** e ☐ tatuto   **h.** e ☐ tirar

MORE IN ELETECA: EXTRA ONLINE PRACTICE

LA DIETA MEDITERRÁNEA...

¿MITO O REALIDAD?

Vegetales, queso, aceitunas, sal, pimienta y aceite de oliva, ingredientes típicos de la dieta mediterránea

Antes de leer

¿Qué tipo de comida sueles comer?

¿Te gusta la comida rápida? ¿Por qué?

¿Qué ingredientes son sanos?

🎧 31 **La comida mediterránea es típica de los países que rodean° el mar Mediterráneo. España es uno de ellos. Pero, ¿esta dieta existe o es un mito?**

«El clima es el factor más importante de la dieta mediterránea, ya que produce una serie de ingredientes típicos de esta gastronomía», dice el Doctor José Ordovas.

Hay muchos platos típicos de los países mediterráneos que tienen ingredientes en común, como los vegetales, las aceitunas°, el pescado, el marisco, las frutas, el aceite de oliva y algunos condimentos.

«Culturalmente, los países del Mediterráneo pueden ser muy distintos. Y, claro, su gastronomía también puede diferir, pero los ingredientes son los mismos», dice el doctor.

España es uno de estos países. Sin embargo, solo una parte del país está en el Mediterráneo y disfruta de° este clima cálido. El norte de España, por ejemplo, tiene un clima más frío y lluvioso.

«En España, al hablar de los hábitos alimentarios, no se puede generalizar. El clima y la dieta varían mucho de norte a sur, o de este a oeste. En el norte se come marisco, pero también mucha carne y patatas. En el centro son típicos los guisos°», asegura Mariona Coslada, nutricionista.

Además, la dieta está cambiando. Las familias ya no tienen tanto tiempo para cocinar y suelen preparar platos rápidos, a menudo no muy saludables.

Una encuesta° reciente reveló que muchos jóvenes ahora prefieren la comida rápida, o comida basura, a la dieta mediterránea. «A mí me encanta la comida rápida, la verdad. Hamburguesas, papas fritas, aros de cebolla… », dice Mario Velázquez, un estudiante de 20 años.

La hamburguesa se considera un ejemplo de comida rápida en España.

Glosario

aceitunas – olives

disfrutar de – to enjoy

encuesta – poll

el guiso – stew

rodear – surround

Estos fueron los alimentos más consumidos en España en 2013

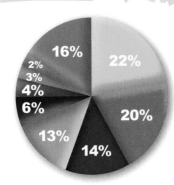

- Carne 22%
- Café o té 20%
- 16%
- 14%
- 13%
- 6%
- 4%
- 3%
- 2%

Leyenda:
- Carne
- Pescado
- Verduras
- Leche y lácteos
- Pan
- Café o té
- Refrescos
- Bollería
- Otros

Gasto en comida rápida en el mundo (euros por habitante)

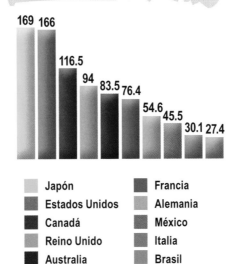

169	166
116.5	
94	83.5	76.4
54.6	45.5
30.1	27.4

- Japón
- Estados Unidos
- Canadá
- Reino Unido
- Australia
- Francia
- Alemania
- México
- Italia
- Brasil

España está en el puesto número 14 (21.8).

La carne fue el alimento más consumido en España en 2013.

¿COMPRENDISTE?

Relaciona para formar frases lógicas.

1. La comida rápida…
2. La dieta mediterránea…
3. España…
4. Los guisos…
5. El marisco y las papas…

a. agrupa ingredientes sanos como las verduras.
b. son típicos del norte del país.
c. también se llama comida basura.
d. son típicos del centro de España.
e. consume menos comida rápida que Francia.

AHORA TÚ

¿Qué opinas? Contesta las siguientes preguntas y comenta tus ideas con tus compañeros/as.

1. ¿Qué aspectos positivos te parece que tiene la dieta mediterránea?
   _____
2. ¿Qué consecuencias puede tener una dieta a base de comida rápida?
   _____
3. ¿Qué alimentos son típicos de la zona donde vives?
   _____
4. ¿Qué podrías hacer para mejorar tu dieta?
   _____
5. ¿Qué ingredientes sueles comer de la dieta mediterránea?
   _____

La paella, un plato típico de la dieta mediterránea

VOCES LATINAS LA DIETA MEDITERRÁNEA, ¿MITO O REALIDAD?

Fuentes: *El País*, Ministerio de Agricultura, Pesca y Alimentación de España, EAE Business School, Unitedexplanations.org, *ABC*, Friedman School of Nutrition.

1 **Lee el siguiente texto sobre José Lezama Lima, poeta, ensayista y novelista cubano. Después, contesta las preguntas.**

José Lezama Lima nació en Cuba en 1910 y murió en 1976.

Aunque se dedicó principalmente a la poesía y al ensayo, se le recuerda sobre todo por su faceta de novelista, en concreto por su obra *Paradiso*, publicada en 1966 y de gran repercusión internacional.

De estilo barroco, y considerado uno de los autores más importantes de la literatura hispanoamericana, ha influido en una gran cantidad de escritores de su época y posteriores *(later)*.

El argumento de su principal novela se centra en la infancia y juventud de José Cemí, el protagonista, a través del cual *(through which)* el autor construye todo un mundo poético en el que se mezclan la realidad, el mito y la fantasía, escritos con un excelente dominio de la lengua española.

Tras su publicación, en 1971, el hecho de abordar *(tackle)* temas controvertidos hizo que su novela no fuera bien vista por las autoridades cubanas, que acusaron al autor de participar en actividades contrarrevolucionarias, algo que actualmente han rectificado.

Para muchos, Lezama fue el reinventor del lenguaje cuando parecía que todo estaba ya dicho, describiendo una nueva realidad a través de la metáfora y la imagen.

a. ¿Por qué obra se reconoce internacionalmente a Lezama Lima? ¿Tuvo éxito?

b. ¿Fue entendida en su época la obra por parte de las autoridades cubanas? ¿Por qué?

c. ¿Esa misma situación continúa actualmente?

d. ¿Qué tipo de estilo desarrolló Lezama Lima en *Paradiso*?

e. ¿En qué personaje se centra la novela?

f. ¿Qué etapas de la vida del protagonista desarrolla?

g. ¿Qué tipo de mundo construye Lezama Lima en *Paradiso*?

2 **Las siguientes palabras se tomaron de un capítulo de la novela *Paradiso*, de Lezama Lima. Con tu compañero/a, selecciona la definición correcta de las palabras, usando el diccionario si hace falta.**

a. lascas del pavo: patas / trozos / plumas

b. garzones: adultos / niñas / jóvenes

c. refinamiento: elegancia, buen gusto / calidad de estrecho / mal sabor

d. pachorra: nombre de persona / tranquilidad excesiva / de broma

e. acatar: ordenar / saborear la comida / obedecer

f. paladar: parte interior de la boca, fundamental para el sentido del gusto / parte interior de la boca que sirve para morder y triturar los alimentos / parte interior de la boca, fundamental para el sentido del olfato

3 🎧 **32** **Lee el texto.**

(1) Los mayores solo probaron algunas lascas del pavo, (2) pero no perdonaron el relleno que estaba elaborado con unas almendras que se deshacían y con unas ciruelas que parecían crecer de nuevo con la provocada segregación del paladar.

(3) Los garzones, un poco huidizos aún al refinamiento del soufflé, crecieron su gula habladora en torno al almohadón de la pechuga, donde comenzaron a lanzarse tan pronto el pavón *(peacock)* dio un corto vuelo de la mesa de los mayores a la mesita de los niños, que cuanto más comían, más rápidamente querían ver al pavón todo plumado, con su pachorra *(sluggishness)* en el corralón.

Al final de la comida, doña Augusta quiso mostrar una travesura *(prank)* en el postre. Presentó en las copas de champagne la más deliciosa crema helada. Después que la familia mostró su más rendido acatamiento *(acceptance)* al postre sorpresivo, doña Augusta regaló la receta: "(4) Son las cosas sencillas, que podemos hacer en la cocina cubana, (5) la repostería más fácil, y que enseguida el paladar declara incomparables. Un coco rallado en conserva, más otra conserva de piña rallada, unidas a la mitad de otra lata de leche condensada, y llega entonces el hada, es decir, la viejita Marie Brizard, para rociar con su anisete la crema olorosa. Al refrigerador, se sirve cuando está bien fría".

Luego la vamos saboreando, recibiendo los elogios de los otros comensales que piden con insistencia el bis *(encore)*, como cuando oímos alguna pavana de Lully.

Al mismo tiempo que se servía el postre, doña Augusta le indicó a Baldovina que trajese el frutero, (6) donde mezclaban sus colores las manzanas, peras, mandarinas y uvas.

4 **Busca la frase enumerada del texto correspondiente a cada descripción.**

a. ⬜ El relleno del pavo estaba compuesto por almendras muy tiernas y buenas y con ciruelas muy ricas.

b. ⬜ En el frutero había frutas de diferentes colores.

c. ⬜ Los postres cubanos son de fácil preparación pero exquisitos.

d. ⬜ Los jóvenes no estaban acostumbrados a esa comida tan refinada y se dedicaron a comer pollo.

e. ⬜ Los adultos probaron un poco de pavo.

f. ⬜ La señora habla de la sencillez de la comida cubana.

5 👥 **Busca más información sobre Lezama Lima y su obra, *Paradiso*, y contesta las preguntas. Después, habla con tu compañero/a y comparen sus respuestas.**

a. ¿En qué lugar pasó José Cemí, el protagonista de *Paradiso*, su primera infancia?

b. ¿Qué tipo de niño era José Cemí?

c. ¿Qué importante papel juega Oppiano Licario en la vida de José Cemí?

d. ¿Quién lo inicia en el mundo de la poesía?

e. ¿A qué corriente o periodo literario pertenece la obra de Lezama Lima?

f. Además de Lezama Lima, ¿qué otros autores pertenecen a este movimiento?

EVALUACIÓN

GIVING ADVICE OR RECOMMENDATIONS

1 Fíjate en las personas de las imágenes y dales un consejo.

....

THE CONDITIONAL TENSE

2 Relaciona las frases con su uso correspondiente del condicional.

1. Estoy hecho un lío, ¿tú que harías?
2. Yo que tú, cortaría la relación con ese muchacho.
3. ¿Podría hacer una llamada?
4. Ayer Nacho llegó muy tarde. Regresaría sobre las cuatro de la mañana.
5. ¿Podrías dejarme tu boli azul?

a. Dar consejos o recomendaciones.
b. Expresar probabilidad o hipótesis en el pasado.
c. Pedir un favor.
d. Pedir consejo.
e. Pedir permiso.

3 Completa las frases con los verbos en condicional.

a. Yo que tú, no (salir) .... a la calle sin abrigo, hace mucho frío.

b. Yo, no (poner) .... tanto peso en la estantería, creo que no lo va a resistir.

c. (Tener, ustedes) .... que tener más cuidado con el mando de la tele, ¡siempre se les cae al suelo!

d. Yo creo que ayer (venir, él) .... sobre las dos. Yo estaba ya en la cama.

e. No (saber, yo) .... qué decirte. Por un lado, te entiendo, pero por otro creo que él también tiene razón.

f. Yo en tu lugar, le (decir, yo) .... realmente lo que pienso.

g. ¿(Poder, nosotros) .... entregar el trabajo la semana que viene?

LA COMIDA

4 Clasifica estas palabras en la columna correspondiente.

piña ○ frijoles ○ calabacín ○ solomillo de ternera ○ lentejas ○ pechuga de pollo
salchichón ○ guisantes ○ manzana ○ espinacas ○ cerezas ○ berenjena ○ garbanzos

CARNES Y DERIVADOS	FRUTAS	LEGUMBRES	VERDURAS Y HORTALIZAS

5 **Completa la receta de cocina con las siguientes palabras.**

> lavar ○ añadir ○ poner en remojo ○ guisar ○ cocer ○ escurrir (2)

Necesitas medio kilo de garbanzos. Para ablandarlos, los tendrás que (a) .... el día anterior. Pasado ese tiempo, los deberás (b) .... bien, quitándoles el agua sobrante. Las espinacas, si son frescas, se deben (c) .... muy bien para eliminar la tierra que pueden traer; también se pueden usar las espinacas congeladas.

En primer lugar, debemos (d) .... las espinacas cubriéndolas de agua, a fuego lento durante unos diez minutos. Después de retirarlas del fuego, para quitarles el agua, las tenemos que (e) .... y dejar a un lado.

A continuación, por separado, tenemos que (f) .... los garbanzos con agua, aceite, ajo, cebolla y pimienta. Una vez tiernos los garbanzos, ya podemos (g) .... las espinacas. Lo dejamos todo en el fuego durante unos dos minutos y ya tendremos listo ¡un delicioso guiso de garbanzos con espinacas!

THE LETTERS Y AND X

6 **Pon las letras que faltan. Después, usa las palabras para completar las frases.**

> ca ☐ ó ○ e ☐ plotar ○ re ☐ es ○ hu ☐ ó ○ e ☐ presionista ○ le ☐ es

a. Las .... de mi país son muy estrictas.
b. El periódico *El País* publicó una noticia sobre los .... de España.
c. Si sigues comiendo así, vas a ....
d. La semana pasada mi hermano se .... en la ducha y se golpeó la cabeza.
e. El ladrón .... por los edificios con la famosa obra de arte *La Gioconda*.
f. El estilo .... pertenece al siglo XX.

CULTURE

7 **Contesta las siguientes preguntas con la información que has aprendido en *La dieta mediterránea... ¿mito o realidad?***

a. ¿Cuáles son algunos de los ingredientes típicos de la gastronomía mediterránea?
b. ¿Cómo es el clima de estos países? ¿Qué parte de España no está incluida en este clima? ¿Por qué?
c. ¿De qué manera está cambiando la dieta y cuál es el resultado?
d. Últimamente, ¿qué prefieren comer los jóvenes? ¿Y tú?
e. ¿Qué alimento consumen más los españoles? ¿Crees que es igual en Estados Unidos?
f. ¿Qué alimento se consume menos en España? ¿Crees que es igual en Estado Unidos?

Verbos

adelgazar *to lose weight*
aliñar *to dress (salad)*
añadir *to add*
cocer *to boil, cook*
congelar *to freeze*
consumir *to consume*
engordar *to gain weight*
escurrir *to drain*
estar enamorado/a de *to be in love with*
lavar *to rinse*

poner en remojo *to soak*
triturar *to grind*

Descripciones

a la plancha *grilled*
crudo *raw*
desnatado/a *skimmed*
entero/a *whole*
saludable *healthy*
sano/a *healthy*
soso/a *bland*

Pedir y dar consejos

Deberías… *You should…*
Es que… *It's just that…*
Para pedir permiso. *Asking for permission.*
¿Me dejas…? *Will you allow me to…?*
¿Podría…? *Could I…?*
¿Podrías…? *Could you…?*
¿Puedo…? *Can I…?*
¿Qué puedo hacer? *What can I do?*

¿Sería tan amable de…? *Would you be so kind as to…?*
¿Te importaría…? *Would you mind…?*
¿Te importa si…? *Do you mind if…?*
¿Tú qué harías? *What would you do?*
Yo que tú / Yo en tu lugar… *If I were you…*

Los alimentos

el aceite de girasol *sunflower oil*
el aceite de oliva *olive oil*

la berenjena *eggplant*

el bistec *steak*
el bizcocho *cake*

el calabacín *zucchini*
la carne picada *ground beef*

las cerezas *cherries*
el chorizo *sausage*

la chuleta de cerdo *pork chop*
los dulces *sweets*
los embutidos *cold cuts*
las espinacas *spinach*
los frijoles *beans*
los garbanzos *chick peas*

los guisantes *peas*
las lentejas *lentils*
la magdalena *muffin*

la mantequilla *butter*

la pechuga de pollo *chicken breast*
la piña *pineapple*
el sabor *taste, flavor*
la sal *salt*
el salchichón *salami*
la salsa *sauce*
el trozo de *piece of*
el vinagre *vinegar*

ASKING FOR AND GIVING ADVICE

(See page 119)

■ Para **pedir consejos**:

¿Qué puedo hacer?   ¿Tú qué harías?   ¿Podrías aconsejarme?

■ Para **dar consejos** o recomendaciones:

Yo / **Yo que tú** / **Yo en tu lugar**, comería de una manera más saludable.

Deberías / **podrías** acostarte. Es tarde.

■ Otras formas:

¿**Por qué no** vas al médico?   Juan y tú **tienen que** ir a ver esa película.

Toma un taxi, llegarás más rápido.   **No fumes**. Te hace daño.

¿**Y si** comes menos fritos?

THE CONDITIONAL TENSE

(See pages 127 and 128)

■ Regular verbs.

REGULAR VERBS			
	CONGELAR	**COCER**	**ESCURRIR**
yo	congelar**ía**	cocer**ía**	escurrir**ía**
tú	congelar**ías**	cocer**ías**	escurrir**ías**
usted/él/ella	congelar**ía**	cocer**ía**	escurrir**ía**
nosotros/as	congelar**íamos**	cocer**íamos**	escurrir**íamos**
vosotros/as	congelar**íais**	cocer**íais**	escurrir**íais**
ustedes/ellos/ellas	congelar**ían**	cocer**ían**	escurrir**ían**

■ Irregular verbs.

IRREGULAR VERBS			
poder ➙ **podr-**			ía
salir ➙ **saldr-**			ías
caber ➙ **cabr-**	tener ➙ **tendr-**		ía
haber ➙ **habr-**	poner ➙ **pondr-**	hacer ➙ **har-**	íamos
saber ➙ **sabr-**	venir ➙ **vendr-**	decir ➙ **dir-**	íais
querer ➙ **querr-**	valer ➙ **valdr-**		ían

■ The conditional is used to:

• Give **advice** or **recommendations**:

Yo / yo que tú / yo en tu lugar, comería más fruta y verdura. Comes fatal.

Deberías escribirle un mensaje. Creo que está preocupado.

Podrías dedicarte al deporte a nivel profesional. Eres muy bueno.

• Ask for **favors** or **permission**:

¿Te importaría hacerme un favor? Es que mañana tengo un examen…

• Express **probability** or **hypothesis** in the past:

En aquella época yo ganaría unos 1.000 euros al mes.

LA REVISTA DE LA ESCUELA

Los estudiantes de la escuela han decidido crear su propia revista. En ella incluirán entrevistas, una sección de consejos, se hablará de cine, teatro y literatura, o se informará de los últimos talleres o actividades impartidas en el centro.

1 **Relaciona los comentarios de algunos estudiantes sobre la nueva revista con lo que expresan.**

1. Cuenta, cuenta, ¿de quién ha sido la idea de crear la revista?

2. ¡Qué fuerte! ¿Has visto? ¡Entrevistan a la directora de cine Anamar Orson!

3. ¡Imposible! ¡Anamar Orson entrevistada por estudiantes de la escuela!

a. Incredulidad.

b. Interés y curiosidad.

c. Sorpresa.

2 **Contesta a los comentarios de otros estudiantes con un comentario de la actividad anterior.**

a. Cuando me dijeron que los creadores de la revista habían hablado personalmente con ella, me sorprendí muchísimo. Lo primero que dije al escucharlo fue:

b. Cuando estaba desayunando en la cafetería con Lucía, escuchamos a Dani contar que unos alumnos le habían propuesto a Paco, el profe de Literatura, crear una revista para la escuela, y en ese momento yo le interrumpí:

c. Ayer en la puerta de la escuela estaban repartiendo ejemplares del primer número de la revista. Agarré uno y solo ver la portada ¡me quedé alucinada!, ¡no me lo podía creer! ¿Cómo lo habían conseguido? Así que fui corriendo a buscar a Carla y le dije:

3 **Algunos estudiantes han hablado con Anamar Orson. Lee parte de la entrevista y elige la forma correcta de los verbos y las preposiciones: *por* o *para*.**

Entrevistador: Pero, entonces, Anamar, ¿usted y el actor Cristian Pascual se conocen desde hace mucho tiempo?

Anamar Orson: Sí, somos viejos amigos. Nos conocemos desde el 99, yo **regresé** / **había regresado** a España **por** / **para** hacer un curso **por** / **para** enseñar español y fue entonces cuando **conocí** / **había conocido** a Cristian.

E.: Y fue en esa misma época cuando **conoció** / **había conocido** también a Paco, nuestro profesor de Literatura, ¿no?

A.O.: Efectivamente.

E.: Por lo que sabemos, sus trabajos **han ganado** / **habían ganado** un total de tres premios cinematográficos.

A.O.: Sí, así es. En el año 2005 **filmé** / **he filmado** mi primera película y **recibí** / **había recibido** dos premios Goya. Pero este no fue mi primer premio **para** / **por** mi trabajo en el cine. Dos años antes **había ganado** / **ha ganado** la Concha de Oro del Festival de San Sebastián al mejor corto español.

4 🎧 **33** **Escucha los comentarios relacionados con la nueva revista de la escuela y escribe su número al lado del consejo o recomendación correspondiente.**

a. ☐ ¿Por qué no hablas sinceramente con ellos? Seguro que te entenderán.

b. ☐ ¿Y si le pedimos una suya? Es tan maja que seguro que nos da alguna.

c. ☐ Deberías organizarte, estudiar un poco todos los días y hacerte resúmenes y esquemas, porque si lo dejas todo para antes del examen, te agobiarás más.

d. ☐ ¿Por qué no echas un vistazo a las sugerencias para el finde de la revista? Proponen un montón de planes alternativos: desde rutas turísticas por la ciudad, hasta intercambios de idiomas, excursiones a la sierra… Seguro que encuentras algo interesante.

e. ☐ No te preocupes, tu problema tiene solución. Es evidente que te esfuerzas, pero creo que no estás dando los pasos acertados. Yo en tu lugar buscaría un profesor particular.

f. ☐ Eso se llama pánico escénico. Yo que tú intentaría aprender algunas técnicas de relajación y centraría mis esfuerzos en prepararme bien el guion.

5 🎧 **34** **Escucha los diálogos completos y comprueba las respuestas de la actividad anterior.**

6 **Lee los siguientes consejos o recomendaciones extraídos de la revista. Después, relaciónalos con el texto correspondiente.**

1. ¿Por qué no haces el siguiente test de compatibilidad?

2. Yo que tú esperaría un poco más y aclararía antes mis ideas.

3. Deberías contactar con la gente del lugar a pesar del miedo.

4. Trata de alcanzar una velocidad de cuatro a nueve kilómetros por hora.

a. ☐ Imaginemos que viajas para hacer un curso de español a España. Aterrizas y te das cuenta de que todos tus miedos son reales. Te cuesta entender a la gente, entras en pánico y tomas el camino fácil: te juntas con personas de tu país de origen y hablas todo el tiempo tu lengua materna. ¡¡¡Error!!!

b. ☐ ¡Sorpresa! Maxi Castro, nuestro actor favorito, se está dejando de nuevo el pelo largo, eso ya lo veíamos venir, ¿verdad? Pero lo que no sabíamos es que se volvería a dejar el pelo como en sus inicios. Si quieres saber si eres compatible con Maxi,…

c. ☐ Caminata rápida. Este ejercicio es uno de los más recomendables. El único equipo necesario es calzado cómodo y un camino. Alarga el paso y ve a un ritmo bastante rápido.

d. ☐ Querida Alicia: Sé que estás pasando por un mal momento y que tal vez piensas que ese muchacho es el apoyo que necesitas, pero ahora mismo no te conviene empezar una relación.

7 **La nueva revista de la escuela aún está en periodo de pruebas. Sus creadores necesitan buscarle un título y algunas sugerencias de los alumnos. Escribe una carta a la revista y:**

a. propón un título para esta;

b. da algunas sugerencias y recomendaciones sobre sus contenidos;

c. pide algún consejo;

d. envía una receta de cocina para su próximo concurso de recetas.

UNIDAD 5

¡OJALÁ!

Cuatro amigos comparten su tiempo realizando tareas solidarias.

≫ ¿Qué van a hacer los muchachos?

≫ ¿Dónde crees que están desarrollando su tarea?

≫ ¿Has participado alguna vez en campañas solidarias? ¿Qué has hecho?

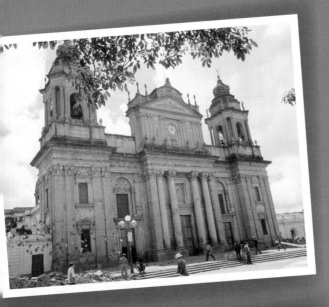

In this unit, you will learn to:

- Discuss emotional reactions to events
- Situate events in time
- Express purpose
- Use appropriate responses in social situations
- Talk about volunteering and NGOs

Using

- Present subjunctive
- The subjunctive with adverbial conjunctions
- Common expressions

Cultural Connections

- Share information about volunteering in Hispanic countries and compare cultural similarities

SABOR HISPANO

- «Me encanta ser voluntario»

¡ACCIÓN!

Escena 1

Hasta mañana, papi.

¿Cómo está hoy, don Eduardo?

Un poco pachucho... me duele la cabeza y tengo mucha tos...

Escena 2

1 Observa las imágenes, contesta las preguntas y justifica tu respuesta. Trabaja con tu compañero/a.

Escena 1: ¿El padre está acostando o despertando al niño?

Escena 2: ¿*Pachucho* es un tipo de enfermedad o significa "estar un poco enfermo"?

2 Lee las siguientes expresiones y, con tu compañero/a, completa los bocadillos de las imágenes anteriores con dos de ellas.

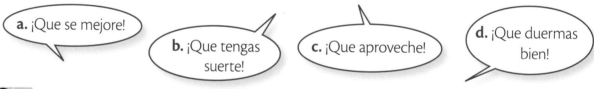

a. ¡Que se mejore!

b. ¡Que tengas suerte!

c. ¡Que aproveche!

d. ¡Que duermas bien!

3 🎧 35 Escucha la conversación y marca verdadero (V) o falso (F).

	V	F
a. Paula va a Guatemala a un colegio que han construido allí.	☐	☐
b. Va a estar en Guatemala dos semanas en julio.	☐	☐
c. Va a hacer un curso para aprender a convivir y trabajar en equipo.	☐	☐
d. Quiere dormir durante el viaje en avión.	☐	☐
e. Irene le desea buena suerte en su viaje.	☐	☐
f. El viaje de Paula es unos días después de terminar las clases.	☐	☐
g. Paula le contará muchas cosas a Irene desde Guatemala.	☐	☐

4 **Lee la conversación y comprueba tus respuestas.**

Irene: ¡Hola, Paula! Oye, ¿has hablado ya con Ana? Es que esta mañana me ha dicho que (a) quiere que vayamos este verano a la casa que tienen sus tíos en la Costa Brava y que si queremos podemos pasar todo el mes de julio allí. Ellos ya no van nunca y la casa está vacía.

Paula: Sí, precisamente te llamo por eso. Es que me han ofrecido la posibilidad de ir a Guatemala para ayudar a construir un colegio. Así que yo no podré ir con ustedes.

I.: ¡Qué me dices! Eso es estupendo, Paula. ¿Y vas tú sola?

P.: Bueno, voy a través de una ONG que se llama *Ayuda en Acción*. La verdad es que no conozco mucho a la gente pero, (b) antes de irnos, nos van a dar un curso durante dos semanas para saber lo que tenemos que hacer allí, conocer la situación, su cultura… y también para que nos conozcamos entre nosotros. ¡Vamos a estar un mes conviviendo y trabajando! (c) Espero llevarme bien con todos.

I.: Ya verás como sí. ¿Y cuándo te vas?

P.: (d) En cuanto terminemos las clases. De hecho, el avión sale el mismo día por la noche. ¡Ay, Irene! Son doce horas de avión y ¡odio

volar *(to fly)*! ¡(e) Ojalá me quede dormida pronto en el avión!

I.: ¡Uf! ¡Doce horas! Bueno, tú llévate el libro que nos ha recomendado el profesor de Filosofía y seguro que te duermes enseguida. Yo lo intenté empezar el otro día pero, en cuanto lo abrí, me quedé dormida *(fell asleep)*. Oye, ahora en serio, me parece genial tu idea de ir a Guatemala, creo que va a ser toda una experiencia y (f) te deseo de todo corazón que te vaya muy bien y (g) ojalá tu esfuerzo sirva para que esos niños puedan vivir mejor.

P.: Muchas gracias. Ya te contaré (h) cuando vuelva. ¡Ah! y yo también (i) espero que se lo pasen muy bien en la Costa Brava. Dense un bañito en la playa por mí.

I.: ¡Eso seguro! Pero, bueno, nos veremos (j) antes de que te vayas para despedirnos, ¿no?

P.: ¡Claro! ¡Faltaría más!

5 **Clasifica las expresiones marcadas en la conversación anterior.**

Alguien expresa un deseo para otra persona	Alguien desea algo para sí mismo	Se habla del futuro
a,		

6  **Dos compañeros/as y tú han decidido ir de voluntarios a un proyecto en América Latina. Elige un país y el tipo de proyecto: social, educativo o medioambiental. Usa las siguientes expresiones para presentar tu plan a la clase.**

- antes de irnos…
- mientras estemos…
- después de estar…
- esperamos…
- deseamos…
- ojalá…

COMUNICA

■ Para relacionar dos acciones en el **futuro**:

Al llegar a casa, **cenaré**. *Upon arriving home, I will have dinner.*

Cuando / En cuanto llegue a casa, **cenaré**. *When / As soon as I get home, I will have dinner.*

Saldré antes de / después de cenar. *I'll leave before / after having dinner.*

Saldré antes de que / después de que vengan mis padres. *I'll leave before / after my parents come.*

Veré la tele **hasta que cene**. *I'll watch TV until I have dinner.*

■ Para hablar de verdades universales o **hábitos**:

Al llegar a casa, **hago la tarea**. *Upon arriving home, I do my homework.*

Cuando / En cuanto llego a casa, **hago la tarea**. *When / As soon as I get home, I do my homework.*

Siempre hago la tarea **antes de / después de salir** de clase. *I always do my homework before / after getting home.*

A veces **escucho** música **hasta que llego** a casa. *Sometimes I listen to music until I get home.*

1 🎧 **36** **Completa las conversaciones con una expresión del cuadro. Luego, escucha el audio y comprueba.**

> al ○ después de ○ en cuanto ○ hasta que

» ¡Que tengas buen viaje, cariño! ¡No te olvides de llamarme
(a) .... llegar al hotel!

» Descuida. Te llamaré (b) .... llegue.

» Eso espero, porque la última vez no me llamaste.

» ¡Cómo que no! Sí te llamé.

» Sí, me llamaste, pero tres días (c) .... llegar.

» No, también te llamé antes, pero no contestaste.
De todas formas, no te preocupes, esta vez no dejaré de llamarte (d) .... me contestes.

2 **Lee los usos de *para* y *para que*. Después, busca más ejemplos de cada caso en la conversación de la página 145.**

■ Para expresar la finalidad *(purpose)* o el motivo por el que se hace algo se usa **para** o **para que**.

• **Para** + infinitivo ➡ Si los dos sujetos *(subjects)* de la oración son los mismos, o uno de los dos no está especificado.

(Yo) he hecho muchas fotos **para (yo) colgarlas** en Facebook.
(a) ....

• **Para que** + subjuntivo ➡ Si hay sujetos diferentes.

(Yo) he traído las fotos de las vacaciones **para que (tú) las veas**.
(b) ....

EXPRESSING WISHES AND DESIRES

3 Estos son los deseos de diferentes alumnos. ¿Cuáles compartes? ¿Tienes otros deseos? Habla con tu compañero/a.

- **Ojalá** que algún día dejen de existir los exámenes.
- Este año **espero** no recibir menos de C en ninguna asignatura.
- El año que viene **quiero** ir a España a estudiar español.
- **Deseo** que mis amigos me hagan una fiesta sorpresa para mi cumpleaños.
- **Espero** que este curso no sea tan difícil como nos han contado.
- **Deseo** hacer un safari por África.

> (!) The expression **ojalá** comes from an Arabic expression meaning "God (Allah)" and is used as the equivalent of "I hope that, let's hope that". It may be used with or without **que**.

4 Mira de nuevo las expresiones marcadas en la Actividad 4 y completa con *desear, esperar, infinitivo, querer* y *subjuntivo*.

(a) ....
(b) ....
(c) ....

\+

verbo en (d) .... (si el sujeto de las dos acciones es el mismo).
   (Yo) Quiero (yo) ir mañana a la playa.

que + verbo en (e) .... (si el sujeto de las dos acciones es diferente).
   (Yo) Quiero que (tú) me compres un helado.

OTHER EXPRESSIONS AND SOCIAL RESPONSES

5 🎧 37 Escucha las conversaciones y completa.

- A alguien que se va a dormir.
  Que duermas bien. (a) ....
- A alguien que va a empezar a comer o está comiendo. (b) ....
- A alguien que tiene un examen o una entrevista de trabajo.
  Que tengas suerte. (c) ....
- A alguien que está enfermo.
  Que te mejores.

- A alguien que va a hacer algo divertido.
  Que disfrutes. (d) ....
  Que (te) lo pases bien.
- A alguien que ha tenido una mala noticia.
  (e) ....
- A alguien que ha tenido una buena noticia.
  Enhorabuena. (f) ....
- A alguien que se va por mucho tiempo.
  (g) ....

6 En parejas, y por turnos, responde a lo que te dice tu compañero/a.

Estudiante 1
Dices:
1. ¡Ana / Juan y yo nos casamos!
2. Me voy a dormir.
3. Esta noche voy a un concierto.

Estudiante 2
Dices:
1. El partido va a comenzar.
2. ¡Van a quitar los exámenes!
3. Me voy a estudiar al extranjero seis meses.

 MORE IN ELETECA: EXTRA ONLINE PRACTICE

1.
2.
3.
4.
5.
6.

ANTES DEL VIDEO

1 👥 **Observa las imágenes y responde a las preguntas. Usa tu imaginación sobre lo que crees que puede ocurrir. Después, compara tus respuestas con las de tu compañero/a.**

Imagen 1. ¿Dónde se desarrolla el episodio?

Imagen 2. ¿De qué crees que están hablando Juanjo y Alfonso en esta imagen?

Imagen 3. ¿Cómo describirías el estado de ánimo de Juanjo en esta escena?

Imagen 4. ¿Qué crees que hace Juanjo en esta imagen?

Imagen 5. ¿Le gusta a Alfonso lo que está viendo?

Imagen 6. Escribe una pregunta para hacer a tu compañero/a sobre esta imagen. ....

2 👥 **¿Alguna vez has actuado o participado en alguna obra? Cuéntaselo a tu compañero/a.**

DURANTE EL VIDEO

3 🎬 **Describe con tus propias palabras qué ocurre en esta secuencia.**
00:30 - 01:40

....

....

....

4 👥 **Elige las opciones correctas para describir la escena.**

1. Han llamado a Juanjo para que...

  a. done dinero.

  b. venda cursos *online*.

  c. haga un prueba para un comercial.

2. Tiene que prepararse para...

  a. hacer un examen.

  b. hacer un *casting*.

  c. hacer una película.

3. Están haciendo una campaña por televisión para...

    a. buscar personas desaparecidas.

    b. buscar voluntarios.

    c. cantar en televisión.

5 `01:40 - 03:25` **Observa esta secuencia. Escribe el consejo que Alfonso le da a Juanjo para actuar mejor. Escribe otros dos consejos más para él, incluyendo un adjetivo diferente en cada caso.**

Es importante que ....

Es .... que ....

Es .... que ....

6 **Observa cómo Juanjo expresa un deseo en la misma escena y escríbelo. Después, comenta con tu compañero/a cuál es tu deseo imposible.**

....

7 `03:25 - 06:15` **Termina de ver el episodio hasta el final. Luego, señala las palabras que están relacionadas con el mundo de las ONG.**

- ☐ audición
- ☐ solidario
- ☐ guion
- ☐ comercio justo
- ☐ proyectos
- ☐ viaje
- ☐ nativo
- ☐ ¡acción!
- ☐ hospital
- ☐ colegios
- ☐ alojamiento
- ☐ humanitaria
- ☐ memorizar
- ☐ ensayar
- ☐ voluntario
- ☐ campaña

8 **¿Tienes marcadas las mismas palabras que tu compañero/a? Comparen y expliquen las que tengan diferentes.**

DESPUÉS DEL VIDEO

9 **Comenta con tu compañero/a si crees que finalmente Juanjo tendrá éxito en la audición y explica por qué.**

10 **Escribe brevemente las ventajas y desventajas de participar en un proyecto con una ONG y debatan en clase sobre si es productivo ser solidario.**

Ventajas	Desventajas

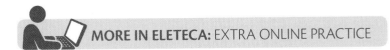

MORE IN ELETECA: EXTRA ONLINE PRACTICE

1 Observa las siguientes imágenes y describe lo que están haciendo las personas. ¿Qué tienen todos en común?

2 Con tu compañero/a, relaciona las imágenes de la Actividad 1 con las siguientes expresiones. ¡Atención! A cada expresión le corresponde más de una letra o imagen. Después, haz una lista de otras expresiones que sepas en español referentes a las ONG (Organizaciones No-Gubernamentales).

1. catástrofes naturales ➡ ...a....

2. conflictos bélicos (armed) ➡ ....

3. labores humanitarias ➡ ....

4. protección del medioambiente ➡ ....

5. comercio justo ➡ ....

6. donativo ➡ ....

7. voluntario ➡ ....

8. labor social ➡ ....

3 Observa estos logotipos. ¿Sabes a qué pertenecen?

 Cruz Roja Española
Comunidad de Madrid

 WWF

4 Decide si las siguientes afirmaciones sobre la Cruz Roja son verdaderas (V) o falsas (F). Compara tus respuestas con tu compañero/a.

	V	F
a. La Cruz Roja nació después de un viaje de su fundador por los países del tercer mundo.	☐	☐
b. La Cruz Roja es una organización que atiende a personas de todo el planeta.	☐	☐
c. La mayoría de los países dan parte de su Producto Interior Bruto o PIB (Gross Domestic Producto or GDP) a las ONG para ayudarlas a financiarse.	☐	☐
d. Las personas que trabajan en las ONG son todas voluntarias.	☐	☐

5 Lee el siguiente texto y comprueba tus respuestas de la Actividad 4.

Las siglas ONG significan **Organización No Gubernamental**. La primera ONG que se conoce como tal es la Cruz Roja, que fue fundada en 1864 por el suizo (*Swiss*) Henry Dunant. El 8 de mayo de 1859, Dunant, que era un hombre de negocios, se encontraba en el norte de Italia. Allí fue testigo de una cruel batalla y de cómo las víctimas quedaban desatendidas en medio de las calles. Fueron las mujeres de los pueblos cercanos quienes se hacían cargo de aquellos pobres hombres.

Le impactó tanto aquella experiencia que pensó en la necesidad de crear organizaciones, **sin ánimo de lucro** e independientes de poderes (*power*) políticos e ideologías, para atender a las víctimas en los **conflictos bélicos** o en caso de **catástrofes naturales**. Así nació la Cruz Roja Internacional que hoy en día está presente en los cinco continentes.

Desde entonces el número de ONG ha aumentado en todo el mundo y también han ampliado su campo de trabajo. Algunas están enfocadas más a las **labores humanitarias** y otras a la **protección del medioambiente.**

La mayoría de países aportan parte de su **PIB** a la **financiación** de las ONG. Otra forma de **recaudar fondos** son las **campañas de sensibilización** para captar socios (*partners*) o la venta de artículos de **comercio justo**, aunque hay algunas que prefieren, para mantener su libertad, financiarse solo con **donativos**.

La mayoría de personas que trabajan en las ONG son **voluntarios**, es decir, personas que combinan sus responsabilidades diarias, estudios o trabajos con ofrecer una **ayuda desinteresada** a otras personas. Sin embargo, también cuentan con trabajadores asalariados (*salaried*), ya que, sobre todo (*especially*) las grandes ONG, requieren de personal cualificado y dedicado a tiempo completo (*full time*) para su buen funcionamiento.

6 Estos son algunos de los trabajos que realizan las ONG. Relaciona las dos columnas para averiguarlo. ¡*Atención!* Debes crear un total de 10 frases.

a. Luchar por

b. Luchar en

c. Luchar a favor

d. Luchar contra

e. Trabajar por

f. Ofrecer

g. Organizar

1. ◯ campañas de sensibilización.

2. ◯ la protección del medioambiente.

3. ◯ la explotación infantil.

4. ◯ de los derechos humanos.

5. ◯ actos benéficos para recaudar fondos.

6. ◯ la pobreza.

7. ◯ el comercio justo.

8. ◯ orientación laboral.

9. ◯ la defensa de los animales.

10. ◯ el calentamiento global.

7 Estos son algunos colectivos o causas apoyados por las ONG. Clasifica las frases que creaste en la Actividad 6 en el lugar más adecuado. Piensa en otras acciones o tareas que se pueden realizar para estos colectivos o causas.

Medioambiente	Países subdesarrollados	Discapacitados
ECOL●GISTAS en acción Trabajar por la protección del medioambiente,...		●|ONCE

Personas sin hogar	Inmigrantes	Mujeres y niños
viviendas para los sintecho	red acoge	mujeres FUNDACIÓN

8 Lee los testimonios de estos voluntarios y relaciona las expresiones marcadas con su significado.

Inés, 35 años, Malawi
Cuando terminé Arquitectura intenté encontrar trabajo en Colombia, pero no lo conseguí, así que decidí empezar mi carrera profesional como voluntaria en África. Hace 10 años llegué a Malawi para colaborar en la construcción de un hospital y sigo aquí. Lo mejor es que **(a) trabajamos codo con codo** con la población de aquí. Así, todos aprendemos de todos y esperamos que en el futuro no nos necesiten, porque eso significará que ellos tendrán los medios para **(b) salir adelante.** Es una manera de tener un **(c) trabajo satisfactorio** y **(d) ser solidario** al mismo tiempo.

Walter, 15 años, Buenos Aires
Yo soy voluntario porque quiero que el mundo sea mejor cada día. Todos podemos hacer algo por los demás, no tienen que ser grandes gestos, porque si cada uno **(e) pone su granito de arena,** al final se pueden hacer cosas muy importantes.

Rocío, 22 años, Sevilla
Cada año organizamos un mercadillo benéfico. La gente trae las cosas que ya no necesita pero que están en buen estado.
Nosotros no ponemos precio, sino que la gente **(f) da la voluntad.** La verdad es que se recoge bastante dinero.

1. ◯ Realizar un trabajo que te hace feliz.

2. ◯ Realizar un trabajo en colaboración con otra persona.

3. ◯ Superar una situación difícil.

4. ◯ Dar el dinero que tú quieres.

5. ◯ Ser generoso.

6. ◯ Colaborar.

9 Con tu compañero/a, comenta los siguientes temas.

- ¿Qué ONG de tu país conoces?
- ¿Colaboras con alguna ONG o conoces a alguien que lo haga?
- Habla sobre el tipo de trabajo que haces o que hace esa persona.

1. THE PRESENT SUBJUNCTIVE: REGULAR VERBS

- In this unit you have learned to express wishes, hopes, and desires as well as goals for the future using a new form of the verb. This form is called the subjunctive mood. Unlike the indicative, which states facts, the subjunctive describes reality from the point of view of the speaker.

> » *Quiero un helado.* vs. *Quiero que me compres un helado.*
> » *Este curso es muy difícil.* vs. *Espero que este curso no sea muy difícil.*
> » *Cuando llegué a casa, cené.* vs. *Cuando llegue a casa, cenaré.*

- Here are the forms of the present subjunctive.

	−AR HABLAR	−ER COMER	−IR VIVIR
yo	hab**le**	com**a**	viv**a**
tú	hab**les**	com**as**	viv**as**
usted/él/ella	hab**le**	com**a**	viv**a**
nosotros/as	hab**lemos**	com**amos**	viv**amos**
vosotros/as	hab**léis**	com**áis**	viv**áis**
ustedes/ellos/ellas	hab**len**	com**an**	viv**an**

1 **Completa estas frases con infinitivo o subjuntivo.**

a. ¡Ojalá que me (llamar) .... Juanjo!
b. Cuando (hablar, tú) .... en español, intenta abrir más la boca.
c. ¡Te quedas sentada a la mesa hasta que te (terminar) .... todo el pescado!
d. Mario y Sara han venido para (presentar) .... su nuevo disco.
e. Susana nos va a explicar una receta muy sencilla para que (aprender, nosotros) .... a hacer paella.
f. Cuando (independizarse, yo) ...., espero que mis amigos (vivir) .... cerca de mí.
g. ¡Que la fuerza te (acompañar) .... !
h. Quiero (cambiar, yo) .... mi número de teléfono.

2 **Relaciona las frases de la Actividad 1 con la imagen adecuada. Explica por qué.**

GRAMÁTICA

■ Almost all **irregular verbs** in the present indicative are also irregular in the present subjunctive.

Stem-changing verbs

	QUERER	VOLVER	JUGAR	PEDIR
	e ➡ ie	**o ➡ ue**	**u ➡ ue**	**e ➡ i** (en todas las personas)
yo	qu**ie**ra	v**ue**lva	j**ue**gue	p**i**da
tú	qu**ie**ras	v**ue**lvas	j**ue**gues	p**i**das
usted/él/ella	qu**ie**ra	v**ue**lva	j**ue**gue	p**i**da
nosotros/as	queramos	volvamos	juguemos	p**i**damos
vosotros/as	queráis	volváis	juguéis	p**i**dáis
ustedes/ellos/ellas	qu**ie**ran	v**ue**lvan	j**ue**guen	p**i**dan

3 Conjuga en presente de subjuntivo los siguientes verbos irregulares.

ENTENDER	ENCONTRAR	REPETIR
....	....	....
....	....	....
....	....	....
....	....	....
....	....	....
....	....	....

■ The verbs **dormir** and **morir** have two stem changes in the present subjunctive: **o ➡ ue** and **o ➡ u** as follows:

	DORMIR	MORIR
yo	d**ue**rma	m**ue**ra
tú	d**ue**rmas	m**ue**ras
usted/él/ella	d**ue**rma	m**ue**ra
nosotros/as	d**u**rmamos	m**u**ramos
vosotros/as	d**u**rmáis	m**u**ráis
ustedes/ellos/ellas	d**ue**rman	m**ue**ran

Irregular *yo* form verbs

■ The present subjunctive of verbs with irregular **yo** forms is as follows:

TENER	SALIR	TRAER
tenga	**salga**	**traiga**
tengas	**salgas**	**traigas**
tenga	**salga**	**traiga**
tengamos	**salgamos**	**traigamos**
tengáis	**salgáis**	**traigáis**
tengan	**salgan**	**traigan**

4 Conjuga en presente de subjuntivo los siguientes verbos irregulares en la primera persona del presente de indicativo.

PONER	DECIR	CONSTRUIR
....	....	....
....	....	....
....	....	....
....	....	....
....	....	....
....	....	....

■ The following verbs have irregular subjunctive forms:

HABER	IR	SABER	ESTAR	SER	VER	DAR
haya	vaya	sepa	esté	sea	vea	dé
hayas	vayas	sepas	estés	seas	veas	des
haya	vaya	sepa	esté	sea	vea	dé
hayamos	vayamos	sepamos	estemos	seamos	veamos	demos
hayáis	vayáis	sepáis	estéis	seáis	veáis	deis
hayan	vayan	sepan	estén	sean	vean	den

5 Lee esta conversación entre Beatriz y Luis e identifica los verbos en presente de subjuntivo.

Beatriz: Toma, Luis, aquí tienes algunas cosas para el mercadillo benéfico. Oye, ¿cuándo es?

Luis: Es el sábado que viene.

Beatriz: ¿Estás bien preparado?

Luis: Si, espero que la gente compre de todo para que podamos recaudar los fondos necesarios para la Cruz Roja.

Beatriz: ¿Quieres que te ayude con algo más?

Luis: No, gracias. Solo deseo que todos colaboren con su tiempo o con donativos.

Beatriz: Pues, que tengas suerte.

Luis: Gracias. Ya te contaré cuando te vea.

6 🗣 **Comenta con tu compañero/a si son regulares o irregulares los verbos que anotaron en Actividad 5. Después, escribe las estructuras en las que se encuentran estos verbos e indica su función.**

	Expresa deseos / esperanzas	Expresa finalidad (purpose)	Relaciona dos acciones en el futuro
a. Modelo: Espero que + verbo en subjuntivo			
b.			
c.			
d.			
e.			

7 **Transforma estas frases.**

a. **Luis está contento.** Beatriz espera que Luis…

b. **Beatriz irá al mercadillo.** Luis desea que Beatriz…

c. **La gente es generosa.** Ojalá que…

d. **El sábado no lloverá.** Esperamos que…

e. **Muchas personas vendrán al mercadillo.** Luis quiere que…

f. **Luis organizará más actividades benéficas en el futuro.** Ojalá que…

8 👥 **Completa las frases con tus propias ideas. Luego, en grupos pequeños, túrnense para compartir su información. ¿Tuvieron todos respuestas similares?**

a Cuando tenga 20 años…

b. Quiero que mis padres me compren…

c. Ojalá que mañana…

d. Mi profesor espera que yo…

e. Cuando mis amigos se van de vacaciones les digo que…

f. Pienso vivir en casa hasta que…

g. Cuando seamos mayores,…

9 **Completa la historia de *Antoñito el fantasioso* con los verbos entre paréntesis.**

Antoñito era un niño que se pasaba el día soñando.

– Cuando (a) ....(ser) mayor, me iré a vivir a Australia –decía siempre.

– Sí, te irás a Australia, pero tendrás que saber inglés –le respondía su madre.

– Bueno, estudiaré y cuando (b) ....(saber, yo) hablarlo bien, me iré. Por cierto, mamá, quiero que me (c) ....(comprar, tú) un buen diccionario, que me hará falta. Ojalá me (d) ....(dar) una beca (*scholarship*) para ir a estudiar a Australia… –pensaba siempre Antoñito–. Eso sí, espero que no me (e) ....(poner, los profesores) tantas tareas como aquí y que no (f) ....(llamar) a mi madre y le (g) ....(decir) que no estoy estudiando mucho. ¡Ay! –suspiraba Antoñito–. ¡Ojalá me (h) ....(hacer) mayor pronto…!

Los padres de Antoñito, que ya sabían que a su hijo le encantaba construir castillos en el aire, le decían:

– Sí, Antoñito, pero tú, hasta que no (i) ....(crecer, tú), estudia, hijo, estudia…

Antes de dormir, Antoñito le preguntaba a su madre:

– Mamá, cuando (j) ....(vivir, yo) en Australia, vendrás a verme, ¿no?

– Sí, hijo, sí, buenas noches, que (k) ....(dormir) bien y que (l) ....(soñar) con los angelitos, perdón, con los canguritos –se corregía su madre.

Lo curioso es que hoy Antoñito es uno de los principales importadores de café en Australia, porque, aunque no siempre es bueno construir castillos en el aire, también es verdad que quien quiere, puede.

---

10  **Piensa en tus objetivos para el futuro. Compártelos con tu compañero/a y pregúntale por los suyos.**

Modelo: Cuando termine los estudios en la secundaria, iré a estudiar a una universidad fuera de mi ciudad. Cuando esté en la universidad, estudiaré Periodismo. Cuando termine Periodismo, me haré corresponsal y cuando...

11 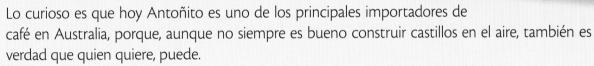 **Contesta a lo que te pregunte tu compañero/a.**

Estudiante 1

Dices:

a. "Soy el genio de la lámpara maravillosa: pide tres deseos y te serán concedidos".

b. Te vas de vacaciones dentro de una semana, ¿qué quieres hacer?

c. Imagina que es fin de año. ¿Qué deseos pides para el año que empieza?

d. ¿Qué le pides al muchacho/a ideal?

e. Piensa en ti dentro de quince años. ¿Qué le pides a la vida?

Estudiante 2

Dices:

a. Estás en una isla desierta y al parecer el resto del mundo se ha olvidado de ti. ¿Qué desearías?

b. Se acerca tu cumpleaños, ¿cuáles son tus deseos?

c. Imagina que vas a conocer al presidente de tu país, ¿qué le pides?

d. Mañana empieza el curso y tenéis nuevo profesor de español. ¿Cómo quieres que sea?

e. ¿Qué le pides a la ciudad ideal?

 MORE IN ELETECA: EXTRA ONLINE PRACTICE GRAMMAR TUTORIALS 9 AND 10

EXPRESIÓN E INTERACCIÓN ESCRITAS (1)

1 En esta actividad vas a completar una encuesta. Antes de empezar, repasa la estrategia en Destrezas y sigue las recomendaciones.

Destrezas

Using a personal chart

Create a chart to organize your personal information. Review the form and identify major categories of information you will need to provide. Decide which categories require more thought and preparation. Select those to include in your chart.

Categoría	Detalles
trabajo	
estudios	
tiempo libre (aficiones, deporte, viajes)	
motivos	

2 Lee la siguiente situación y completa la tarea asignada.

Acabas de llegar a Guayaquil, Ecuador, y has ido a la oficina de turismo de la ciudad para solicitar información. Antes de marcharte, la dirección te pide que rellenes este formulario para un estudio que están haciendo sobre las características de los jóvenes turistas de la ciudad.

OFICINA DE TURISMO DE GUAYAQUIL

1. DATOS PERSONALES
NOMBRE: ....
APELLIDO(S): ....
NACIONALIDAD: ....
EDAD: ....
SEXO: ☑ V ☑ M
DOMICILIO: ....
¿CON QUIÉN VIVES?: ....
TELÉFONO: ....
CORREO ELECTRÓNICO: ....

2. TRABAJO/ESTUDIOS
¿ESTUDIA O TRABAJA? ¿QUÉ ESTUDIA O EN QUÉ CONSISTE SU TRABAJO?
....
....
....

3. OCIO
¿QUÉ HACE NORMALMENTE EN SU TIEMPO LIBRE?
....
....

¿SUELE VIAJAR MUCHO? ¿POR QUÉ? ¿CON QUÉ FRECUENCIA?
....
....

¿CUÁLES SON SUS AFICIONES? ¿PRACTICA ALGÚN DEPORTE?
....
....

LUGARES QUE LE GUSTARÍA CONOCER:
....
....
....

EXPRESIÓN E INTERACCIÓN ESCRITAS (2)

3 Antes de empezar a escribir, repasa la estrategia en Destrezas y sigue las recomendaciones.

Destrezas

Strategies for writing an email

a. Keep in mind that 10 words are generally 1 sentence. Do not count the opening or the greeting as a sentence.

b. Divide the sentences by the number of topics you are required to write about -in this case, 5. Now you know how to organize your writing.

c. Choose the opening: formal (*Estimado/a…*) or informal (*Querido/a…, Hola, Juan…*).

d. The conditional tense also expresses courtesy. Use it!

e. Choose the greeting: formal (*Reciba un cordial saludo, Me despido de usted*), or informal (*Cuídate mucho, Un abrazo, Hasta pronto*).

4 Escribe un email de entre 80 y 100 palabras de acuerdo con esta situación.

Escribe a un amigo ecuatoriano para invitarle a pasar un fin de semana en tu ciudad. Explícale qué cosas van a hacer, qué van a visitar, cómo es la ciudad y qué tiempo hace. Dile también cómo esperas que sea el fin de semana.

PRONUNCIACIÓN Los diptongos e hiatos: acentuación

■ In addition to representing their own vowel sounds, the letters **i** and **u** may also represent glides, which are brief, weak sounds that combine with a vowel to form a single syllable (**diptongo**):
• *nue-vo, sie-te, vein-te, gua-po, eu-ro.*
In these cases, remember to follow the rules for written accents in general:
• *ha-céis, can-ción, pen-sáis, des-pués, cuí-da-lo.*

■ However, the letters **i** and **u** are not always glides when next to other vowels. When they are vowels and not glides, a written accent mark is used (**hiato**):
• *dí-a, rí-o, pa-ís, Ra-úl.*

1 🎧 ³⁸ Escucha el audio y escribe las palabras que oyes.

....

....

2 🎧 ³⁸ Escucha de nuevo las palabras que escribiste en la Actividad 1. Después, sepáralas por sílabas.

3 Clasifica las palabras que tienen diptongos o hiatos y coloca las tildes donde sea necesario.

Diptongos: ....

Hiatos: ....

 **MORE IN ELETECA:** EXTRA ONLINE PRACTICE

«ME ENCANTA

SER VOLUNTARIO»

Una alfombra de flores en Antigua, Guatemala

Antes de leer

¿Adónde te gustaría viajar para hacer un voluntariado internacional? ¿Por qué?

¿Qué tipo de tareas te gustaría hacer?

🎧 39 **Cada vez hay más gente joven que prefiere hacer un voluntariado en el extranjero° a ir directamente a la universidad. Ryan, un muchacho norteamericano, habla de su experiencia.**

«Ser voluntario es genial. Mi vida cambió completamente después de pasar un mes en Guatemala», dice Ryan, un muchacho norteamericano de 16 años que viajó al país centroamericano en 2013. «Cuando llegué a Antigua, hablaba muy poco español. Pero una familia me recibió en su casa y hablando con ellos mi español mejoró° rápidamente», cuenta. «Después de estar un mes con ellos, me siento parte de la familia. Ojalá pueda verlos pronto otra vez».

«Mis tareas en Antigua eran ayudar a construir casas en un barrio nuevo», explica Ryan. «Allí había también otros voluntarios internacionales. Hice amistad con una muchacha española, Ainhoa, que ya está de vuelta en Madrid. Espero que sigamos en contacto por correo electrónico y Skype».

«Como tenía las tardes libres, me invitaron a dar clases de inglés a la escuela del barrio», dice. «Me tocó° una clase de muchachos de ocho años y hablamos muchísimo. Me hicieron preguntas sobre la vida en Illinois, donde yo vivo. También me enseñaron trabalenguas° en español, ¡aunque son dificilísimos!», cuenta Ryan. «Me gustaría que vinieran a visitarme».

Además de pasar tiempo con los niños, Ryan recorrió° las antiguas ciudades mayas y los parques naturales. «También participé en las fiestas de la Semana Santa, haciendo alfombras enormes de aserrín° y flores», dice.

Ryan piensa que ser voluntario es genial.

Países con más voluntarios

Estos son los países con más voluntarios que vienen de otros países, en millones de personas.

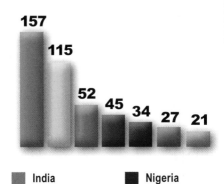

- 157
- 115
- 52
- 45
- 34
- 27
- 21

	India		Nigeria
	EE. UU.		Filipinas
	Indonesia		México
	China		

Países solidarios

Existe un *ranking* que mide la cantidad de gente en un país que ayudó a un desconocido durante los últimos 30 días. Estos son los países con la gente más solidaria, en porcentaje de la población.

- 77%
- 73%
- 72%
- 70%
- 68%
- 67%
- 67%

	EE. UU.		Senegal
	Qatar		Camerún
	Libia		Nueva Zelanda
	Colombia		

Los mexicanos son los latinoamericanos que más voluntariados hacen.

¿COMPRENDISTE?

Decide si las siguientes afirmaciones son verdaderas (V) o falsas (F).

1. Se pueden hacer voluntariados en todo el mundo. V ◯ F ◯
2. El país latino con más voluntarios es México. V ◯ F ◯
3. Ryan es un muchacho de EE. UU. que habla de las cooperativas. V ◯ F ◯
4. Ryan visitó Nicaragua y México. V ◯ F ◯
5. Según estadísticas recientes, Colombia es un país solidario. V ◯ F ◯

AHORA TÚ

¿Qué opinas? Contesta las siguientes preguntas y comenta tus ideas con tus compañeros/as.

1. ¿Qué tipos de voluntariado te imaginas que pueden ser interesantes? ¿Por qué?
   _____
2. ¿A qué país latinoamericano te gustaría viajar para hacer de voluntario?
   _____
3. ¿Qué actividades piensas que forman parte de un voluntariado?
   _____
4. ¿Crees que estos programas son realmente beneficiosos para las comunidades donde se llevan a cabo*? ¿Por qué?
   _____
5. ¿Cuáles crees que son las ventajas y desventajas de un voluntariado? ¿Por qué?

En Colombia, la mayoría de las personas ayudaría a un desconocido.

Glosario

el aserrín – sawdust
el extranjero – abroad
llevarse a cabo – to take place
mejorar – to improve
recorrer – to tour
tocar – to be given
el trabalenguas – tongue-twister

VOCES LATINAS

POLÍTICA EN CHILE Y ARGENTINA

Fuentes: Cooperatour, *Lonely Planet*, World Giving Index.

1 Lee el texto sobre el poeta Pablo Neruda y contesta las preguntas.

Ricardo Eliecer Neftalí Reyes Basoalto (Chile, 1904-1973), más conocido como Pablo Neruda, ha sido uno de los poetas más influyentes en la literatura del siglo XX y así se le reconoció cuando en 1971 ganó el Premio Nobel de Literatura. Su obra es muy variada y extensa. En sus primeros años se caracteriza por el romanticismo y la melancolía, influenciado por el modernismo hispanoamericano de Rubén Darío y de su gran amiga, la poetisa Gabriela Mistral. De esta época es quizá *(possibly)* una de sus obras más famosas: *Veinte poemas de amor y una canción desesperada* (1924).

En 1927 empieza a trabajar como cónsul *(diplomat)*. Gracias a esto, viaja por todo el mundo y conoce a los políticos y artistas más importantes de la época, convirtiéndose en un hombre culto y comprometido *(committed)* socialmente. Entre otros, conoce a Federico García Lorca en Buenos Aires, a Picasso en Barcelona y a los autores de la Generación del 27 en Madrid. Al estallar la guerra civil española en 1936, Neruda tiene que regresar a su país natal. Allí, impresionado por la guerra y el asesinato de Federico García Lorca, del que se había hecho muy amigo, escribió su obra *España en el corazón* (1937), un libro de poemas sobre el horror de la guerra y el dolor de las víctimas.

Pero Neruda siguió escribiendo bellos poemas de amor como los recogidos en *Cien sonetos de amor* (1959). Y no solo escribió sobre temas profundos, también los objetos más cotidianos *(everyday)* fueron fuentes *(sources)* de su inspiración. Ejemplo de ello son su famosas *Odas elementales*: "Oda a la cebolla", "Oda al tomate", "Oda a los calcetines"... Neruda decía que él escribía para gente sencilla, incluso para los que no sabían leer.

a. ¿A qué época de la obra del autor pertenece *Veinte poemas de amor y una canción desesperada*?

b ¿Por qué se caracteriza dicha época?

c. ¿Qué hechos mueven al autor a escribir *España en el corazón*?

d. ¿En qué se inspiran las *Odas elementales*?

2 🎧 **40** Lee parte de un poema de Neruda y di cuál de estas afirmaciones crees que es la correcta.

a. El poema se llama "Oda a Madrid". Neruda primero hace una descripción de Madrid antes y después de la guerra y, más tarde, lo compara con su país natal.

b. El poema se llama "Explico algunas cosas", pertenece a su obra *España en el corazón* y habla de cómo vivió Neruda el estallido de la guerra civil española y por qué cambió su estilo.

c. El poema se llama "Yo vivía en un barrio", pertenece a la primera época de Neruda y trata sobre la nostalgia que Neruda siente por Madrid.

[...]
Yo vivía en un barrio
de Madrid, con campanas,
con relojes, con árboles.

Desde allí se veía
5 el rostro seco de Castilla
como un océano de cuero.
Mi casa era llamada
la casa de las flores, porque por todas partes
estallaban geranios: era
10 una bella casa
con perros y chiquillos.

[...]
Y una mañana todo estaba ardiendo
y una mañana las hogueras
salían de la tierra
devorando seres,
15 y desde entonces fuego,
pólvora desde entonces,
y desde entonces sangre.

[...]
Preguntaréis por qué su poesía
no nos habla del sueño, de las hojas,
20 de los grandes volcanes de su país natal.

3 El siguiente poema pertenece a *Cien sonetos de amor*, que Neruda dedicó a su tercera esposa, Matilde Urrutia, su gran amor, su musa y su compañera hasta la muerte. Con tu compañero/a, selecciona palabras de la lista para completar el poema.

amé o arena o luz o manos o mar o muera o oídos o pelo o viento o vivas

Cuando yo .... quiero tus .... en mis ojos:
quiero la .... y el trigo de tus manos amadas
pasar una vez más sobre mí su frescura:
        sentir la suavidad que cambió mi destino.
            Quiero que .... mientras yo, dormido, te espero,
            quiero que tus .... sigan oyendo el ....,
            que huelas el aroma del .... que amamos juntos
            y que sigas pisando la .... que pisamos.
        Quiero que lo que amo siga vivo
        y a ti te .... y canté sobre todas las cosas,
    por eso sigue tú floreciendo, florida,
    para que alcances todo lo que mi amor te ordena,
    para que se pasee mi sombra por tu ....,
    para que así conozcan la razón de mi canto.

4 🎧 41 Escucha el audio y comprueba tus respuestas.

5 Escribe un poema usando la misma estructura que Neruda.

Cuando yo ....
quiero ....
....
Quiero que ....
quiero que ....
que ....

y que ....
Quiero que ....
....
por eso ....
para que ....
para que ....
para que ....

EVALUACIÓN

EXPRESSING WISHES

1 **Estás chateando con un/a amigo/a. Completa la conversación usando algunas de las expresiones que has aprendido.**

» ¡Hola! ¿Cómo llevas el examen de Física? ¿Tú crees que será muy difícil?

» ....

» Uf, yo no puedo concentrarme, porque estoy pensando en el fin de semana. ¡Me voy a Puerto Rico!

» ....

» Lo malo es que he visto en la tele que está lloviendo mucho.

» ....

» Mi hermano también iba a venir, pero se ha roto el brazo, así que no va a poder ser.

» ....

» Gracias, bueno, te dejo que me voy cenar.

» ....

2 **El año que viene te vas a mudar a México D.F. Completa las frases.**

a. Espero que ....

b. Ojalá ....

c. Quiero ....

d. Deseo ....

e. Quiero que ....

EXPRESSING THE TIME WHEN AN EVENT OCCURS

3 **Elige la opción correcta.**

a. **En cuanto** / **Hasta que** llegues al aeropuerto, lo primero que debes hacer es facturar la maleta.

b. **Al** / **Después** llegar la primavera los campos se llenan de flores.

c. Me quedaré en casa **hasta que** / **antes de** pare de llover.

d. **Después de** / **Después** irnos, llegó Pedro.

e. **Antes de** / **Después de** que salgamos del cine, iremos a tomar algo.

f. Si quieres, puedes ver la tele **después** / **hasta que** sea la hora de cenar.

g. **Cuando** / **Después de** cumpla los dieciocho, podré votar.

EXPRESSING A PURPOSE

4 **Completa con *para* o *para que* y la forma correcta del verbo entre paréntesis.**

a. El profesor les ha mandado hacer un trabajo sobre las ONG (saber, ustedes) .... más cosas acerca de ellas.

b. He comprado pan (hacer, yo) .... unos bocadillos.

c. He venido (ver, nosotros) .... una película.

d. Te he hecho esta bufanda (pensar, tú) .... en mí en Irlanda.

e. Este aparato sirve (hacer, el aparato) .... helados.

INDICATIVE, SUBJUNCTIVE, INFINITIVE

5 **Completa las frases usando la forma correcta del verbo.**

a. ¿Cuándo (venir, tú) .... a visitarnos? Tenemos muchas ganas de verte.

b. Quiero (beber, yo) .... algo fresco.

c. Hasta que no (irse) .... Juan no voy a decir nada.

d. Cuando mis abuelos (jubilarse) ...., se fueron a vivir a Florida.

e. Mi hermana me ha dado un libro para que no (aburrirse, yo) .... durante el viaje.

f. Espero que hoy (salir, nosotros) .... puntuales de la clase de español.

g. Me voy antes de que (llover) ....

h. Cuando (terminar, yo) .... la universidad, espero (trabajar, yo) .... en una buena empresa.

i. Espero que no (dormirse, nosotros) .... con la película. Dicen que es un rollo.

j. ¡Ojalá (aprobar, yo) .... todos los exámenes!

k. He venido para que me (contar, tú) .... lo que pasó ayer.

l. Deseo que Pablo y tú (ser) .... muy felices y (tener) .... muchos hijos.

m. ¿Quieres que (empezar, nosotros) .... ya a cenar o prefieres esperar?

n. Su padre no quiere que (ver, ustedes) .... el regalo que les ha comprado.

ñ. Este bolígrafo no sirve para (corregir) ...., necesitas otro de diferente color.

o. No te levantes hasta que yo te lo (decir) ....

p. En cuanto (traer, ellos) .... mi equipaje, me iré de este hotel.

DIPHTHONGS, HIATUS

6 **Observa la vocal subrayada y pon una tilde si hace falta. Después, busca diptongos o hiatos.**

b<u>oi</u>na ○ Eug<u>e</u>nio ○ estadounid<u>e</u>nse ○ anci<u>a</u>no ○ b<u>u</u>ho ○ aull<u>a</u>r ○ c<u>o</u>pia ○ acent<u>u</u>a ○ orqu<u>i</u>dea ○ core<u>o</u>grafo ○ barbac<u>o</u>a ○ act<u>u</u>o ○ adi<u>o</u>s ○ viol<u>e</u>ncia ○ bu<u>i</u>tre ○ di<u>u</u>rno ○ bu<u>e</u>y

CULTURA

7 **Contesta las siguientes preguntas con la información que has aprendido en _Me encanta ser voluntario._**

a. ¿Qué beneficios experimentaron algunos jóvenes después de hacer un voluntariado internacional?

b. ¿En qué tipo de actividades participaban los voluntarios?

c. ¿Fue todo trabajo o pudieron hacer otras cosas? Da ejemplos.

d. ¿Te sorprende que EE. UU. sea el primer país con el mayor número de gente que ayuda a los demás? ¿Por qué (no)?

MORE IN ELETECA: EXTRA ONLINE PRACTICE

Expresiones de deseo

Cuídate. *Take care.*
Enhorabuena. *Congratulations.*

Felicidades. *Congratulations.*

Lo siento mucho. *I'm so sorry.*

ojalá *I hope, let's hope (that)*
Que aproveche. *Enjoy your meal, Bon appétite.*

Que disfrutes. *Have fun.*

Que duermas bien. *Sleep well.*

Que lo pases bien. *Have a good time.*

Que te mejores. *Get well.*

Que tengas buen viaje. *Have a good trip.*

Que tengas suerte. *Good luck.*

Expresiones temporales

dentro de un rato *in a moment*
dentro de... (periodo de tiempo) *within a (period of time)*
el mes que viene *next month*
pasado mañana *day after tomorrow*

Hacer conjeturas y promesas

al *upon*
cuando *when*

en cuanto *as soon as*
hasta (que) *until*
mientras (que) *while*

Las ONG

la ayuda desinteresada *selfless aid*
la campaña de sensibilización *awareness campaign*
la catástrofe natural *natural disaster*
el comercio justo *fair trade*
el conflicto bélico *armed conflict*
los derechos humanos *human rights*
los discapacitados *handicapped people*

el donativo *donation*
la labor social *social work*
las labores humanitarias *humanitarian relief*
la orientación laboral *workforce readiness*
la protección del medioambiente *environmental protection*
sin ánimo de lucro *non-profit*

Verbos

defender (e>ie) *to defend*
desatender *to neglect*
desear *to wish, desire*
esperar *to hope, to wait for*
luchar (por, en, a favor de, contra) *to fight (for, in, in favor of, against)*
ofrecer *to offer*
recaudar fondos *to raise money*

PRESENT SUBJUNCTIVE: REGULAR VERBS   (See page 154)

	−AR HABLAR	−ER COMER	−IR VIVIR
yo	hable	coma	viva
tú	hables	comas	vivas
usted/él/ella	hable	coma	viva
nosotros/as	hablemos	comamos	vivamos
vosotros/as	habléis	comáis	viváis
ustedes/ellos/ellas	hablen	coman	vivan

PRESENT SUBJUNCTIVE: IRREGULAR VERBS   (See page 155 and 156)

Stem-changing verbs

QUERER e ➙ ie	VOLVER o ➙ ue	JUGAR u ➙ ue	PEDIR e ➙ i (en todas las personas)
quiera	vuelva	juegue	pida
quieras	vuelvas	juegues	pidas
quiera	vuelva	juegue	pida
queramos	volvamos	juguemos	pidamos
queráis	volváis	juguéis	pidáis
quieran	vuelvan	jueguen	pidan

> ❗ ■ The verbs **dormir** and **morir** have two stem changes in the present subjunctive: **o ➙ue** and **o ➙ u**:
> - d**ue**rma, d**ue**rmas, d**ue**rma, d**u**rmamos, d**u**rmáis, d**ue**rman.
> - m**ue**ra, m**ue**ras, m**ue**ra, m**u**ramos, m**u**ráis, m**ue**ran.

Verbs with irregular *yo* forms

poner ➙ **pong-**	traer ➙ **traig-**	
tener ➙ **teng-**	hacer ➙ **hag-**	-a
salir ➙ **salg-**	caer ➙ **caig-**	-as -a
venir ➙ **veng-**	construir ➙ **construy-**	-amos -áis
decir ➙ **dig-**	conocer ➙ **conozc-**	-an

Verbs that are completely irregular

HABER	IR	SABER	ESTAR	SER	VER	DAR
haya	vaya	sepa	esté	sea	vea	dé
hayas	vayas	sepas	estés	seas	veas	des
haya	vaya	sepa	esté	sea	vea	dé
hayamos	vayamos	sepamos	estemos	seamos	veamos	demos
hayáis	vayáis	sepáis	estéis	seáis	veáis	deis
hayan	vayan	sepan	estén	sean	vean	den

¡HOY ME SIENTO BIEN!

¡Espero que te guste la música!

>>> ¿Cómo se siente este señor? ¿Por qué está así? ¿Es una fecha especial o ha pasado algo extraordinario?

>>> Y tú, ¿cómo te sientes hoy?

In this unit, you will learn to:

- Talk about feelings and emotions
- Describe people's personalities and changes
- Talk about artistic activities

Using

- Verbs followed by infinitive or past participle
- Verbs that express change

Cultural Connections

- Share information about the arts in Hispanic countries and compare cultural similarities

SABOR HISPANO

- Mucho más que música

¡ACCIÓN!

1 Observa la imagen y completa el texto.

Antonia y Raquel son dos compañeras de la (a) .... que están en la puerta de (b) .... hablando sobre un (c) .... que tienen que presentar en clase. Esperan a que llegue el (d) .... de Historia para entrar en clase y, mientras hablan, ven a Adrián, que es un (e) .... de clase que le (f) .... a Antonia. Esta, al ver que él para a saludarla, se pone roja como un tomate de la (g) .... Raquel le sonríe a Antonia para animarla a hablar con él. Sabe que Antonia está (h) ...., pero también (i) .... porque Adrián se ha fijado en ella.

2 Compara tus respuestas con las de tu compañero/a. ¿Tienen respuestas similares? Comprueba con las palabras del cuadro.

> compañero ○ vergüenza ○ nerviosa ○ escuela ○ gusta ○ profesor
> encantada ○ trabajo ○ clase

3 Completa las frases con la forma correcta del verbo entre paréntesis. Escribe el nombre de la persona de la Actividad 1 que crees que lo está pensando.

a. Cuando (pasar) ....pase........ por aquí, (intentar) .... hablar con ella.

b. Seguro que cuando lo (saludar) ...., (ponerse) .... rojo.

c. Antes de que (llegar) .... el profesor, (tener) .... que estar sentados.

d. En cuanto (entrar) .... en clase, les (decir) ....que hay examen la semana que viene.

4 Lee la conversación entre Antonia y Raquel y complétala con las palabras del cuadro.

> atenta o musa o vergüenza o tonta o abierta o amor o enamorada o loca

Raquel: ¡Antonia! ¡Antooooonia!

Antonia: ¡Ay! Hola, Raquel, no te había visto.

R.: ¿Cómo me vas a ver con lo distraída que vas?

A.: Es que estaba pensando en una canción que me encanta y…

R.: ¿Qué canción?

A.: La nueva de *Nerea*, ¿la has escuchado?

R.: Sí, está bien, ella tiene una voz espectacular, pero… es demasiado romántica, ¿no?
Bueno, para ti es perfecta porque con lo (a) .... que estás últimamente…

A.: Para nada, ¿pero qué dices?

R.: ¿Que no? Pero si se te nota de lejos que estás (b) .... por Adrián. Cada vez que lo ves, pones una cara de (c) ....…

A.: Ok, ok, lo que tú digas. Por cierto, compuse un tema nuevo para el concierto.

R.: ¡Súper! Oye, mira quién viene por ahí, tu (d) ....

A.: ¡Ay, caray, qué (e) ....! Tú ahora no te vayas y no me dejes sola. Es que cuando estoy con él no sé qué me pasa que nunca sé qué decirle y me da rabia que piense que soy una tonta…

R.: Pues dile, por ejemplo, que le has escrito una canción y que quieres que vaya a nuestro concierto. Seguro que cuando te oiga dedicándole "su" canción subida a un escenario, se queda con la boca (f) ....

A.: ¿Qué dices? No me atrevo (*dare*)… ¿Por qué no se lo dices tú?

R.: ¿Yooo? ¡Pero si a mí no me gusta!

A.: ¡Ay! ¡Qué nervios! Ya viene y me está mirando…

R.: Sí, y acaba de tocar el timbre para entrar en clase. Así que mejor dejas tu declaración de (g) .... para otro momento, que cuando nos vea el profe hablando en la puerta…

A.: Sí, mejor entramos. Por cierto, ¿tienes los apuntes del otro día? Es que no estuve muy (h) ....

R.: Sí, vamos, y a ver si hoy escuchas más al profe y compones menos.

A.: Bueno, es que la inspiración llega cuando menos te lo esperas.

5 🎧 **42** Escucha la conversación y comprueba tus respuestas.

6 👥 **¿Y tú? Habla con tu compañero/a de tus experiencias. Usa las siguientes preguntas como guía.**
- ¿Cómo reaccionas cuando sientes vergüenza? ¿Te pones rojo/a?
- ¿En qué clases estás menos atento/a? ¿Por qué?
- ¿Te has quedado con la boca abierta en alguna situación? ¿Qué pasó?

7 👥 **Observa las frases marcadas en la conversación. ¿Cuáles usan el subjuntivo? Con tu compañero/a, túrnate para completar las frases con ejemplos.**
- **a.** Cuando el profe vea a los estudiantes hablando en la puerta…
- **b.** Antonia no quiere que Raquel…
- **c.** Raquel cree que Adrián se va a quedar con la boca abierta cuando…
- **d.** En mi opinión,… llega cuando menos te lo esperas.

COMUNICA

Estoy (estar)	contento/a	con la nueva profesora.	→ noun
	encantado/a	cuando / si juega mi equipo.	→ indicative
	nervioso/a	de estar aquí.	→ infinitive: same subject
	aburrido/a	de que te vayas.	→ subjunctive: different subject

Estoy preocupado por Álex. Hace dos días que no viene a clase.

I'm worried about Álex. He hasn't been to class for two days.

Me pongo (ponerse) *I get / I become*	furioso/a	
	nervioso/a	cuando escucho mi música favorita.
	contento/a	si me cuentan el final de una película.
Me siento (sentirse) *I feel*	bien / mal / fatal...	

Adoro *I love*	los paisajes del Caribe.	→ noun
No soporto *I can't stand*	madrugar *(to get up early)*.	→ infinitive: same subject
	que me empujen *(shove)* en el metro.	→ subjunctive: different subject

1 Explícale a tu compañero/a cómo te sueles sentir en las siguientes situaciones.

a. un día de lluvia   **c.** en un concierto   **e.** en el dentista

b. antes de un examen   **d.** si ves una pelea *(fight)*   **f.** de vacaciones

2 Completa las conversaciones con los adjetivos del cuadro y con los verbos para expresar sentimientos y emociones.

> nervioso ○ tranquilo ○ preocupado ○ serio

a. » Pero, ¿qué te pasa? Desde que llegaste, (1) .... muy (a) ....

» Es que (2) .... (b) .... por el examen de mañana. He estudiado mucho, pero ahora creo que estoy hecho un lío y no entiendo nada.

» Bueno, eso es normal, yo también (3) .... (c) .... antes de un examen. Mira, hazte un té y acuéstate temprano, ya verás como mañana, después de descansar, (4) .... más (d) .... y te acuerdas de todo.

3 🎧 43 Ahora, escucha y comprueba.

EXPRESS FEELINGS AND EMOTIONS (2)

da/n	**miedo** (*scares*)	*ver una película empezada.*
	rabia (*infuriates*)	
	vergüenza (*embarrasses*)	
	igual (*makes no difference*)	
	lástima (*makes me feel pity*)	

ver una película empezada.

 Use the infinitive when the person feeling the emotion and the one performing the activity are the same.

(A mí) **me**		
(A ti) **te**		
(A usted/él/ella) **le**		
(A nosotros/as) **nos**	**pone/n**	**triste** (*makes me sad*)
(A ustedes/ellos) **les**		**histérico/a** (*makes me crazy*)
		nervioso/a (*makes me nervous*)

que la gente hable en el cine.

 Use the subjunctive when the person feeling the emotion and the one performing the activity are different.

aburre/n (*bores*)
molesta/n (*bothers*)

las películas de amor.

 ■ These verbs have the same construction as **gustar / encantar** and must agree with the subject that follows.

Me ponen triste ***las personas*** que no tienen casa.
Me pone triste ***la música*** romántica.
Nos pone nerviosos ***tener*** que esperar.

---

4 **Relaciona cada expresión con su terminación lógica.**

1. Me da vergüenza…
2. Me pone de mal humor…
3. A mi madre le da mucha rabia…
4. Me aburren…
5. Mamá, no sé por qué te da miedo…

a. que llegue a casa de noche, nunca voy solo.
b. que salga de casa sin hacer mi cama.
c. que la gente hable por teléfono en el autobús.
d. actuar delante de tanta gente.
e. las películas históricas.

5  **Busca situaciones que te produzcan estos sentimientos y cuéntaselo a tu compañero/a.**

• Me molesta que…   • Me aburren…   • Me dan miedo…
• Me pone nervioso/a que…   • Me da lástima que…   • Me pone de mal humor…

Modelo: *Me molesta que pongan anuncios cuando estoy viendo una película en la televisión.*

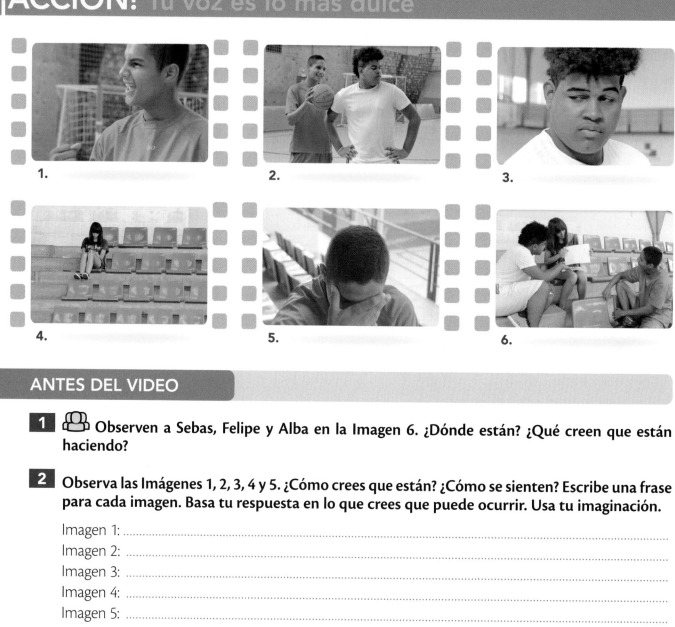

1.
2.
3.
4.
5.
6.

ANTES DEL VIDEO

1 Observen a Sebas, Felipe y Alba en la Imagen 6. ¿Dónde están? ¿Qué creen que están haciendo?

2 Observa las Imágenes 1, 2, 3, 4 y 5. ¿Cómo crees que están? ¿Cómo se sienten? Escribe una frase para cada imagen. Basa tu respuesta en lo que crees que puede ocurrir. Usa tu imaginación.

Imagen 1: ....
Imagen 2: ....
Imagen 3: ....
Imagen 4: ....
Imagen 5: ....

3 Con tu compañero/a, observa todas las imágenes e imagina una historia de lo que pasa.

DURANTE EL VIDEO

4 Mira la siguiente secuencia y marca quién dice las siguientes frases.
00:00 - 01:52

	Felipe	Sebas
a. ¡Adoro cuando encesto desde aquí!	☐	☐
b. Pues a mí me da rabia. ¡Hoy no hay manera de ganarte!	☐	☐
c. La verdad es que hoy me aburre estar aquí jugando.	☐	☐
d. Me siento muy bien cuando te estoy ganando al básquet.	☐	☐
e. Ya se te van a quitar las ganas de seguir jugando.	☐	☐
f. ¡Sí, la gran Alba!	☐	☐
g. Tienes razón, yo tampoco tengo más ganas de seguir jugando.	☐	☐

5 Haz un breve resumen de lo que pasa en la escena. No olvides explicar cómo se sienten los personajes.

6 Mira el resto del episodio y responde a las siguientes preguntas.

    a. ¿Cómo es el primo de Alba?

    b. ¿Se llevan mal Alba y su primo?

    c. ¿Cómo hablan los españoles?

    d. Sebas opina que Alba es muy dulce. ¿Cómo crees que se siente después de decirlo? (Observa la Imagen 5).

    e. ¿Está contenta Alba con su nueva vida? ¿Está contenta en la nueva escuela?

7 Completa las frases sobre los sentimientos de Alba. Puedes volver a ver el episodio, si es necesario.

    a. Alba se siente bien cuando ....

    b. Su primo siempre quiere ....

    c. A Alba su primo a veces le ....

    d. A ella .... estar sola en su habitación.

    e. Alba no soporta ....

    f. Y cuando su primo grita ....

    g. Porque a ella no le gusta que ....

    h. Cuando ...., le gusta dibujar.

    i. Se siente muy bien cuando ....

DESPUÉS DEL VIDEO

8 **En grupos de cuatro, realicen las siguientes actividades.**

    a. Recuerden la actividad 3 de *Antes del video*. ¿Se parece la historia del episodio a la de ustedes? ¿Qué historia es la más similar a la del episodio?

    b. En la primera parte, cuando Felipe ve a Alba, dice: "*La gran Alba*". ¿Les parece que Alba es una muchacha muy grande? Alba también dice: "*Es una gran ciudad*". ¿Qué quiere decir?

9 **Completa la tabla con tus sentimientos y comparte las respuestas con tu compañero/a. ¿Tienen cosas en común ustedes dos?**

	Yo	Mi compañero/a
Me encanta estar solo/a en mi habitación.		
Cuando me siento de mal humor...		
Me siento muy bien cuando...		
Me da mucha vergüenza que...		
Me pongo muy nervioso/a cuando...		

MORE IN ELETECA: EXTRA ONLINE PRACTICE

- Descriptive adjectives describe a trait or quality of the noun they modify.

- In Spanish, descriptive adjectives generally follow the noun, with some exceptions.

- The adjectives **bueno** and **malo** drop the final -**o** when placed before the noun.
  *Es un **buen hijo**.*
  *No es un **mal ejemplo**.*

- The adjective **grande** becomes **gran** before singular nouns.
  *Es una **gran película**.*

> **!**
> - This occurs before masculine, singular nouns only.
>   - *Es una **buena** niña.*

- Placing certain adjectives before the noun changes the meaning of the adjective.

*Es un **gran** libro.*	➡	quality
*Es un libro **grande**.*	➡	size
*Es un **viejo** amigo.*	➡	time
*Es un amigo **viejo**.*	➡	age
*Es un **único** ejemplar.*	➡	quantity
*Es un ejemplar **único**.*	➡	without parallel

Impaciente

- Add a prefix, such as **im**-, **in**- or **des**-, to form the opposite of an adjective describing a trait or characteristic: **paciente** / **impaciente**, **útil** / **inútil**, **agradable** / **desagradable**.

1 👥 **Con tu compañero/a, añade información a las siguientes frases para explicar su significado.**

Modelo: Es un hombre **grande**. *Es el más alto y fuerte de la clase.*
          Es un **gran** hombre. *Es generoso y todo el mundo lo respeta.*

a. Es una empresa **grande**. / Es una **gran** empresa. ➡ ....

b. Es un alumno **viejo**. / Es un **viejo** alumno. ➡ ....

c. Es una **única** obra. / Es una obra **única**. ➡ ....

2 **Completa las frases con los adjetivos del cuadro.**

> tranquilo ○ preocupado ○ sociable ○ generoso ○ tolerante
> sincero ○ flexible ○ falso ○ egoísta

a. Si siempre digo la verdad, soy ...., pero si no digo lo que pienso, soy ....

b. Cuando no estoy nervioso, estoy ....

c. Si me gusta compartir lo mío con los demás, soy ...., pero si lo quiero todo para mí y no pienso en los demás, soy ....

d. Si me gusta relacionarme con las personas, soy ....

e. Cuando me adapto fácilmente a las situaciones y acepto los cambios, soy ....

f. Si acepto otras opiniones y a las personas diferentes a mí, soy ....

g. Cuando tengo un problema, estoy ....

5 🎧 44 **Escribe el contrario de estos adjetivos. ¡Atención! No se forman todos con prefijos. Luego, escucha y comprueba.**

a. flexible ➡ ....

b. ordenado ➡ ....

c. educada ➡ ....

d. preocupada ➡ ....

e. responsable ➡ ....

f. tolerante ➡ ....

g. fuerte ➡ ....

h. tranquilo ➡ ....

i. puntual ➡ ....

j. sociable ➡ ....

k. optimista ➡ ....

l. introvertido ➡ ....

m. trabajadora ➡ ....

n. seguro ➡ ....

ñ. paciente ➡ ....

4 👥 **Prepara dos descripciones, una tuya y otra de tu compañero/a. Después, intercambia la información. ¿Eran acertadas las descripciones?**

5 🎧 45 **Relaciona las palabras de la lista con las imágenes. ¡Atención! Algunas imágenes tienen más de una posibilidad. Después, escucha el audio para comprobar tus respuestas.**

1. ☐ acueducto
2. ☐ violín
3. ☐ escultura
4. ☐ estatua
5. ☐ galería de arte
6. ☐ guitarra
7. ☐ guitarrista
8. ☐ museo
9. ☐ músico
10. ☐ orquesta
11. ☐ pintura
12. ☐ poema
13. ☐ poeta
14. ☐ retrato
15. ☐ actuar

6 Clasifica las siguientes palabras según su categoría. ¡*Atención!* Algunas palabras pueden colocarse en más de un lugar. ¿Sabes a quién representa la escultura?

> melodía o compositor o obra o cuadro o acueducto o violinista o novelista o ensayar o aventuras o estatua o retrato o canción o poema o galería de arte o pintar o escultor o baile o orquesta o ballet o diseñar o poeta o bailarín o histórica o contar o cuento o tema o guitarrista o novela

MÚSICA

ARQUITECTURA

DANZA

ESCULTURA

LITERATURA

novela

PINTURA

7  Practica con las familias de las palabras y completa cada frase con una profesión. Después, inventa dos frases más con el vocabulario de las Actividades 5 y 6 para que las adivine tu compañero/a.

a. Un .... pinta cuadros y retratos de personas famosas.

b. Un .... compone música y melodías.

c. Un .... diseña edificios y otras estructuras como, por ejemplo, puentes.

d. Hay unos cien .... en las orquestas sinfónicas.

e. Un .... crea esculturas de hierro, mármol y otros materiales.

f. Muchos de los .... escriben novelas, poemas y obras de teatro.

8 Túrnate con tu compañero/a haciendo preguntas y respuestas.

a. ¿Has practicado alguna de estas actividades artísticas? ¿Cuál?

b. ¿Hay alguna que te gustaría practicar y aún no lo has hecho?

c. ¿Crees que tienes alguna aptitud artística? ¿Eres bueno haciendo algo?

d. ¿Cuál es tu obra favorita de cada actividad artística? ¿Por qué?

9 👥 Con tu compañero/a, decide si las siguientes frases son verdaderas (V) o falsas (F). Después, lee el texto sobre la relación entre la música y las emociones. ¿Acertaste en lo que pensabas?

	V	F
a. La cultura es un sentimiento universal y está por encima de la cultura en la que hemos crecido o que conocemos.	☐	☐
b. La música influye en nuestro estado de ánimo, incluso en nuestro comportamiento.	☐	☐
c. Todas las sociedades poseen escritura, pero algunas no poseen música.	☐	☐
d. La música nos ayuda a comunicarnos y a entender mejor a los demás.	☐	☐

La música de las emociones

"La música une a las personas y desata (*releases*) emociones allí donde se escucha". Tal vez esta afirmación suena exagerada pero, en realidad, el impacto de la música en nosotros es tan grande que cuando oímos música esta afecta a nuestra memoria, nuestros movimientos y nuestras emociones.

Estudios realizados por científicos, demostraron que, tanto un aborigen como un moderno ingeniero, cuando escuchaban la misma música, reaccionaban de la misma forma. Otra investigación, realizada en Camerún entre personas que no habían oído nunca música occidental antes, demostró que estas eran capaces (*able*) de reconocer en ella la alegría, la tristeza o el terror... Todos son sentimientos comunes que provoca una misma melodía a personas de diferentes culturas. Por eso, hay canciones universales que consiguen ponernos tremendamente tristes y otras que, en cambio, nos contagian (*transmit*) alegría y buen humor, seamos de donde seamos.

Otra de las grandes cualidades de la música es su inmenso poder de unión social.

Hay sociedades sin escritura, pero ninguna sin música. Las melodías nos unen, nos hacen compartir estados de ánimo.

A lo largo de la historia los seres humanos nos hemos unido para bailar, cantar y celebrar rituales. De hecho, no hay celebración que no vaya acompañada de música.

10 👥 ¿Y tú?, ¿qué clase de música escuchas en las siguientes situaciones? Habla de tus preferencias musicales con tu compañero/a y menciona los nombres de artistas, compositores y otra información relevante para describir tus emociones.

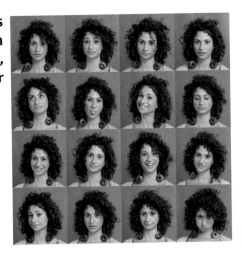

Modelo: *Cuando estoy enamorado/a, me gusta escuchar... porque...*

- estás enamorado/a
- te apetece mucho (*feel like*) bailar
- quieres relajarte
- quieres cantar y bailar al mismo tiempo
- estás de mal humor

11 **Lee el siguiente texto sobre la evolución de la música pop en España. Después, relaciona las letras del texto con las frases para completarlo de una forma lógica.**

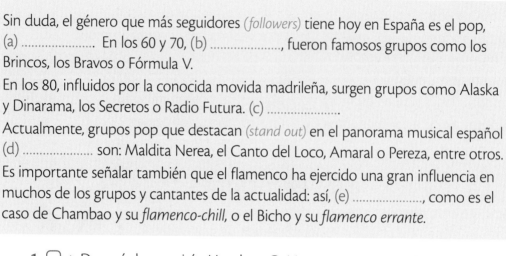

Sin duda, el género que más seguidores (*followers*) tiene hoy en España es el pop, (a) .... En los 60 y 70, (b) ...., fueron famosos grupos como los Brincos, los Bravos o Fórmula V.

En los 80, influidos por la conocida movida madrileña, surgen grupos como Alaska y Dinarama, los Secretos o Radio Futura. (c) ....

Actualmente, grupos pop que destacan (*stand out*) en el panorama musical español (d) .... son: Maldita Nerea, el Canto del Loco, Amaral o Pereza, entre otros.

Es importante señalar también que el flamenco ha ejercido una gran influencia en muchos de los grupos y cantantes de la actualidad: así, (e) ...., como es el caso de Chambao y su *flamenco-chill*, o el Bicho y su *flamenco errante*.

1. ☐ ➡ Después les seguirán Hombres G, Mecano o Duncan Dhu, líderes indiscutibles de aquella década

2. ⓐ ➡ música que se puede cantar y bailar, y que se desarrolla con la llegada del rock a España en los años 50

3. ☐ ➡ mientras grupos como Ojos de Brujo imitan sus compases, otros se decantan por nuevas y arriesgadas fusiones

4. ☐ ➡ décadas conocidas como la *era dorada de los grupos españoles*

5. ☐ ➡ y que suelen encabezar (*top*) las listas de éxitos (*hits*)

■ La movida madrileña fue un movimiento contracultural que surgió (*emerged*) durante los primeros años de la transición de la España después de la muerte de Franco (1975), y se prolongó hasta mediados de los años ochenta. Fue parte del cambio y liberalización cultural e ideológica que experimentó la gran mayoría de la sociedad española. *Flamenco-chill* es un subgénero musical derivado de la fusión del flamenco y música electrónica ambiental (*background*). Se desarrolló con la colaboración de Henrik Takkenberg y el grupo Chambao. El Bicho es un grupo que se conoció en la Escuela Popular de Música de Madrid y en pocas semanas comenzaron a tocar en pequeñas salas (*lounges*) y por la calle, atrapando a la gente que pasaba con sus canciones de una belleza y sencillez deslumbrante (*stunning*).

12 👥 **Busca información en Internet sobre estos grupos y mira algunos de sus vídeos musicales. ¿Cuáles te gustaron? Comenta tus opiniones con tu compañero/a.**

13 👥 **Túrnate con tu compañero/a haciendo preguntas y respuestas.**

a. ¿Conoces alguno de los estilos musicales que se mencionan en el texto?

b. ¿Y los grupos musicales o cantantes?

c. ¿Conoces otros grupos musicales o cantantes hispanos? ¿Qué tipo de música hacen?

1. VERBS FOLLOWED BY AN INFINITIVE OR PRESENT PARTICIPLE

- To express the beginning point of an activity use **empezar** / **ponerse a** + infinitive.

  He **empezado a leer** un libro muy interesante. *I have started reading an interesting book.*

  Luis, **¡ponte a hacer** las tareas ahora mismo! *Luis, start doing your homework right now!*

- To express the repetition of an activity use **volver a** + infinitive.

  El año pasado fui a Sevilla y este año **volveré a ir**.
  Last year I went to Sevilla and this year I'm going to go again.

Plaza de España, Sevilla

- To express an activity that is ongoing use **seguir** / **continuar** + present participle.

  Sigo estudiando en la misma escuela que el año pasado.

  I'm still studying in the same school as last year.

  El año pasado iba a clases de teatro y este **continuaré yendo**.

  Last year I was going to acting classes and this year I will continue going.

- To express an activity that has just finished use **acabar de** + infinitive.

  ¡Acabo de ver al muchacho que conocimos ayer en el concierto!

  I just saw the guy we met yesterday at the concert!

- To express the interruption of an activity use **dejar de** + infinitive.

  He dejado de ir a clases de guitarra porque no tengo tiempo.

  I stopped going to guitar classes because I don't have time.

1 **Completa con la construcción verbal correcta. ¡Atención! Usa la forma adecuada del pasado.**

Asunto: Cosas que pasan

De: Roberto   Para: NachoVela@correomail.com

Nacho, ¡no te lo vas a creer lo que pasó esta mañana!
(Nosotros) (a) .... de entrar en clase cuando el
profesor (b) .... a escribir en el pizarrón los acordes
(chords) de una canción. Todos la reconocimos rápidamente y
(c) .... a cantarla en voz baja. Pero, de pronto, Antonia
(d) .... a cantar en voz alta, mirando hacia Adrián.
Entonces el profesor le mandó callar *(to be quiet)*, pero Antonia
(e) .... cantando, mientras Adrián y el resto de la
clase la mirábamos alucinados *(amazed)*. Cuando el profesor la
(f) .... a mandar a callar, amenazando con castigarla,
Antonia (g) .... de cantar, pero antes le dijo a Adrián
que quería decirle las palabras de esa canción desde hacía
mucho tiempo.

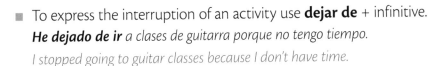

GRAMÁTICA

2 Lee la siguiente lista de actividades. Después, pasea por la clase para encontrar a un/a compañero/a que haya hecho alguna de ellas. Apunta su nombre y pídele más información. Comparte tus resultados con la clase.

	¿Quién?	Más información
Ha empezado a practicar algún deporte nuevo.		¿Cuál?
Alguna vez se ha puesto a llorar viendo una película en el cine.		¿Qué película?
Sigue viviendo en la misma casa en la que nació.		¿En qué lugar?
Acaba de comprar una computadora nueva.		¿Cómo es?
Continúa teniendo un juguete de cuando era pequeño.		¿Qué juguete?
Ha dejado de practicar algún *hobby* que antes practicaba.		¿Qué *hobby*?
Ha empezado a leer un libro recientemente.		¿Cómo se titula?
Ha dejado de colgar (*post*) fotos en su Facebook.		¿Por qué?

3 Haz una lista de actividades que hayas empezado a hacer, que hayas hecho, que piensas volver a hacer o que acabes de hacer. Incluye experiencias verdaderas y algunas que no lo sean.

Modelo: El año pasado fui de vacaciones a China y este año volveré a ir. Acabo de comprar mi boleto de avión.

2. VERBS THAT EXPRESS CHANGE

- To express temporary changes in a person or changes that happen spontaneously use **ponerse** + adjective.

  Se pone muy nervioso *al hablar en público.* He becomes / gets very nervous when speaking in public.

  Se puso rojo *cuando le preguntaron.* He turned / became red when they asked him a question.

- **Quedarse** shows the result, the final condition.

  Se quedó muy sorprendido *por la noticia.* He was very surprised by the news (and remained so).

> - **Quedarse** can sometimes express permanent changes.
>   - *Mi abuelo **se quedó calvo** a los 50 años.*
>   My grandfather went bald at age 50.

■ To express permanent changes use **volverse** (*not voluntary*) or **hacerse** (*voluntary or gradual change*) + adjective.

Se ha vuelto un antipático. *Antes no era así*. *He has become unlikable. He wasn't like that before.*

Jugó a la lotería y **se volvió millonario**. *He played the lottery and became a millionaire.*

Con esa situación **se hizo fuerte**. *He became strong.*

■ **Hacerse** can be used with adjectives and nouns that describe profession, religion, and ideology.

Antes era abogado y ahora **se ha hecho juez**. *Before he was a lawyer and now he became a judge.*

Viajó al Tíbet y **se hizo budista**. *He traveled to Tibet and became a Buddhist.*

4 Completa con el verbo de cambio correcto. ¡*Atención!* Ten en cuenta el tipo de cambio que se expresa. Puede haber más de una posibilidad.

a. .... un antipático
b. .... blanco
c. .... guapo

d. .... más delgado
e. .... contento
f. .... más sociable

g. .... vegetariano
h. .... un irresponsable
i. .... empresario

5 Completa las frases con una expresión apropiada de la actividad anterior.

a. Desde que es famoso siempre contesta mal a todo el mundo,..
b. Los invitaron a la inauguración de una galería de arte,..
c. Estudió un máster de negocios muy prestigioso y..
d. Desde que es bailarina..
e. Cuando le dieron la nota del examen de Literatura..
f. Desde que trabaja en una ONG en defensa de los animales..

6 🎧 **46** Blanca y Ester han sido amigas desde la escuela. Escucha a Blanca hablando de una reunión de la clase a la que Ester no pudo asistir. Completa con lo que ha cambiado.

	Martín	Carolina	Gustavo	Antonio	Elena	Dani
Aspecto físico						
Carácter						
Profesión						
Ideología						
Vida personal						

7 Ustedes están todos en la reunión de los 10 años de la clase. Paseen por la clase contándose lo que ha cambiado en sus vidas.

  GRAMMAR TUTORIALS 11 AND 12

DESTREZAS

1 Antes de escuchar, lee la estrategia en Destrezas y sigue las recomendaciones.

> ### Destrezas
>
> **Anticipating content**
>
> Read the question carefully before listening to the audio. Look at the interrogative word to determine what type of response is needed. Is it asking for a person, a place, a thing, etc.? Then look at the choice of images and prepare ahead the vocabulary you might expect to hear.
>
> **Conversación 1:** ¿Dónde creía el muchacho que ella había hablado con Juan?
>
> **Conversación 2:** ¿Qué prenda está agotada en la tienda?

2 🎧 **47** Escucha dos veces estas conversaciones breves. Después de la segunda vez, elige la opción correcta.

Conversación 1: ¿Dónde creía el muchacho que ella había hablado con Juan?

Conversación 2: ¿Qué prenda está agotada en la tienda?

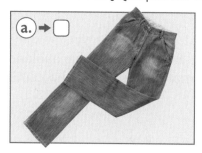 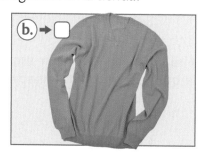 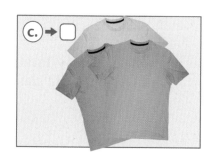

3 Antes de escuchar este aviso, lee la estrategia en Destrezas y sigue las recomendaciones.

> ### Destrezas
>
> **Listening to longer selections**
>
> To prepare for longer listening selections, first read the questions you will be asked to answer. Underline or highlight key words you will need to listen for. Say them softly aloud to yourself so you can hear how they are pronounced. Focus on these words and do not be distracted by unfamiliar words.

4  🎧 **48** Escucha dos veces un aviso por el sistema de megafonía de una escuela. Después de la segunda vez, decide si las afirmaciones son verdaderas (V) o falsas (F).

	V	F
a. Las bases del concurso se pueden consultar en Internet y en los tablones informativos del centro.	☐	☐
b. El sobre en el que tienen que enviar el escrito se puede recoger en el Departamento de Lengua y Literatura del centro.	☐	☐
c. La modalidad del trabajo es libre.	☐	☐

PRONUNCIACIÓN Los extranjerismos *(foreign words)*

■ En español usamos algunas palabras que proceden de otras lenguas. Se dividen en:

• **Voces adaptadas**
  Se adaptan a la ortografía y pronunciación del español: *estrés, eslogan, cabaré…*

• **Voces no adaptadas**
  Se escriben igual que en la lengua original y su pronunciación es más o menos aproximada a ella: *pizza, rock and roll, jazz, pendrive…*

1 🎧 **49** Escucha las siguientes palabras extranjeras que se usan frecuentemente entre los hispanoparlantes, y apúntalas.

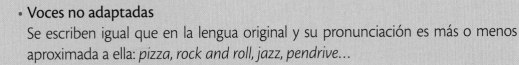

2 👥 Compara las palabras que has escrito con tu compañero/a. Decide cuáles han sido adaptadas al español y cuáles no.

3 Completa con la palabra o expresión apropiada aprendida en esta sección.

a. Necesito ir a la .... para comprarme un vestido.

b. A mi hermana le encantan los .... con tomate.

c. Marta y Juan han quedado para jugar al .... esta tarde.

d. Mis padres desayunan un .... y un café con leche.

e. El .... es el equipamiento lógico de un sistema informático.

MORE IN ELETECA: EXTRA ONLINE PRACTICE

MUCHO MÁS
QUE MÚSICA

Una banda de mariachis de Puebla, México

Antes de leer

¿Qué música o artistas mexicanos conoces?

¿Piensas que los mariachis son divertidos o están pasados de moda*? ¿Por qué?

🎧 50 **En el mundo hispano hay muchísimos tipos de música y baile. No solamente son expresiones artísticas: a veces, como los corridos mexicanos, son una forma de contar historias de actualidad.**

Los corridos son canciones populares mexicanas que cuentan una historia. La melodía suele ser muy sencilla, y la letra* es fácil de recordar. Eran habituales ya en 1910, en la época de la Revolución mexicana, y cumplían la importante función de diseminar* las noticias en todo el territorio. Los temas de los corridos son variados: a veces hablan sobre un héroe popular, a veces son divertidos, y otras tienen contenido político. Muchas veces, las bandas de mariachis cantan corridos. Desde 1930, el contenido de los corridos incorpora noticias relacionadas con el narcotráfico. En los últimos años, este género se ha hecho más popular, especialmente en los estados del norte del país como Chihuahua, Nuevo León, Baja California y Sinaloa, donde se concentra la violencia del narcotráfico. En muchos estados, está prohibido reproducir narcocorridos en conciertos, discotecas y bares. «Este tipo de canciones presenta a los narcotraficantes con glamur», dicen las autoridades.

En la actualidad, los Tigres del Norte son una banda muy famosa de música norteña, que incluye los corridos. Son conocidos internacionalmente y han ganado cinco premios Grammy. Sin embargo, varios pueblos les han puesto multas* por cantar narcocorridos en sus conciertos. «La prohibición no es justa*, estas canciones son parte de la cultura actual», dicen.

Un edificio público en Culiacán, Sinaloa, tierra del narcocorrido

El tango

Todos los años se celebra un festival internacional de tango en la ciudad de Buenos Aires. Más de 70.000 turistas y bailarines de todo el mundo llegan para participar en el evento. Estos son los principales países representados en el festival, además de Argentina.

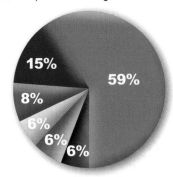

- 59%
- 15%
- 8%
- 6%
- 6%
- 6%

■ Colombia
■ Estados Unidos
■ Japón
■ Brasil
■ Francia
■ Argentina

Los top 5 del flamenco

Para muchos turistas, el flamenco es sinónimo de cultura española, aunque proviene° del sur del país. Te contamos cinco cosas que debes saber sobre esta apasionada° danza.

1 Combina la cultura **andaluza**, **sefardí**, **gitana** y **árabe**.

2 Una de sus formas se llama **«cante jondo»**.

3 El bailarín se llama **«bailaor»** y la bailarina, **«bailaora»**.

4 Gran parte del baile es **improvisación**.

5 Los lugares donde se baila flamenco se llaman **«tablaos»**.

El tango nació en Buenos Aires, y siempre se baila en pareja°.

¿COMPRENDISTE?

Decide si las siguientes frases son verdaderas (V) o falsas (F).

1 No todos los corridos hablan sobre el narcotráfico. V ◯ F ◯

2 Los Tigres del Norte piensan que los narcocorridos son parte de la cultura. V ◯ F ◯

3 Colombia es el país extranjero mejor representado en el festival de tango. V ◯ F ◯

4 Los pasos del baile flamenco están todos planeados con anticipación. V ◯ F ◯

5 El tango se puede bailar de forma individual. V ◯ F ◯

El flamenco es la música y baile típicos del sur de España.

AHORA TÚ

¿Qué opinas? Contesta las siguientes preguntas y comenta tus ideas con tus compañeros/as.

1 ¿Qué tipo de música te gusta? ¿Cuál es su atractivo, en tu opinión?

2 ¿Qué tipo de música no escuchas nunca, y por qué?

3 ¿Qué forma musical norteamericana presenta estilos de vida polémicos con glamur?

4 ¿Te gusta bailar? ¿Cuándo fue la última vez que bailaste y qué tipo de música había?

5 ¿Prefieres bailar de forma individual o en pareja? ¿Por qué?

6 Entre el tango y el flamenco, ¿qué estilo musical te parece más interesante? ¿Por qué?

Glosario

apasionado/a – passionate
diseminar – to spread
justo/a – fair
la letra – lyrics
la multa – fine
la pareja – couple
pasado de moda – out of date
provenir – to originate

VOCES LATINAS

LA MÚSICA EN AMÉRICA LATINA

Fuentes: BBC Mundo, Tango BA, Buzzle.

1 **Relaciona cada palabra con su definición.**

a. Insecto que busca excremento de otros animales para alimentarse.

1. azabache
2. escarabajo
3. hocico
4. gualdo/a
5. trote
6. cascabeleo
7. higo
8. ámbar
9. despacioso

b. Amarillo. Se dice así porque hay una flor de ese color con el mismo nombre.

c. Sonido que producen los cascabeles.

d. Tipo de carbón, de color negro, que se usa como adorno en collares, pulseras…

e. Resina fósil de color amarillo, que se emplea en collares, etc.

f. Modo de caminar acelerado de algunos animales, que avanzan saltando.

g. Fruto de la higuera, dulce, de color verde por fuera y blanco o rojo por dentro.

h. Lento, pausado.

i. Parte de la cabeza de algunos animales, en la que están la boca y la nariz.

2 🎧 **51** **Lee el siguiente extracto de la novela *Platero y yo* de Juan Ramón Jiménez.**

Platero y yo

Platero es pequeño, peludo (*hairy*), suave; tan blando (*soft*) por fuera, que se diría todo de algodón, que no lleva huesos (*bones*). Solo los espejos de azabache de sus ojos son duros cual (*like*) dos escarabajos de cristal negro.

Lo dejo suelto y se va al prado, y acaricia (*caresses*) tibiamente con su hocico, rozándolas apenas, las florecillas rosas, celestes y gualdas… Lo llamo dulcemente: "¿Platero?", y viene a mí con un trotecillo alegre que parece que se ríe, en no sé qué cascabeleo ideal…

Come cuanto le doy. Le gustan las naranjas mandarinas, las uvas moscateles, todas de ámbar; los higos morados, con su cristalina gotita de miel…

Es tierno y mimoso (*affectionate*) igual que un niño, que una niña…; pero fuerte y seco por dentro, como una piedra… Cuando paso sobre él, los domingos, por las últimas callejas del pueblo, los hombres del campo, vestidos de limpio y despaciosos, se quedan mirándolo:

- "Tien' asero…".

Tiene acero (*steel*). Acero y plata de luna, al mismo tiempo.

3 👥 **Contesta las siguientes preguntas con tu compañero/a.**

a. Según el texto y la imagen, ¿qué animal es Platero?

b. ¿Cómo es físicamente? ¿Y su carácter o personalidad?

c. El autor utiliza metáforas y comparaciones para describir a Platero. ¿Podrías localizarlas en el texto? ¿Sabes qué significan todas?

4 Ordena los siguientes párrafos para descubrir más sobre el autor, Juan Ramón Jiménez. El primero ya está enumerado.

☐ De carácter hipersensible, la melancolía lo acompañó a lo largo de su vida. En 1913 conoce en Madrid al gran amor de su vida, Zenobia Camprubí, con la que se casó durante su viaje a Estados Unidos en 1916.

☐ En 1936, al estallar la Guerra Civil, abandonan España para no regresar nunca. Estados Unidos, Cuba y Puerto Rico fueron sus lugares de residencia a partir de entonces.

☐ La primera se caracteriza por ser íntima, emotiva y sentimental, abundan las descripciones del paisaje como reflejo del alma del poeta, y también la melancolía, la música, los recuerdos y los ensueños. El modernismo de Rubén Darío y el simbolismo francés influirán en esta etapa de juventud. Es el tiempo en el que escribió la obra que lo inmortalizó, *Platero y yo*,

☑ Juan Ramón Jiménez nació en Huelva (España) en 1881, fue un niño solitario y su infancia transcurrió en el pueblo de Moguer, en contacto con la naturaleza.

☐ el libro español traducido a más lenguas del mundo, junto con *El Quijote*. Escrito en prosa poética, está inspirado en la amistad del autor con un burro pequeño y peludo que lo acompañó en sus paseos por su pueblo natal.

☐ Ya en el colegio se sintió atraído primero por la pintura, después por la música y finalmente por la poesía.

☐ Otra de sus obras más conocidas, *Diario de un poeta recién casado* (1917), escrito a partir de su viaje por mar a Estados Unidos, representa una ruptura con la poesía sensitiva, iniciándose así una poesía más intelectual que lo situará en el camino hacia otra más metafísica y depurada en su última etapa.

☐ En 1956, tres días antes de la muerte de su esposa, recibió el Premio Nobel de Literatura, él morirá tan solo dos años después. Su obra es muy extensa y su poesía pasa por distintas etapas.

5 En la primera etapa de su carrera literaria, el autor se centra en la creación de descripciones para provocar ciertos sentimientos. ¿Qué sientes tú al leer la descripción de Platero?

6 ¿Tienes o has tenido alguna vez una mascota? Escribe una descripción de ella utilizando metáforas y comparaciones como hizo el autor con Platero. Si nunca has tenido una mascota, puedes describir a una persona muy querida por ti.

7 👥 Contesta las preguntas con tu compañero/a.
- ¿Piensas que el tener animales es bueno para desarrollar algunos sentimientos positivos?
- ¿Crees que puede ayudar a superar otros negativos? ¿Cuáles?

Dibuja aquí la mascota o la persona descrita.

189

EVALUACIÓN

1 **Completa con la forma correcta del verbo entre paréntesis.**

a. Estoy contenta de que (llegar) .... las vacaciones.

b. Estoy triste cuando (despedirse, yo) .... de un amigo por mucho tiempo.

c. Me enfado si mi hermana (ponerse) .... mi ropa sin pedírmela.

d. Me molesta que la gente (tirar) .... papeles al suelo.

e. Nos preocupa no (entregar, nosotros) .... el trabajo a tiempo.

f. Me pongo nervioso cuando (esperar, yo) .... el autobús y tarda mucho en llegar.

2 **Clasifica las palabras de la caja en la columna correspondiente.**

de mal humor ◦ pena ◦ rabia ◦ triste ◦ lástima ◦ igual ◦ nervioso/a ◦ miedo

PONER	DAR

Now write a sentence using the following verbs.

a. Poner ....

b. Dar ....

3 **Escribe las siguientes frases usando un verbo en infinitivo o gerundio, como en el modelo.**

a. Juan ha reprobado el examen de Música de nuevo.

(volver a) _Juan ha vuelto a suspender el examen de Música._

b. Ana y Luis eran muy amigos, pero hace un mes se enfadaron y ahora no se hablan.

(dejar de) ....

c. María empezó a estudiar solfeo a los 8 años y ahora con 16 años todavía lo estudia.

(seguir) ....

d. Me he apuntado a clases de guitarra y voy desde hace una semana.

(empezar a) ....

e. Vi al profesor de Música hace cinco minutos.

(acabar de) ....

f. A Carlos le gustaba ver caricaturas de pequeño y ahora también le gusta.

(continuar) ....

VERBS THAT EXPRESS CHANGE

4 **Elige la opción correcta en cada frase.**

a. Como dejó el deporte, **se puso** / **se volvió** / **se quedó** muy gorda.

b. Desde que le robaron **se ha puesto** / **se ha vuelto** / **se ha quedado** más desconfiada.

c. Como ya sabe que aprobó, **se ha puesto** / **se ha vuelto** / **se ha quedado** tranquila.

d. Como la invitaron a un concierto, **se puso** / **se volvió** / **se quedó** muy contenta.

e. Desde que vive sola **se ha puesto** / **se ha vuelto** / **se ha quedado** más independiente.

5 **Describe cómo es una persona que tiene estas características. Después, pon el adjetivo contrario.**

a. egoísta ➡ .... ➡ ....

b. sincera ➡ .... ➡ ....

c. vaga ➡ .... ➡ ....

d. tolerante ➡ .... ➡ ....

LAS ARTES

6 **Completa con una palabra del cuadro.**

> aventuras ○ paisaje ○ pintor ○ retrato ○ pirámides ○ novela

Las (a) .... de Chichen Itzá son de origen maya.

Estuvimos en Costa Rica y el (b) .... era tan bonito que tomé un montón de fotografías.

Estoy leyendo una (c) .... de (d) .... que trata de tesoros y piratas.

Los cuadros de ese (e) .... me encantaron, sobre todo el (f) .... de su mujer.

FOREIGN WORDS

7 **Indica las palabras que han adoptado la ortografía y pronunciación del español.**

☐ estrés   ☐ pizza   ☐ cruasán   ☐ cabaré   ☐ software

☐ estatus   ☐ yogur   ☐ pendrive   ☐ blus   ☐ piercing

CULTURA

8 **Contesta las siguientes preguntas con la información que has aprendido en *Mucho más que música*.**

a. ¿De qué trataban los primeros corridos mexicanos? ¿Qué función tenían?

b. Y ahora, ¿de qué tratan muchos de los corridos modernos?

c. ¿Por qué han recibido multas los Tigres del Norte? ¿Crees que es justo?

d. ¿Qué se celebra cada año en Buenos Aires y qué países participan?

e. Cuenta tres cosas que aprendiste sobre el flamenco.

MORE IN ELETECA: EXTRA ONLINE PRACTICE

Verbos

adorar *to adore*

apetecer *to feel like*

atreverse *to dare*

colarse (o>ue) *to cut in, to sneak in*

colgar (o>ue) *to hang, to post online*

dar igual *to care less*

dar lástima / pena *to feel pity*

dar lo mismo *to be ambivalent*

dar rabia *to infuriate*

dar vergüenza *to feel embarrassed*

diseñar *to design*

ensayar *to rehearse*

hacer cola *to stand in line*

indignar *to anger*

molestar *to bother*

odiar *to hate*

ponerse *to become*

relajarse *to relax*

sentirse (e>ie) *to feel*

Descripciones

agotado/a *sold out, exhausted*

atento/a *attentive*

egoísta *selfish*

falso/a *fake*

gran *great*

histérico/a *crazy*

leal *loyal*

preocupado/a *worried*

seguro/a *assured*

sociable *sociable*

tierno/a *tender*

tolerante *tolerant*

tranquilo/a *calm*

Las artes

el acueducto *aqueduct*

las aventuras *adventures*

el bailarín / la bailarina *ballet dancer*

el compositor *composer*

el cuadro *painting*

la escultura *sculpture*

la estatua *statue*

el género *genre, style*

la galería de arte *art gallery*

el guitarrista *guitarist*

la melodía *melody*

el músico *musician*

el novelista *novelist*

la obra *work*

la orquesta *orchestra*

la pintura *painting*

el poema *poem*

el poeta *poet*

el retrato *portrait*

el violinista *violinist*

Los instrumentos musicales

el arpa *harp*

la flauta *flute*

la guitarra *guitar*

los platillos *cymbals*

el saxofón *saxophone*

el tambor *drum*

el violín *violin*

EXPRESSING FEELINGS AND EMOTIONS

(See page 172)

■ To express feelings and emotions use:

• **estar** + adjective + **con** + noun	• **No soportar** (can't stand)	
• **estar** + adjective + **de** (**que**)	• **No aguantar** (can't take)	+ noun
	• **Odiar** (to hate)	+ infinitive
	• **Adorar** (to love)	+ **que** + subjunctive

- • **ponerse / sentirse / estar** + adjective + **cuando / si** + present tense
- • **me / te / le / nos**... + **da rabia / pone alegre / molesta** + **que** + subjunctive
- • **me / te / le / nos**... + **da rabia / pone alegre / molesta** + infinitive

Mi hermana **está muy contenta con** su profesora de música.
Yo **me pongo furioso cuando** dejo un libro y no me lo devuelven.
Odio que me digan lo que tengo que hacer.
A mí **me da vergüenza** hablar en público.

VERBS FOLLOWED BY INFINITIVE OR PRESENT PARTICIPLE

(See page 181)

■ Some of these constructions are made up of a conjugated verb followed by a preposition and an infinitive. Others are followed by the present participle.

■ Use **empezar / ponerse a** + infinitive to express the start point of an activity.
Empecé a leer una novela muy interesante.
En cuanto llegué a casa **me puse a estudiar** para el examen del día siguiente.

■ Use **volver a** + infinitive to express the repetition of an activity.
El año pasado me apunté a clases de teatro y este año me **volveré a apuntar** de nuevo.

■ Use **seguir / continuar** + present participle to express that an activity is ongoing.
Nos conocimos en la guardería y hoy todavía **seguimos siendo** amigos.
Este verano **continuaré yendo** a clases de inglés, no quiero olvidar lo que he aprendido.

■ Use **acabar de** + infinitive to express that an activity has just finished.
Si quieres pastel, espera a que se enfríe un poco, que **acabo de sacarlo** del horno.

■ Use **dejar de** + infinitive to express the interruption of an activity.
He dejado de ir a clases de guitarra porque este año no tengo tanto tiempo.

VERBS THAT EXPRESS CHANGE

(See page 182)

■ To express spontaneous or temporary changes in a person we use **ponerse** + adjective; **quedarse** shows the result, the final situation.
Se pone muy nervioso al hablar en público.
Se puso rojo cuando le preguntaron.
Se quedó muy sorprendido por la noticia.

■ To express permanent changes use **volverse** (non voluntary) or **hacerse** (voluntary or gradual change).
Se ha vuelto un antipático.
Antes era abogado y ahora **se ha hecho** juez.
Con esa situación **se hizo** fuerte.

1 👥 **Observa estas imágenes. ¿Qué crees que tienen en común las personas que aparecen en ellas? Coméntalo con tu compañero/a.**

DAME VIDA

2 🎧 **52** *Dame vida* **no es solo el título de una canción, representa todo un proyecto solidario. Escucha la conversación entre Carlos y Abel y responde las preguntas.**

a. ¿Por qué no le gustan los conciertos a Carlos?

b. ¿Qué le molesta a Abel de los conciertos?

c. ¿Por qué le hace ilusión ir al concierto de Raquel?

d. ¿Para qué es el concierto?

e. ¿Cómo funciona el balón?

f. ¿Dónde se puede comprar?

g. ¿Quién lo inventó?

h. ¿Por qué Abel cree que es tan bueno el proyecto del balón?

i. ¿Qué desea Carlos en relación al proyecto y al cantante?

j. ¿Al final irá Carlos al concierto? ¿Por qué?

3 **Completa con la forma correcta del verbo entre paréntesis.**

a. *Dame vida* es una fundación que desea (recaudar) .... fondos para (ayudar) .... a los necesitados.

b. Jessica Mathews y Julia Silverman son las creadoras del *soccket*, un balón con un acumulador de energía dentro que (recargarse) .... con las patadas que se le dan.

c. Cuando la pelota (cargarse) .... de energía, esta se convertirá en horas de luz para las familias pobres.

d. *Dame vida* quiere que cada hogar sin electricidad (tener) .... un balón con luz.

e. Huecco contactó con varios de los mejores deportistas del mundo para que (colaborar, ellos) .... en la grabación del videoclip de la canción.

f. Vicente del Bosque, seleccionador español de fútbol, ha declarado que le encanta (poder) .... colaborar en el video y que cuando el cantante lo (llamar) .... para (participar) .... no lo dudó un momento.

g. Huecco declaró que quiere (dar) .... las gracias de corazón a todos los que participaron en el videoclip.

h. *Dame vida* quiere que la música (servir) .... para que los más jóvenes (practicar) .... deporte.

i. La fundación también espera que a través de la práctica del deporte (generar) .... energía eléctrica limpia.

j. Huecco declaró que el deporte y la música son las energías más limpias y que este proyecto servirá para (llenar) .... de luz limpia el mundo.

4 Esta fundación participa también en dos proyectos más. Lee los fragmentos que te va a dar tu profesor y relaciona cada uno con la imagen correspondiente. Después, inventa un título para cada proyecto.

Título: ....

Título: ....

5 🎧 53 Vas a escuchar un programa de radio en el que su locutora habla sobre los tres proyectos en los que participa el cantante Huecco. Relaciona las experiencias que relata con las personas de las imágenes.

Jessica Matthews
Proyecto:
....

Aganju
Proyecto:
....

Pau Gasol
Proyecto:
....

Yveline
Proyecto:
....

Juan
Proyecto:
....

6 Completa con la forma correcta de los verbos y aprende más sobre las experiencias de los voluntarios.

> acabar de ○ ponerse ○ seguir ○ llevar ○ ponerse a ○ dejar de ○ quedarse ○ volver a ○ empezar a

Todo empezó cuando recibí un correo electrónico en el que buscaban colaboradores para construir escuelas para niños pobres en Guatemala. Al llegar allí (a) .... muy impresionada de ver cómo aquella gente vivía con tan poco. Al principio fue muy duro, yo no estaba acostumbrada a ver tanta pobreza y cuando (b) .... trabajar fue todavía peor, (c) .... muy nerviosa porque había muchas cosas que no sabía hacer y me sentí inútil. (d) .... llegar y ya quería hacer las maletas y regresar a casa... Pero después, un compañero me tranquilizó diciéndome que era normal sentirse así al principio y que ellos también habían tenido que aprender, pero que mi trabajo era importante y que tenía que seguir adelante. Lo pensé mejor y (e) .... trabajar sin preocuparme de si lo hacía bien o mal.

Desde que trabajé codo con codo con ellos me he vuelto más responsable y menos egoísta y (f) .... preocuparme por cosas que en realidad no son importantes. Ya (g) .... tres años colaborando con la organización y estoy deseando que llegue el verano para (h) .... ir a Guatemala y (i) .... ayudando a los niños de allí.

7 Seguro que tú también has colaborado alguna vez en una buena acción. Piensa en esa experiencia y escribe cómo fue y cómo te sentiste.

¡QUÉ NO TE ENGAÑEN!

De rebajas

40% DESCUENTO

>>> ¿Qué están haciendo las personas de la imagen?

>>> ¿Qué opinas sobre las rebajas?

>>> ¿Qué piensas de los eventos especiales como el Cyber Monday o las rebajas de enero?

>>> ¿Sueles aprovechar las rebajas para comprar?

In this unit, you will learn to:

- Ask and give opinions
- Evaluate information
- Talk about Internet and advertising

Using

- Expressions of agreement and disagreement
- Transition words and sentence connectors

Cultural Connections

- Share information about the role of advertisements and Internet in Hispanic countries, and compare cultural similarities

SABOR HISPANO

- ¡Cómpralo ya!

¡ACCIÓN!

Andrés   Nélida   Germán   Silvia

1 👥 **Observa la imagen y, con tu compañero/a, contesta las preguntas.**

a. ¿Qué crees que están mirando?

b. ¿Qué sensación crees que les provoca ver el cartel de la campaña?

c. ¿Puedes estar un día sin comprar?

2 👥 **Combina elementos de las columnas para formar frases sobre lo que sienten Andrés y sus amigos acerca de esta campaña publicitaria.**

A mí			encantan	la imagen.
A Nélida y a mí			pone nerviosas	que la gente deje de comprar.
A Germán		le	da miedo	que exista tanta publicidad.
A los cuatro	(no)	les	indigna	las novedades.
A Nélida		me	impresiona	ver cosas diferentes.
A Nélida y a Silvia		nos	preocupa	que la gente gaste demasiado.
A Silvia			gusta	que no se entienda el mensaje.

3 🎧 **54** **Lee la conversación entre los cuatro amigos y complétala con las palabras del cuadro. Después, escucha y comprueba tus respuestas.**

> manipulación o feminidad o iconos o anticonsumista o virilidad o
> ventanas emergentes o machista

Andrés: ¿Qué les parece el cartel de la campaña? ¡Es una obra de arte!

Nélida: Yo creo que es increíble que esté en un centro comercial, ¿no les parece?

Germán: Pues yo no pienso que sea para tanto. Solo es más publicidad, ¿no?

Silvia: Es terrible que intenten confundirnos. ¿El cartel significa que no compremos? ¡Puf!… No lo entiendo y no me gusta. Por cierto, ¡qué es Adbusters?

A.: ¿¡No los conoces!? Es una organización (a) .... que ataca a los medios de comunicación. Su objetivo es utilizar la publicidad para criticar la (b) .... que esta hace sobre la sociedad. También tienen una revista.

S.: Bueno, en mi opinión, la publicidad trata de informar a un público objetivo sobre lo que hay.

N.: Sí, estoy de acuerdo con que trata de informar, pero para cambiar nuestras opiniones y deseos, ¡claro!

A.: Por supuesto, la publicidad lleva muchos años vendiéndonos el mensaje de la juventud, de la salud, de la (c) ...., de la (d) .... La imagen siempre es la misma: jóvenes, ricos y guapos.

G.: Lo que quiere, desde luego, es provocar. Y tienes razón, a veces incorrectamente, y es racista, sexista, e incluso (e) ....

N.: ¡Ya lo creo! ¿Y qué pasa con la protección de los jóvenes, con el derecho a la intimidad, y con el respeto?

S.: ¡Claro, claro! ¿Y con la libertad de expresión? Pero, de acuerdo, está claro que debe haber límites. En cualquier caso, creo que la gente no le hace tanto caso a la publicidad, hay demasiada: en la calle, en la tele, en los periódicos, en las revistas, en Internet…

A.: ¡Uf! Sí, es ridículo que las redes sociales estén tan llenas de anuncios, no es lo que vas a ver allí. Me preocupa que utilicen nuestra información personal para vender. Y en muchas páginas te atacan las (f) .... que se te abren todo el tiempo.

S.: Pues, a mi modo de ver, no pienso que toda la publicidad sea mala y, como dijiste antes, es arte, creación… Son (g) .... de nuestra cultura, por ejemplo, mira algunas obras de Andy Warhol.

G.: En esto todos estamos de acuerdo, siempre hay cosas bien hechas.

4 **Busca en el texto el sinónimo de las siguientes palabras.**

a. *Pop-up.* ....

b. Masculinidad, valor, fortaleza. ....

c. Imagen, modelo. ....

d. Femineidad, delicadeza, ternura. ....

e. Cambio que se hace para conseguir algo. ....

f. Prepotencia de hombres sobre mujeres. ....

g. En contra de la compra innecesaria. ....

5 👥 **Contesta las siguientes preguntas. Después, compara las respuestas con tu compañero/a. ¿Están de acuerdo?**

a. ¿Qué es Adbusters? ....

b. ¿Qué piensa Silvia de la publicidad? ....

c. ¿Están de acuerdo sus amigos con ella? ....

COMUNICA

- Para **pedir opinión** usamos:

  ¿Qué piensas / crees / opinas de / sobre las compras por Internet?

  ¿(A ti) qué te parece el blog del que nos habló Carlos?

  En tu opinión / Desde tu punto de vista / Según tú, ¿cuál es el anuncio más inteligente?

- Para **dar opinión** usamos:

  En mi opinión / Desde mi punto de vista el blog (no) es muy interesante.

  Creo / Pienso / Opino / Me parece que el logo de una marca (no) es muy importante.

  No creo / pienso / me parece que el logo sea tan importante como la calidad de sus productos.

1 Lee este texto que describe algunos elementos de una campaña publicitaria exitosa. Después, con tu compañero/a, apunten las ideas principales y comenten sus opiniones.

> ### La publicidad, ¿cómo actúa sobre el público?
>
> El mensaje publicitario obedece a un esquema de interpretación del comportamiento del público al que se dirige:
>
> • el anuncio debe llamar la atención, despertar el interés, provocar el deseo y mover a la acción (...);
>
> • se busca llevar una señal al inconsciente del individuo;
>
> • el producto o la marca se identifica con un grupo social o una serie de valores admitidos o admirados por una parte de la sociedad. Al comprarlo, se dispone de un símbolo de promoción social.
>
> *http://recursos.cnice.mec.es/media/publicidad/bloque7/pag8.htm*

2 Estas tres imágenes forman parte de diferentes campañas publicitarias. Con tu compañero/a, contesten las siguientes preguntas:

a. Desde tu punto de vista, ¿cuál es la campaña más original? ¿Y la menos?

b. ¿Estás de acuerdo con tu compañero/a?

c. ¿Crees que los anuncios cumplen *(meet)* con los requisitos que se mencionan en el texto que acabas de leer?

Modelo: E1: Creo que el mejor anuncio es...

E2: No creo que sea el mejor porque...

TO EXPRESS AGREEMENT AND DISAGREEMENT WITH AN OPINION

■ Para **expresar acuerdo o desacuerdo** con una opinión usamos:

(No) estoy	a favor de	*todo **tipo** de anuncios.* (noun)
	estoy en contra de	***ser manipulado*** *por la publicidad.* (same subject)
	(del todo) de acuerdo con	***que*** *nos **hagan** encuestas.* (different subjects)

3 👥 **Lee las expresiones con tu compañero/a y escríbelas en la columna apropiada.**

a. Sí, claro.

b. Yo pienso lo mismo que tú.

c. ¡Qué va!

d. ¡Desde luego!

e. Por supuesto.

f. ¡(Pero) qué dices!

g. A mi modo de ver, ese no es el problema / el tema...

h. Bueno, lo que pasa es que...

i. ¡A poco!

j. Yo no diría eso...

k. ¡No, no!

l. ¡No, de ninguna manera!

m. ¡Y que lo digas!

n. Tienes razón, pero...

ñ. ¡Anda ya!

o. Sí, es una idea interesante, pero por otra parte...

Expresar acuerdo	Expresar desacuerdo	Suavizar (*soften*) el desacuerdo

4 👥 **Comenta los siguientes temas con tu compañero/a usando las expresiones de la Actividad 3. ¿Están de acuerdo o no?**

a. Facebook a cambio (*in exchange for*) de nuestra privacidad.

b. Las descargas (*downloads*) gratuitas y la piratería contra los derechos de autor (*copyright*).

c. El poder adictivo de las computadoras, Internet o los videojuegos.

d. El peligro de chatear con extraños o colgar nuestras fotos en Internet.

e. Las amistades virtuales y las amistades reales.

f. Las identidades falsas en Facebook y las redes sociales.

g. Las modas y las marcas, ¿estilo o falta de personalidad?

COMUNICA

■ Para **pedir valoración** usamos:

¿Te parece bien poder usar buscadores para hacer trabajos de clase?

¿Te parece mal el sueldo de un publicista?

¿Te parece una tontería (foolish) que los publicistas ganen mucho dinero?

■ Para **valorar** usamos:

Me parece Es	(parecer) bien / mal	que haya tanta publicidad en Internet.
	(ser) bueno / malo	
	triste / increíble / cómico / justo	
	ridículo / exagerado / preocupante...	
	una tontería / una vergüenza	

Está claro Es obvio / verdad	que la publicidad es creación.

¡Qué bien / interesante	este anuncio!
	poder compartir tanta información a través de Facebook!
	que nuestra escuela tenga una página web!

■ To form the **present subjunctive**: yo (present) ➡ drop *o* ➡ **add opposite endings:**
-ar ➡ *-e, -es, -e, -emos, -éis, -en*   *-er/-ir* ➡ *-a, -as, -a, -amos, -áis, -an.*

---

5 🎧 **55** **Completa las conversaciones con la forma correcta de los verbos que están entre paréntesis. Usa la tabla de arriba como referencia. Después, escucha y comprueba tus respuestas.**

a. » Me encanta el anuncio del perfume FreeMan.

» Es increíble que tú (a) .... (decir) eso. Hace unos días le decías a Elena que odiabas las marcas y mencionaste precisamente FreeMan.

» Bueno, lo que pasa es que Elena me gusta un montón...

» No, si está claro que tú por Elena (b) .... (hacer) lo que sea, pero me parece un poco triste que (c) .... (tener) que mentir para impresionarla.

---

b. » Me parece fatal que en la publicidad (a) .... (mostrarse) una imagen tan poco real de los jóvenes: todos frívolos y de fiesta continua.

» Tienes razón, y... ¡¿qué me dices de las muchachas? !Es ridículo que nos (b) .... (reducir) a una cara o a un cuerpo. Y casi siempre anoréxico. ¡Qué triste!

» ¡Ya lo creo! ¿A quién le gusta eso?

» Pues no sé, la verdad, pero es preocupante que nadie (c) .... (hacer) nada por cambiarlo, es una mala influencia para los más jóvenes.

6 👥 **Con tu compañero/a, contesta las siguientes preguntas. ¿Están de acuerdo?**

a. ¿Qué aspectos positivos y negativos piensas que tiene la publicidad?

b. ¿Te parece que la imagen que da de los jóvenes es real?

c. Según tu opinión, ¿cuándo es necesaria la publicidad?

d. ¿Cuál es el último ejemplo de buena publicidad que recuerdas? ¿Y de mala publicidad? ¿Por qué crees que son buenos o malos ejemplos?

e. ¿Qué opinas de la publicidad y el consumismo?

7 👥 **Túrnate con tu compañero/a preguntando y describiendo lo que opinan sobre los siguientes temas. Usa las expresiones aprendidas en esta sección.**

a. ¿Comer productos frescos o congelados?

b. ¿Las nuevas tecnologías se asocian solo a jóvenes o también a mayores?

c. En el tiempo libre, ¿hacer deporte o relajarse en el sofá?

d. ¿Tener animales en casa o verlos por la tele?

e. ¿Vivir en una ciudad grande o en un pueblo?

f. ¿Hacer turismo cultural o turismo de sol y playa?

1.

2.

3.

4.

5.

6.

ANTES DEL VIDEO

1 👥 **Mira las imágenes y responde las preguntas. Basa tus respuestas en lo que crees que puede ocurrir. Usa tu imaginación. Trabaja con tu compañero/a.**

a. ¿Qué productos podemos comprar en ese supermercado?

b. ¿Qué productos llevan los muchachos en el carro?

c. ¿Por qué crees que fueron a comprar?

d. ¿Por qué crees que discuten en la Imagen 5?

2 👥 **En grupos de tres, respondan a estas preguntas.**

a. Mucha gente lleva una lista cuando va al supermercado, ¿por qué crees que la llevan?

b. Cuando vas al supermercado, ¿llevas una lista?

DURANTE EL VIDEO

3 **Mira el episodio completo y marca la opción correcta.**

a. Los muchachos **llevan** / **no llevan** una lista.

b. Están comprando cosas para **una fiesta** / **desayunar**.

c. Sebas **dejó la lista en casa** / **no hizo una lista**.

d. Quieren comprar galletas **dulces** / **saladas**.

e. Tienen **poco** / **suficiente** tiempo para terminar de hacer la compra.

f. Hay **pocas** / **bastantes** marcas de galletas.

g. Lorena **escribió** / **no escribió** la marca de galletas que quería en la lista.

4 **Durante el episodio suenan avisos por megafonía. Mira de nuevo el episodio y completa.**

   a. Señores clientes, les .... de que nuestras cajas cierran dentro de .... minutos.

   b. Señores clientes, les informamos de que nuestro supermercado está a .... de cerrar. Les rogamos vayan pasando por ....

   c. Señores clientes, ... cerrando. Pasen .... por caja.

   d. Los dos del fondo, los bailarines. ¿Quieren hacer ya el favor de dejar de hacer el tonto y .... ya por las galletas? Que tenemos que ....…

5 **Completa. Puedes volver a ver el episodio, si es necesario.**

   a. Sebas dice que si vas sin lista al supermercado…

   En primer lugar… ....

   Y en segundo lugar… ....

   b. Esta es la canción de las galletas según Felipe. (Imagen 6)

   Galletas Segismundo, galletas Segismundo ....

DESPUÉS DEL VIDEO

6 En la publicidad de las galletas Segismundo aparece una canción. ¿Recuerdas alguna canción más de algún anuncio de televisión? Trabaja con tu compañero/a, traduzcan la canción al español y escríbanla.

....	....
....	....
....	....
....	....

7 En grupos de cuatro, imaginen que van a hacer una fiesta con toda la clase. Completen esta información.

Lugares donde podemos hacer nuestra fiesta	¿Qué tipo de música pondremos?	¿Cuántos invitados irán?	¿Qué usaremos para decorar la fiesta?

8 Solo nos falta ir al supermercado. Preparen una lista con todo lo que necesitarían comprar para esa fiesta.

10 botellas de refresco de naranja...

1 **Lee la definición de estos términos de Internet y relaciónalos con su imagen correspondiente.**

a. Usuario: persona que utiliza una computadora o cualquier sistema informático.

b. Banner o banderola: formato publicitario en Internet que consiste en incluir una pieza publicitaria dentro de una página web.

c. Logo: representación de una empresa u organización. Puede tener letras e imagen.

d. Buscador: sitio especializado para facilitar la búsqueda de información entre los millones de páginas web existentes.

e. Portal o web portal: sitio que sirve para ofrecer acceso a una serie de recursos y de servicios relacionados con un mismo tema. Puede incluir: enlaces, buscadores, foros, documentos, aplicaciones, compra electrónica…

f. Botón: permite al usuario comenzar una acción, como buscar, aceptar una tarea, interactuar…

g. Enlace: conexión de una página web con otra mediante una palabra que representa una dirección de Internet. Generalmente está subrayado y es azul. También sirve para la descarga de ficheros, abrir ventanas, etc.

el buscador = el navegador
descargar+bajar el fichero = el archivo

1. ➡ ☐
Gema Rodríguez

2. ➡ ☐
www.edinumen.es
Editorial **Edinu**
Enseñanza y aprendizaje

3. ➡ ☐
Editorial **Edi numen**

4. ➡ ☐

5. ➡ ☐
Google España
Buscar con Google   Voy a tener suerte
Google.es también en: catalá galego euskara

6. ➡ ☐
Descargar ▼

7. ➡ ☐
WIKIPEDIA
La enciclopedia libre

2 Completa las frases con las palabras de la Actividad 1.

a. Mi nombre de .... en Facebook no es mi nombre real. Es necesario proteger la intimidad.

b. Cuando hago un trabajo de investigación, voy a un .... para encontrar lo que necesito.

c. Los .... que encuentro en un artículo del periódico en Internet me dan más información relacionada con la noticia.

d. En la web de mi marca favorita de pantalones el .... de compra es siempre una tentación para mí.

e. Me encantan los diseños de los .... de algunas compañías, dan muy buena imagen.

f. La sofisticación de algunos .... me impresiona, pero también me molesta que aparezcan cuando solo quiero escribir un correo electrónico.

g. La .... de mi centro tiene mucha información útil para los alumnos y es muy fácil de usar.

3 En grupos de tres, creen su propia página web usando el siguiente modelo. Elijan el nombre de su web y una descripción de lo que se puede hacer. Después, preséntenla al resto de la clase.

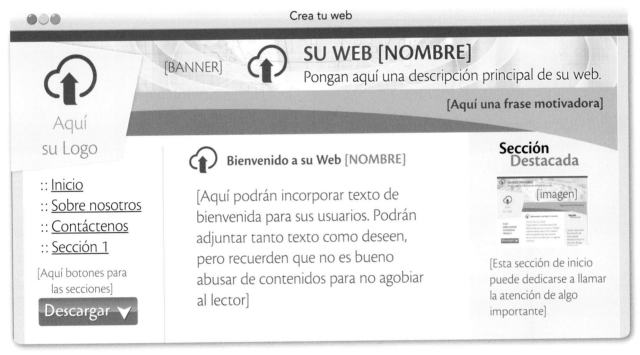

4 Lee las siguientes afirmaciones y señala si son verdaderas (V) o falsas (F). Después, compara tus respuestas con un compañero/a. ¿Están de acuerdo?

	V	F
a. Los jóvenes españoles hablan más con sus amigos a través de Internet que en la realidad.	☐	☐
b. Los adolescentes españoles pasan más tiempo viendo la tele que conectados a Internet.	☐	☐
c. La red social preferida de los adolescentes españoles es Facebook.	☐	☐
d. Muchos adolescentes tienen personas que no conocen dentro de sus redes sociales.	☐	☐
e. La mayoría de españoles tiene su primer celular a los 16 años.	☐	☐
f. Las redes sociales son muy seguras.	☐	☐

5 🎧 **56** **Escucha el artículo sobre la publicidad en Internet y elige la opción correcta que explica el significado de estos otros términos de Internet.**

1. **Entrar y hacer** clic en los enlaces de las páginas web significa…

    a. dinero y publicidad.

    b. que aceptas pagar tú el uso de la página.

    c. ver la información sin ninguna consecuencia económica para los propietarios de la web.

2. Un segundo sistema de publicidad son los **anuncios de texto** que consisten en…

    a. un botón para comprar el producto.

    b. un pequeño recuadro, un título del producto o empresa, un texto corto de descripción, y la **dirección web** con enlace a la página.

    c. un amplio catálogo de productos o servicios disponibles para comprar.

3. Un **blog** (bitácora) en Internet es…

    a. un sitio en el que un autor o autores publican artículos de su interés. Es posible hablar de temas muy variados. Se incluye publicidad en ellos.

    b. una **página web** exclusivamente publicitaria.

    c. algo parecido a un **chat** para presentar temas de interés.

6 **El tema de este mes en el sitio web de tu escuela es "la publicidad en Internet". Por eso han creado un foro para conocer la opinión de los alumnos. Entra en el foro y danos tu opinión.**

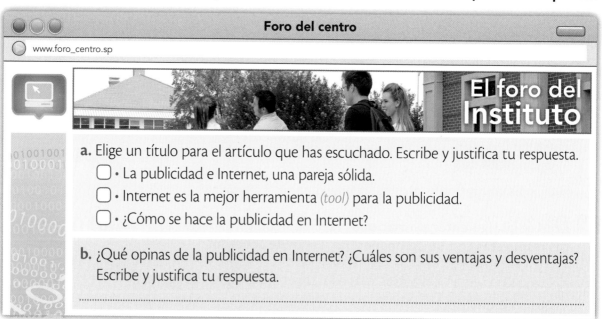

Foro del centro

www.foro_centro.sp

El foro del Instituto

a. Elige un título para el artículo que has escuchado. Escribe y justifica tu respuesta.
- ☐ • La publicidad e Internet, una pareja sólida.
- ☐ • Internet es la mejor herramienta (*tool*) para la publicidad.
- ☐ • ¿Cómo se hace la publicidad en Internet?

b. ¿Qué opinas de la publicidad en Internet? ¿Cuáles son sus ventajas y desventajas? Escribe y justifica tu respuesta.

7 👥 **Habla con tu compañero/a de los siguientes temas.**

a. ¿Cómo crees que será en el futuro la publicidad?

b. ¿Cuáles serán sus canales (*channels*) para llegar a los posibles consumidores?

1. TRANSITION WORDS AND PHRASES

1 Lee el siguiente texto y completa las explicaciones con los conectores correspondientes.

En los medios de comunicación, por la calle, en gigantescos espectaculares (*billboards*) o de formas novedosas, muchos rostros (*faces*) conocidos se asoman a la publicidad para aumentar sus beneficios. Por un lado están los deportistas, con un espacio muy importante. Y, sin duda, son los que más dinero generan para las marcas, que se pelean por contar con ellos. Por ejemplo: Cristiano Ronaldo, Messi, Pau Gasol o Rafa Nadal.

Por otro (lado), actrices y modelos. Y es que nadie escapa de la tentación de conseguir dinero extra si su ocupación profesional no pasa por su mejor momento. Sobre eso tendría mucho que contarnos Andie McDowell, que lleva un tiempo alejada de las carteleras y ya es un clásico de los anuncios de cosméticos y productos de belleza. Algo parecido ocurre con Claudia Schiffer. También prestaron su imagen para anunciar todo tipo de productos desde cantantes hasta humoristas, presentadores, antiguas celebridades o hijos de famosos, como es el caso en España de Enrique Iglesias.

Asimismo, podemos recordar grandes personajes que también sucumbieron a la publicidad. Como Mijaíl Gorbachov, que llegó a hacer una campaña para una conocida marca de comida rápida norteamericana. Y es que el dinero que mueve la publicidad es muy goloso (*appetizing*).

Adaptado de www.noticiasterra.es

- ■ Para distinguir dos argumentos:
  - **En primer lugar** / **En segundo lugar**…
    La juventud es muy crítica. **En primer lugar** *no acepta cualquier cosa y,* **en segundo lugar**, *busca lo que quiere.*

- ■ Para **oponer** dos argumentos:
  - .... / ....
    Comer es importante. .... *es necesario,* .... *un placer.*

- ■ Para **añadir** argumentos:
  - .... / **además** / .... / ....
    La creatividad está presente en la publicidad, **además** *de la originalidad, por supuesto.*

- ■ Para **ejemplificar** y **explicar**:
  - .... / **es decir** / **o sea**
    El alto nivel de competencia hace necesario invertir en publicidad, **es decir**, *hay muchos productos buenos y similares en el mercado, pero algo te hace elegir uno.*

- ■ Para **aludir a un tema** ya planteado (*mentioned*):
  - **(Con) respecto a (eso de / eso)** / ....
    Con respecto a eso *que dijiste antes, siento no estar totalmente de acuerdo contigo.*

GRAMÁTICA

2 **Escribe un texto acerca de un famoso que aparece mucho en los anuncios. Usa los conectores aprendidos para organizar tus ideas. Sigue estas recomendaciones.**

Haz un esquema (outline)

- Escribe las ideas principales que le den progreso al tema elegido.
- Marca en cada una de ellas las ideas secundarias, evita las repeticiones.
- Busca y utiliza sinónimos que den coherencia y variedad léxica.
- Organiza y relaciona las partes del texto con los conectores adecuados.
- Finaliza con un resumen o una conclusión.

Primera lectura (first draft)

Comprueba que la información del texto tiene sentido:

- ¿El tipo de texto y el esquema están bien desarrollados?
- ¿Has incluido la información que es más importante para el lector?
- ¿Presentas la información de una forma clara y lógica?
- ¿Has excluido la información no necesaria?

Segunda lectura

Comprueba que las palabras y frases son correctas:

- ¿Puedes cambiar palabras de contenido general por otras más precisas?
- ¿Describes bien y con precisión lo que quieres decir?
- ¿La ortografía, la puntuación y la gramática son correctas?

Reflexión final

- ¿Añadirías o eliminarías algo?
- Como lector, ¿qué crítica le harías al texto?

2. OTHER SENTENCE CONNECTORS

■ Para **añadir razones** en un orden de fuerza creciente (increasing):

- **incluso**

  *María trabaja todos los días, **incluso** los domingos.*

■ Para **contraponer** (counter) razones:

- **bueno**
- **no obstante**
- **pero**
- **en cambio**
- **sin embargo**

  *El rojo es mi color preferido, **sin embargo** nunca llevo ropa de ese color.*

■ Para expresar **consecuencia**:

- **así que**
- **de ahí que**
- **así pues**
- **de modo que**
- **de manera que**
- **pues**

  *Me encantan las películas, **así que** voy al cine siempre que puedo.*

■ Para sacar **conclusiones**:

- **entonces**
- **en resumen**
- **total que**
- **por lo tanto**
- **para terminar**
- **en conclusión**

  *Fuimos a la montaña sin botas ni ropa adecuada, **total que** pasamos muchísimo frío.*

3 🎧 **57** Un grupo de adolescentes de México D.F. participó en la campaña publicitaria de una famosa marca de zapatillas deportivas. Escucha sus experiencias y ordena las frases de una forma lógica. Después, completa con conectores.

Foro

www.foro_opinion.mx

a. ⬜ La clave del éxito de esta campaña fue, ... , el volverse parte de la vida del consumidor y Nike llegó hasta sus propias casas.

b. ⬜ Se consiguieron más de 4.000 jóvenes, ... había que implicarlos en el proyecto, ... se crearon las mascotas que representaban a los diferentes barrios de la ciudad. .... aparecieron como grafiti y estaban dibujadas sobre los bancos y en las estaciones de autobuses de todo México.

c. ⬜ La campaña de las famosas zapatillas utilizó mercadotecnia *(marketing)* de calle .... de una campaña en redes sociales para conseguir el éxito.

d. ⬜ Se empezó con un video que se subió a Youtube donde muchachos de la ciudad jugaban al fútbol en la calle, ... un muchacho hablaba y decía: "El fútbol es diversión, juegues donde juegues".

e. ⬜ La idea era organizar un torneo de fútbol con jóvenes de México D.F., ... hubo una convocatoria *(announcement)* en la página Facebook de Nike que tiene 811.000 seguidores allí.

---

4 👥 **Con tu compañero/a, completa las siguientes frases de forma lógica.**

a. Las redes sociales llegan a muchísimas personas en cualquier país, **así que** ....

b. Toda la información es muy accesible con Internet. **Total que** ....

c. En los anuncios la música atrae la atención, **pero** ....

d. El tiempo que dura un anuncio cuesta caro, **de modo que** ....

e. Los protagonistas de los anuncios son modelos perfectos, **en cambio** ....

f. Me gustaría participar en un anuncio, **incluso** ....

TU ANUNCIO AQUÍ

DESTREZAS

1 En algún momento quizá necesites hacer un examen estándar de español. Lee la estrategia en Destrezas y sigue las recomendaciones.

Destrezas

Preparing for assessments (1)

In some testing formats, you may be asked to demonstrate your overall knowledge of the language. In these cases, you will need to identify expressions or sentences that convey the same message. Focus on the message. Is it about something happening now, has it happened in the past or will it happen in the future? Is it a fact, an opinion, a hope, a command, etc.?

2 Elige la opción que corresponde al contexto presentado.

1. Alberto, no es bueno que pierdas tanto tiempo viendo la televisión.
   a. No te parece bien que Alberto vea mucho tiempo la televisión.
   b. No te importa que Alberto vea mucho tiempo la televisión.
   c. Crees que Alberto ve poco la televisión.

2. De segundo, me gustaría tomar pollo rostizado con ensalada.
   a. en un supermercado
   b. en un restaurante
   c. en el cine

3. Es obvio que el atleta ganará este maratón.
   a. Estás convencido de la victoria del atleta.
   b. Crees que el atleta no llegará a la final.
   c. Estás seguro que el atleta participará en el maratón.

4. Encontré mi licencia, de modo que puedo ir a la discoteca esta noche.
   a. Tienes licencia pero no puedes entrar en la discoteca.
   b. No podías ir a la discoteca pero ahora ya sí.
   c. No tienes edad para ir a la discoteca aún.

5. Dime si estás de acuerdo o no.
   a. Pides un deseo.
   b. Pides una acción física.
   c. Pides una opinión.

6. Compré un billete de lotería, sin embargo, creo que he perdido el dinero.
   a. Sé que voy a ganar el primer premio.
   b. Perdí el dinero cuando iba a comprar el billete.
   c. No creo que vaya a ganar ningún premio.

3 El formato de los exámenes incluye la sustitución de palabras en una frase por otra palabra o expresión mejor, basándose en el contexto. Lee la estrategia en Destrezas y sigue las recomendaciones.

Destrezas

Preparing for assessments (2)

In the following group of sentences, a word or expression in boldface does not fit the sentence. You will need to choose from the list of options the word or expression that is not only correct but appropriate in the context provided. To do so, read the item carefully and underline key words. Be sure to identify the structure that needs to be replaced. Is it a verb, a noun, an adjective, an expression?

COMPRENSIÓN DE GRAMÁTICA Y VOCABULARIO (2)

4 **En las siguientes frases hay una palabra o expresión equivocada. Sustitúyela por la opción correcta.**

1. Creo que beber en botella de plástico no **es** bien.

   a. funciona   **b.** está   **c.** sea   **d.** bebe   **e.** sepa

2. **¡A poco!** Yo también creo que el domingo es el mejor día de la semana.

   a. ¿Seguro?   **b.** Me parece   **c.** Desde luego   **d.** No estoy seguro   **e.** ¿Pero cómo dices?

3. En **el cartel** de perfumes se escucha mi música preferida.

   a. el foro   **b.** el enlace   **c.** el anuncio   **d.** la web   **e.** el blog

4. No me parece que estudiar **es** lo más aburrido que puedes hacer.

   a. fue   **b.** era   **c.** eres   **d.** sea   **e.** sería

5. He trabajado duro mucho tiempo, **si** ahora tengo un buen trabajo.

   a. porque   **b.** sí   **c.** por lo tanto   **d.** desde   **e.** como

6. » La clase de español de hoy ha sido muy divertida.

   » **¡Qué va!** Nunca me había reído tanto.

   a. ¡También!   **b.** No   **c.** ¡Y que lo digas!   **d.** ¡En absoluto!   **e.** ¡Claro que sí!

PRONUNCIACIÓN Siglas, acrónimos y abreviaturas

SIGLA	ACRÓNIMO	ABREVIATURA
• Palabra formada por el conjunto de letras iniciales de una expresión: **GPS** [ge-pe-ese], **PC** [pe-ce], **FM** [efe-eme]. Su plural es invariable (*does not change*): *las ONG.*	• Siglas que pueden leerse como palabras. **ONU** (Organización de Naciones Unidas o **UNO** en inglés), **UNESCO** (*United Nations Educational, Scientific and Cultural Organization*).	• Representación reducida de una palabra o grupo de palabras. Al leerlas, leemos la palabra entera: **etc.** (etcétera); **Dña.** (doña); **dcha.** (derecha); **Ud.** (usted); **C.P.** (código postal).

1 🎧 58 **Escucha los siguientes acrónimos y abreviaturas. ¿Sabes lo que representan?**

PIB o Adena o ADN o TIC o VV. AA. o UNAM o CD o FMI o FIFA o pyme o n.º
VIP o Sr. o Banxico o Láser o JJ. OO. o NBA o GPS o DVD

2 **Identifica las letras de la primera columna como *abreviatura* (AB), *acrónimo* (AC) o *siglas* (S). Después, relaciónalas con su significado.**

		AB	AC	S
1. VV. AA.	**a.** Unión Europea	☐	☐	☐
2. JJ. OO.	**b.** Varios Autores	☐	☐	☐
3. TIC	**c.** Pequeña y Mediana Empresa	☐	☐	☐
4. pyme	**d.** Juegos Olímpicos	☐	☐	☐
5. UE	**e.** Tecnologías de Información y Comunicación	☐	☐	☐

MORE IN ELETECA: EXTRA ONLINE PRACTICE

¡CÓMPRALO YA!

Lionel Messi

Antes de leer

¿Comprarías un producto porque una persona famosa hace la publicidad*? ¿Por qué (no)?

🎧 59 **Muchos famosos usan su imagen y su éxito para vender productos. Pero... ¿funciona esta estrategia en España? ¡Lee para saberlo!**

Lionel Messi es uno de los futbolistas más famosos del mundo. Su fortuna asciende a* 172 millones de dólares. Pero hoy, Lionel está concentrado en convencerte: quiere que compres la tableta de una famosa marca*. Para eso, participa en un video usando el producto. La idea es que, cuando lo veas, te imagines viviendo la glamurosa vida de una estrella de fútbol internacional.

Shakira también quiere que compres algo, y no es solamente la entrada a su último concierto. La cantante colombiana pone su sonrisa* para vender pasta de dientes en videos y publicidades en revistas y periódicos.

Ellos no son los únicos que usan su imagen para comercializar productos: Jennifer López vende celulares, Salma Hayek vende champú y Antonio Banderas vende perfume en publicidades y eventos.

Aunque parezca una receta infalible, en la mayoría de los casos la cara de un famoso deportista o artista no es suficiente para convencer al consumidor. En España, solamente el 5% de la gente compraría un producto porque un actor o cantante hace la publicidad. Los deportistas son, al parecer, más efectivos: el 8% de las personas consultadas en una encuesta* de la empresa Nielsen compraría un producto porque lo recomienda un atleta.

Shakira

Anuncios que más destacan

De acuerdo con su tono o contenido, algunos anuncios quedan en la memoria colectiva. Estas son las estrategias que mejor funcionan.

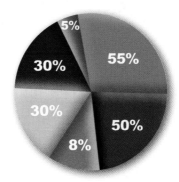

- 5%
- 55%
- 30%
- 30%
- 50%
- 8%

- con humor
- escenas cotidianas
- valores*
- con familias
- con deportistas
- con artistas

¿Quién te convence?

Estas son las razones que llevan a los españoles a consumir un producto o servicio.

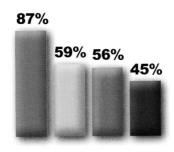

- 87%
- 59%
- 56%
- 45%

- mi familia y amigos
- críticas en Internet
- un artículo periodístico
- un anuncio en prensa

Las críticas en Internet son útiles para el consumidor.

¿COMPRENDISTE?

Decide si las siguientes frases son verdaderas (V) o falsas (F).

1. Lionel Messi pone su imagen para vender tecnología. V◯ F◯
2. Las publicidades con famosos son muy efectivas. V◯ F◯
3. El humor es la estrategia menos efectiva en los anuncios publicitarios. V◯ F◯
4. La mayoría de los españoles confía* en las recomendaciones de su familia y amigos. V◯ F◯
5. Para mucha gente, los artículos en prensa escrita son útiles para decidir la compra de un producto. V◯ F◯

AHORA TÚ

¿Qué opinas? Contesta las siguientes preguntas y comenta tus ideas con tus compañeros/as.

1. ¿Qué cosas son importantes para convencerte de comprar un producto? Nombra dos.
_____
2. ¿Por qué crees que los deportistas tienen más éxito en las publicidades que los artistas?
_____
3. Si fueras famoso/a, ¿qué producto no publicitarías nunca? ¿Por qué?
_____
4. ¿Qué famoso norteamericano tiene credibilidad, en tu opinión? ¿Por qué?
_____
5. ¿Cuál es tu publicidad favorita? Descríbela brevemente y explica por qué te parece efectiva.
_____

Las anuncios con humor son los más recordados.

VOCES LATINAS ▶ LOS FAMOSOS Y LA PUBLICIDAD

Glosario

ascender a – to amount to
confiar – to trust
destacar – to stand out
la encuesta – survey
hacer la publicidad – to promote
la marca – brand
la publicidad – advertising
la sonrisa – smile
valores – value

Fuentes: Nielsen, Msn Latino, *El País*.

1 Observa estos objetos y escribe qué representan para ti y qué emociones, sentimientos o recuerdos asocias a ellos.

2 Túrnate con tu compañero/a y contesta las siguientes preguntas.

a. ¿Cuál usas con más frecuencia?

b. ¿Cuál es el más indispensable para ti?

c. ¿Imaginas tu vida sin él? ¿Cómo cambiaría tu vida?

3 **60** Imagínate que trabajas para una agencia publicitaria y encuentras el siguiente texto literario. Léelo y comenta con tu compañero/a cómo podrías usarlo en un anuncio.

Preámbulo a las instrucciones para dar cuerda a un reloj

Piensa en esto: cuando te regalan un reloj te regalan un pequeño infierno florido, una cadena (*chain*) de rosas, un calabozo (*jail cell*) de aire. No te dan solamente el reloj, que los cumplas muy felices y esperamos que te dure porque es de buena marca, suizo con áncora (*anchor*) de rubíes; no te lo regalan solamente ese menudo picapedrero que te atarás a la muñeca (*wrist*) y pasearás contigo. Te regalan –no lo saben, lo terrible es que no lo saben–, te regalan un nuevo pedazo frágil y precario de ti mismo, algo que es tuyo pero no es tu cuerpo, que hay que atar (*tie*) a tu cuerpo con su correa como un bracito desesperado colgándose de tu muñeca. Te regalan la necesidad de darle cuerda (*wind*) todos los días, la obligación de darle cuerda para que siga siendo un reloj; te regalan la obsesión de atender a la hora exacta en las vitrinas de las joyerías, en el anuncio por la radio, en el servicio telefónico. Te regalan el miedo a perderlo, de que te lo roben, de que se te caiga al suelo y se rompa. Te regalan su marca, y la seguridad de que es una marca mejor que las otras, te regalan la tendencia de comparar tu reloj con los demás relojes. No te regalan un reloj, tú eres el regalado, a ti te ofrecen para el cumpleaños del reloj.

4 El texto anterior pertenece a *Historias de cronopios y de famas* (1962) escrito por Julio Cortázar. Lee acerca de este escritor y su obra. Después, busca la palabra en el texto con el mismo significado que estas expresiones.

a. Obra que narra la vivencias personales del autor. ➡ ....

b. Los hechos que se narran no siguen un orden cronológico. ➡ ....

c. La obra del autor que más se ha vendido. ➡ ....

d. Composición de carácter poético no escrita en verso. ➡ ....

Julio Cortázar nació en Bélgica, el 26 de agosto de 1914 y murió en Francia el 12 de febrero de 1984. Fue un escritor, traductor e intelectual argentino nacionalizado francés. Se le considera uno de los autores más innovadores y originales de su tiempo. Maestro del relato corto, la prosa poética y la narración breve en general, destaca, por ejemplo, su obra autobiográfica *Bestiario*. Fue creador de importantes novelas que inauguraron una nueva forma de hacer literatura en el mundo hispano, rompiendo los moldes clásicos: no existe la linealidad temporal y los personajes tienen autonomía y una profundidad psicológica. Debido a que los contenidos de su obra están en la frontera entre lo real y lo fantástico, se le suele relacionar con el surrealismo. Su mayor éxito editorial, *Rayuela*, la cual le valió el reconocimiento de ser parte del *boom* latinoamericano, se convirtió en un clásico de la literatura argentina. También escribió teatro y poesía. Vivió buena parte de su vida en París, pero también en Argentina, España y Suiza.

5 **Piensa en un objeto especial para ti y escribe un texto similar al de Cortázar sobre ese objeto.**

Piensa en esto:

• Cuando te regalan ....
• Te regalan un ....
• No te dan solamente ....
• No te regalan solamente ....
• Te regalan la necesidad de ....
• Te regalan la obsesión de ....
• Te regalan el miedo de ....
• Te regalan su marca y la seguridad de que ....
• Te regalan la tendencia de ....
• No te regalan un ....
• Tú eres el regalado. A ti te regalan para el cumpleaños del ....

6 **Con esta información, ya has creado el texto para tu anuncio. Elige un eslogan junto con las imágenes y la música que te gustaría utilizar. Después, presenta tu anuncio a la clase.**

7 **Comenta algunos de tus anuncios preferidos con tu compañero/a. Usa las siguientes preguntas como guía.**

a. ¿Cuál es el anuncio publicitario que más te ha llamado la atención?

b. ¿Dónde lo has visto?

c. ¿Por qué te ha impresionado?

EVALUACIÓN

EXPRESSING WISHES

1 **Completa con la forma correcta del verbo entre paréntesis.**

a. Me parece que las escenas en los anuncios (deber) .... ser variadas y dinámicas.

b. No pienso que los jóvenes (dejarse) .... influir tanto por la publicidad.

c. No creo que los niños (pedir) .... los productos que ven en la televisión.

d. Opino que los consumidores (desarrollar) .... un espíritu crítico ante tanta información.

e. Desde mi punto de vista, las asociaciones anticonsumo (hacer) .... un buen trabajo en la sociedad.

f. No me parece bien que todos (ir) .... con la misma ropa y los mismos tenis.

MAKING VALUE JUDGEMENTS

2 **Completa las frases con una expresión del cuadro.**

> Está claro que ○ Es increíble que ○ Es una tontería que ○ No es verdad que ○ No es ridículo que

a. .... los padres vigilen cuántas horas de televisión ven sus hijos pequeños.

b. .... los anuncios sean sinceros.

c. .... las personas crean que un perfume las hará perfectas.

d. .... no sepamos elegir por nosotros mismos.

e. .... los medios de comunicación tienen un gran poder sobre la sociedad.

SHOWING AGREEMENT AND DISAGREEMENT

3 **Indica si estás de acuerdo o no con las siguientes opiniones.**

a. En verano somos más influenciables por la publicidad porque queremos tener unas buenas vacaciones.

b. En la actualidad, hay poca publicidad y por eso todos la siguen con mucha atención.

c. En las redes sociales hay mucha publicidad porque los jóvenes las visitan con mucha frecuencia.

d. La fotografía y el diseño gráfico no son arte.

4 **Completa las siguientes conversaciones. Usa una expresión para demostrar, o no, apoyo a cada afirmación.**

a. » Es ridículo que el cine sea tan caro, me gustaría ir más.

   » ¡........................ ! A mí también me gustaría.

b. » Creo que hay fiestas solo comerciales, como San Valentín.

   » ¡........................! Es la fiesta del amor y el romanticismo.

c. » Es impresionante que compres tantos libros digitales. A mí me gustan en papel.

   » ¡........................! Es mucho mejor en papel, pero pesan y ocupan más.

d. » Me he comprado el último libro de Vargas Llosa. ¡Estoy muy contento!

   » ¡........................! Eres un antiguo. Yo lo llevo en mi ebook.

TRANSITION WORDS AND SENTENCE CONNECTORS

5 **Relaciona los elementos de las dos columnas.**

1. El fútbol es un gran deporte. Sin embargo
2. La fotografía en el cine es fundamental. Por ejemplo,
3. Los jóvenes no ven la publicidad, incluso
4. Pienso que seré seleccionado para el comercial de Axo; en la última entrevista que hice les gusté mucho. Además,
5. El gasto de las compañías en publicidad es muy alto. Total que
6. Por un lado, los anuncios me divierten por su fantasía, pero por otro lado,

a. yo diría que no les interesa.
b. sus productos son muy caros.
c. no es el único.
d. me aburre que haya tantos.
e. había muy poca gente.
f. en *Memorias de África* es impresionante, ¿la recuerdas?

INTERNET Y LA PUBLICIDAD EN INTERNET

6 **Completa con las palabras y expresiones del cuadro.**

> botón ○ enlaces ○ texto publicitario ○ usuario ○ web portal ○ logo

Mi centro ha creado una (a) .... que es un sitio en Internet que sirve para que podamos acceder a recursos y servicios relacionados con la vida estudiantil. Puede incluir: enlaces, buscadores, libros, documentos, aplicaciones, compra electrónica. Así, el (b) ...., es decir, la persona que utiliza la web portal, podrá acceder a ella y buscar información solo pinchando un (c) .... Además, podemos conectar con otras páginas web, descargar ficheros o abrir ventanas a través de (d) .... Por suerte, no sufriremos los continuos anuncios, porque no está permitido incluir ningún (e) .... Lo que no me gusta de la página es el (f) ...., vamos, la combinación de letras e imagen que representa el centro escolar.

INITIALS, ACRONYMS AND ABBREVIATIONS

7 **Escribe la abreviatura, el acrónimo o las siglas correspondientes.**

a. Unión Europe ⇒ ....
b. Pequeña y Mediana Empresa ⇒ ....
c. Organización de Naciones Unidas ⇒ ....
d. Estados Unidos ⇒ ....
e. Tercero izquierda ⇒ ....
f. Juegos Olímpicos ⇒ ....

CULTURA

8 **Contesta las siguientes preguntas con la información que has aprendido en ¡Cómpralo ya!**

a. ¿Cuál es la estrategia de poner a un futbolista como Lionel Messi a vender productos?
b. ¿Qué producto promociona Shakira? ¿Crees que han acertado? ¿Por qué?
c. Según los datos presentados, ¿es suficiente tener a un personaje famoso para convencer al consumidor?
d. ¿Qué tipo de anuncio tiene el mayor éxito a la hora de vender?
e. En el caso de los españoles, ¿cómo se les convence mejor para que compren algo?

MORE IN ELETECA: EXTRA ONLINE PRACTICE

La publicidad

la campaña *campaign*

el cartel *sign, poster*

el consumidor *consumer*

el derecho a la intimidad *right to privacy*

la encuesta *survey*

el espectacular *billboard*

la libertad de expresión *freedom of expression*

la manipulación *manipulation*

la marca *brand*

la mercadotecnia / el mercadeo *marketing*

la novedad *fad, novelty*

el público *public*

el punto de vista *point of view*

las rebajas *sales*

las redes sociales *social networks*

el respeto *respect*

el valor *value*

Descripciones

anticonsumista *one who opposes consumerism*

machista *chauvinist*

preocupante *worrisome, alarming*

Verbos

abrir ventanas *to open a new window*

atacar *to attack*

consumir *to consume*

cumplir *to accomplish*

descargar *to download*

hacer caso *to pay attention to*

provocar *to provoke*

tratar de *to try to (do something)*

tuitear *to tweet*

utilizar *to use*

Internet

la amistad virtual *virtual friend*

la banderola *banner*

el botón *button*

el buscador *search engine*

la dirección web *web address*

el enlace *link*

el fichero / el archivo *computer file*

el foro *forum*

el icono *icon*

el logo *logo, branding*

la página web *web page*

el perfil *profile*

la piratería *piracy*

el portal *web portal*

el sitio (web) *(web) site*

el usuario *user*

las ventanas emergentes *pop-up windows*

EXPRESSING OPINION

(See page 200 and 201)

■ To **ask opinion**:

¿Qué piensas / crees / opinas de / sobre...?

¿(A ti) qué te parece...?

¿En tu opinión / Desde tu punto de vista / Según tú + question sentence?

■ To **express opinion**:

En mi opinión / Desde mi punto de vista... + opinion

Me parece que / Creo que / Pienso que + indicative

No me parece que / No creo que + subjunctive

■ To **express agreement** and **disagreement** with an opinion:

(No) estoy	a favor de	+ noun
	estoy en contra de	+ infinitive *(same subject)*
	(del todo) de acuerdo con	+ **que** + present subjunctive *(different subjects)*

MAKING VALUE JUDGEMENTS

(See page 202)

■ To **ask for evaluation or value judgementes** we use:

¿Te parece bien / mal + noun / infinitive / que + present subjunctive?

■ To **value judgements**:

Me parece Es	(parecer) bien / mal	**que** + present subjunctive
	(ser) bueno / malo	
	triste / increíble / cómico / justo	
	ridículo / exagerado / preocupante...	
	una tontería / una vergüenza	
Está claro Es obvio / verdad	**que** + indicative	
¡Qué bien / interesante	noun / infinitive / **que** + subjunctive!	

TRANSITION WORDS AND PHRASES TO ORGANIZE THE IDEAS OF A TEXT

(See page 209)

■ To **distinguish** two arguments: En primer lugar... / En segundo lugar...
■ To **set out** two arguments: Por un lado / una parte... por otro (lado) / por otra (parte)...
■ To **add** arguments: Y / además / también / asimismo...
■ To **explain and give examples**: Por ejemplo / es decir / o sea...
■ To **mention a previously-raised theme**: (Con) respecto a (eso de / eso) / sobre (eso)...

OTHER SENTENCE CONNECTORS

(See page 210)

■ To **add reasons** in strength-raising order: Incluso.
■ To **oppose reasons**: Bueno / pero / sin embargo / no obstante / en cambio.
■ To **express consequence**: Así que / de modo que / de manera que / de ahí que / así pues / pues.
■ To draw **conclusions**: Entonces / total que / por lo tanto / en resumen / en conclusión / para terminar.

¿SUEÑO O REALIDAD?

La portada del libro, *El juego del ángel*, de Carlos Ruiz Zafón

CARLOS RUIZ ZAFÓN

EL JUEGO DEL ÁNGEL

>>> ¿Será este libro un ensayo, una novela, un libro de poesía o de cuentos?

>>> ¿Qué historia te imaginas que cuenta el autor?

>>> ¿Qué tipo de personaje crees que representa la imagen?

In this unit, you will learn to:

- Relay what another person said
- Express probability in the past, present and future
- Use formal letters to communicate

Using

- Hypothetical expressions with the indicative and subjunctive

Cultural Connections

- Share information about letter writing and formal correspondence in Hispanic countries and compare cultural similarities

- Un mundo de novela

¡ACCIÓN!

1 Observa la imagen y contesta las preguntas con tu compañero/a.

a. ¿Dónde están los muchachos?

b. ¿Cuál de los dos libros piensas que es más adecuado para un muchacho de tu edad?

c. ¿Cuál comprarías tú?

d. ¿Cuál es el último libro que compraste o leíste?

2 En la imagen aparecen las portadas de dos libros. ¿Puedes imaginar a cuál corresponde la siguiente información?

	El Quijote	Mafalda
a. Es del año 1964.	☐	☐
b. Es del año 1605.	☐	☐
c. Su autor es Cervantes.	☐	☐
d. Su autor es Quino.	☐	☐
e. Otros personajes que aparecen son Felipe, Miguelito y Susanita.	☐	☐
f. Otros personajes que aparecen son Dulcinea, Sancho y Rocinante.	☐	☐
g. Es de origen español.	☐	☐
h. Es de origen argentino.	☐	☐

3 🎧 61 Escucha y contesta verdadero (V) o falso (F).

	V	F
a. Daniela quiere comprar dos libros.	☐	☐
b. Felipe lee solo novelas modernas.	☐	☐
c. Daniela disfrutaba mucho con los cómics de Mafalda cuando era pequeña.	☐	☐
d. A José el cómic no le parece un buen regalo.	☐	☐
e. José ya tiene regalo para Felipe.	☐	☐

4 Lee la conversación y comprueba tus respuestas en la Actividad 3.

Daniela: No sé qué libro comprarle a Felipe para su cumpleaños, ¡estoy hecha bolas!

José: La verdad es que es bastante complicado, tienes razón.

D.: Creo que finalmente voy a regalarle uno de estos dos, pero no sé por cuál decidirme. Son muy diferentes.

J.: Me parece que a Felipe le gusta leer novelas. Pero quizás no le guste *El Quijote*, es un poco antiguo para él.

D.: Es verdad que es un poco antiguo, pero Felipe lee toda clase de libros. En su casa tiene una colección enorme de novelas de todas las épocas. Es increíble que a un muchacho de 17 años le guste tanto leer.

J.: ¿Y sabes si también lee cómics? A lo mejor el libro de Mafalda es un poquito infantil.

D.: ¿Infantil? Todo lo contrario. En mi opinión deberían leerlo los adultos, es un poco filosófico. En estas historietas aparece una niña preocupada por la paz del mundo y por la humanidad. Yo, cuando era pequeña, tenía un montón de libros de Mafalda, pero no los entendí del todo hasta que no fui adulta.

J.: Pues quizás sea esa una buena opción. Me parece que es más atractivo y más original como regalo.

D.: Pues ya está decidido. ¡Me lo llevo! Le voy a decir al dependiente que me lo envuelva. Oye, ¿y tú qué le vas a comprar?

J.: Ni idea, voy a darme una vuelta por aquí a ver si encuentro algo.

5 Aquí tienes los nombres de algunos cómics españoles. Relaciona cada cómic con su protagonista.

> detectives o superhéroe o niños traviesos o trabajador de una editorial

COMUNICA

RELAYING WHAT ANOTHER PERSON SAID OR ASKED

DIRECT SPEECH		INDIRECT SPEECH
"**Eres** lo mejor de **mi** vida".	➡	*Dice* **que soy** lo mejor de **su** vida.
"**Estuve aquí** comiendo con Ana".	➡	*Dice* **que estuvo allí** comiendo con Ana.
"**Creo** que **tenemos este** libro".	➡	*Dice* **que cree** que **tienen ese** libro.
"**Compra** pan".	➡	*Me ordena* que **compre** pan.
"**¿Hicieron** la tarea?".	➡	El profesor *pregunta* si **hicimos** la tarea.
"¿Cuándo **harán** la tarea?".	➡	El profesor *nos pregunta* cuándo **haremos** la tarea.

- To report what was said, use verbs like: **decir**, **comentar** or **confesar** (e ➡ ie).
- To repeat an order or request, use verbs like **ordenar**, **aconsejar**, **sugerir** or **recomendar** plus the present subjunctive.
- To report what was asked, use **preguntar**.

1 Marta ha visitado esta mañana a Elena, su mejor amiga, y le cuenta a Pedro lo que le ha dicho. Con tu compañero/a, completa la conversación con las palabras del cuadro.

> ha recomendado o ha dicho o ayer o ha confesado o que o dice o si o ha dicho

Marta: Elena me (a) .... que se va a cambiar de casa. Que está muy contenta porque (b) .... encontró trabajo.

Pedro: Vaya, qué suerte.

M.: Me (c) .... que realmente no está enamorada de su novio y (d) .... quiere dejarlo.

P.: La verdad es que no hacen buena pareja.

M.: Tienes razón. Por lo visto el otro día discutieron en el cine... Por cierto, me (e) .... la película que vio, (f) .... que es muy buena.

P.: Pues si quieres, vamos a verla este viernes.

M.: Bueno... ¡Ah! y también me (g) .... que cree que el mes que viene va a Ámsterdam a visitar a su hermano y a su cuñada, y me preguntó (h) .... quiero ir con ella.

2 🎧 **62** Escucha la conversación y comprueba tus respuestas.

3 En grupos de tres, pregúntale algo a un compañero/a y cuéntale la respuesta al otro.

Modelo: E1: ¿Cuál es tu libro favorito?

E2: *El señor de los anillos*.

E1: Luis dice que *El señor de los anillos* es su libro favorito.

EXPRESSING PROBABILITY IN THE PAST AND THE PRESENT

¿QUÉ LE PASA A LUIS?

Conozco la información		Imagino la información
Está enfermo. (Present)	➜	**Estará** enfermo. (Future)
No durmió anoche porque **estaba** nervioso. (Imperfect)	➜	No durmió porque **estaría** nervioso. (Conditional)
Ayer **fue** a una fiesta. (Preterit)	➜	Ayer **iría** a una fiesta. (Conditional)

■ Para hacer preguntas:

Sabemos que la persona que escucha la pregunta sabe la respuesta:		Sabemos que nadie conoce la respuesta o estamos solos
¿Qué hora **es**? (alguien tiene reloj)	➜	¿Qué hora **será**? (nadie tiene reloj)
¿Quién **rompió** el cristal ayer?	➜	¿Quién **rompería** el cristal ayer?
¿Cuánta gente **había** ayer en la fiesta?	➜	¿Cuánta gente **habría** ayer en la fiesta?

4 Este perro está muy triste. Transforma las frases para hacer suposiciones.

a. Le **duele** el estómago. ➜ ....

b. **Está buscando** a su dueño. ➜ ....

c. Ayer lo **llevaron** al veterinario porque no **se encontraba** bien. ➜ ....

d. Se **perdió**. ➜ ....

5 👥 Túrnate con tu compañero/a haciendo preguntas y respuestas sobre el perro de la Actividad 4. ¿Qué puedes adivinar sobre su situación?

a. ¿Cómo (llamarse)? ➜ ....

b. ¿(Comer, hoy)? ➜ ....

c. ¿(Tener) dueño? ➜ ....

d. ¿(Escaparse, ayer) de la perrera (dog pound)? ➜ ....

e. ¿(Estar, ayer) con sus dueños (owners) y los (perder) de vista? ➜ ....

f. ¿Sus dueños le (abandonar, hoy) para irse de vacaciones? ➜ ....

6 👥 Con tu compañero/a, inventa posibles explicaciones para las siguientes imágenes. Describe lo que crees que está pasando ahora y lo que debió haber ocurrido antes.

a.

b.

c.

d.

e.

f.

g.

h.

MORE IN ELETECA: EXTRA ONLINE PRACTICE

1.
2.
3.
4.
5.
6.

ANTES DEL VIDEO

1 👥 **Observa las imágenes y contesta las preguntas expresando hipótesis. Basa tus respuestas en lo que crees que puede ocurrir. Usa tu imaginación. Luego, compara tus hipótesis con tu compañero/a.**

a. ¿Por qué crees que están todos los amigos reunidos? Creo que...

b. Imagen 1. ¿De qué crees que hablan Alba y Sebas? Quizás...

c. Imagen 2. ¿Qué le cuenta Eli sobre sunuevo trabajo? Es probable que...

d. Imagen 3. ¿Qué le dice que recibió? Supongo que...

e. Imagen 4. ¿Qué va a hacer Juanjo a partir de ahora? Quizás...

f. Imagen 5. ¿Por qué le muestra el mensaje? Supongo que...

g. Imagen 6. ¿Qué están haciendo? Creo que...

DURANTE EL VIDEO

2 🔲 👥 **Mira la escena y contesta las preguntas. Compara con tu compañero/a.**
00:47 - 01:29

a. ¿Qué le gusta hacer a Alba?

b. ¿De quién hablan Sebas y Alba?

c. ¿Qué cree Sebas que le ha pasado a Felipe?

3 🔊 **Mira la escena y completa las frases que dice Eli.**
01:39 - 02:35

a. Me dijeron si estaba dispuesta a irme ....

b. Me dijeron que .... y hoy mismo he recibido la carta.

c. ¡Me dicen que ....!

4 🔊 **Mira la escena y copia la carta que recibe Eli, palabra por palabra.**
02:15 - 02:27

....

....

5 🔊 **Mira la escena, ordena las siguientes frases y marca las que dice Lorena.**
03:01 - 04:00

a. ☐ ¡Espero que puedas un día invitarme a conocer la capital!

b. ☐ Es probable entonces que tú también te vayas de la ciudad.

c. ☐ Seguro que vas a tener una experiencia fantástica.

d. ☐ Es probable que aquí no haya cobertura.

e. ☐ ¡Por supuesto, eso sería genial!

6 🔊 👥 **Mira la escena y anota las palabras relacionadas con el celular. Luego, compara**
03:15 - 03:35 **con tu compañero. ¿Entendiste las cuatro expresiones que mencionan?**

....

DESPUÉS DEL VIDEO

7 👥 **Habla con tu compañero/a sobre las siguientes cuestiones.**

a. ¿Alguna vez has ido a una fiesta de final de curso? ¿Dónde fue?

b. ¿Alguna vez has cambiado de escuela y has tenido que despedirte de tus amigos? ¿Cómo fue?

c. ¿Estarías dispuesto a dejar a tu familia y amigos por un buen trabajo?

8 👥 **Lee las siguientes opiniones. ¿Con cuál de ellas te identificas más? ¿Por qué? Discútelo con tus compañeros/as.**

Opinión 1

La amistad es lo más importante para ti. Vivir en la misma ciudad y rodeado de amigos te hace feliz. No te gustan los cambios. Las oportunidades de trabajo no son más importantes que la amistad.

Opinión 2

La amistad es importante, pero no lo más importante. Los cambios son muy positivos. El trabajo es muy importante porque es el futuro.

MORE IN ELETECA: EXTRA ONLINE PRACTICE

1 Relaciona las partes de una carta formal con su lugar correcto.

a. ☐ motivo
b. ☐ dirección del destinatario
c. ☐ firma
d. ☐ saludo
e. ☐ dirección del remitente
f. ☐ despedida
g. ☐ fecha

! ■ Remember, the sender's address always goes first in a formal letter, followed by the date.

la batería = la pila
la cobertura = la recepción

2 Ordena la siguiente carta de un cliente a su compañía de telefonía celular. Después, escribe, siguiendo el ejemplo, a qué parte de la carta corresponde cada fragmento.

☐ Bogotá, 13 de enero de 2014

☐ Movilindo
Paseo de la Antena, 33
110988 Bogotá

☐ Atentamente,

☐ Juan Mora
C/ Cliente, 130
117592 Bogotá

Dirección del remitente

☐ Les escribo esta carta porque llevo varios días teniendo problemas con mi teléfono celular. Hace cinco meses me regalaron un nuevo **aparato** por llevar como cliente en su empresa más de tres años. Pues bien, este **celular** no deja de darme problemas. A continuación les explico punto por punto cada uno de ellos. La **pantalla táctil** no funciona bien. Cada vez que intento marcar un número, el teléfono se apaga.

En muchos lugares no **tiene cobertura**. Es decir, que cuando salgo de la ciudad tengo muy poca señal y no puedo ni **llamar** ni **recibir llamadas**.

Cuando puedo llamar, **se corta** la **conversación** después de dos minutos. Además, cuando intento **cargar el teléfono**, la **batería** solo dura cinco horas y, después, tengo que cargarlo otra vez. Al principio pensé que era problema del **cargador**, pero he probado con otro y sigo teniendo el mismo problema.

Debido a todos estos inconvenientes, espero que me cambien el **celular** o me regalen uno nuevo. En caso contrario cambiaré de compañía telefónica.

☐ Estimados señores:

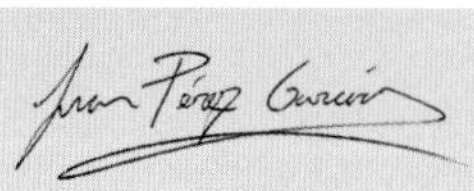

☐ [firma]

3 Las palabras marcadas en la carta anterior son formas de saludo y despedida en una carta o correo formal. Clasifica estos otros recursos formales en saludos o despedidas.

> Distinguido señor/a ○ Se despide atentamente ○ Muy señor/a mío/a
> Reciba un cordial saludo ○ Señor/a ○ En espera de sus noticias ○ Cordialmente

Saludos	Despedidas

4 Relaciona cada expresión con su definición.

1. el aparato
2. la pantalla táctil
3. cobertura
4. recibir llamadas
5. se corta
6. cargar
7. el cargador
8. la batería

a. Acumula electricidad.
b. Instrumento que conecta la electricidad con la batería.
c. Instrumento o mecanismo que tiene una función determinada.
d. Acción de recuperar la batería.
e. Una de las funciones principales de un celular.
f. Extensión geográfica de los servicios de telecomunicaciones.
g. Cuando se pierde una llamada.
h. Parte de algunos aparatos electrónicos que funciona con el contacto.

5 Comenta con tu compañero/a las siguientes situaciones.

a. ¿Has tenido problemas con tu teléfono celular? ¿Cuáles?
b. ¿Los solucionaste? ¿Cómo?
c. ¿Cuáles son algunas otras quejas (complaints) que tienes con tu celular o el servicio que recibes?
d. ¿Cómo sería tu celular ideal?

6 🎧 63 Ahora, escucha la conversación entre la secretaria y el director de la empresa *Movilindo* y escribe qué decisión toma el director.

....
....
....
....

7 **Lee la respuesta de *Movilindo* a su cliente.**

○●●   Asunto: Nuevo celular

De: movilindo@mundoreal.es   Para: juanmora@edimail.com

Estimado cliente:

Nos dirigimos a usted con la finalidad de expresarle nuestras disculpas por los problemas causados. Comprendemos perfectamente las molestias que puede haber tenido con el último celular que recibió y, por esa razón, ponemos a su disposición un nuevo modelo. Por favor, para recibir este nuevo aparato mándenos un correo electrónico con la dirección donde quiere recibirlo a *movilindo-aparatos@mundoreal.es*. Si desea ver el modelo que le ofrecemos, puede hacer clic en el siguiente enlace: *www.movilesmovilindo/nuevos*.

Atentamente,

Movilindo
Paseo de la Antena, 33
110988 Bogotá

8 **Relaciona cada símbolo con su significado.**

1. @	a. guion *(hyphen)*	
2. /	b. punto com	
3. :	c. arroba	
4. -	d. triple doble ve	
5. _	e. barra	
6. .com	f. dos puntos	
7. www	g. guion bajo	

9 **Imagina que eres el director de *Movilindo*. Escribe una respuesta diferente a tu cliente. Después, intercambia tu email con el de tu compañero/a.**

○●●   Asunto: Nuevo celular

De: movilindo@mundoreal.es   Para: juanmora@edimail.com

Estimado señor Mora:

10 **Lee el email de tu compañero/a e informa a la clase de lo que dice.**

Modelo: El director de Movilindo dice que...

MORE IN ELETECA: EXTRA ONLINE PRACTICE

1. HYPOTHETICAL EXPRESSIONS WITH THE INDICATIVE

■ Other ways to express hypothesis or probability using the indicative:

Creo / Me parece		ese modelo de celular no **es** uno de los mejores.
Me imagino / Supongo	**que**	si está en la sierra no **tendrá** cobertura, llámalo mañana.
Para mí / Yo diría		**llovió** anoche, las calles están mojadas.

A lo mejor / Lo mismo / Igual *(maybe)* | **es** un problema de tu compañía porque yo sí tengo cobertura.

> **!** ■ **Suponer** *(to suppose)* is conjugated like the verb **poner**.

1 Edu ha encontrado una foto de una casa que le gustaría comprar, pero no tiene ninguna información sobre ella. Lee el texto y completa con la forma correcta de los siguientes verbos.

> vivir ○ poder ○ querer ○ tener ○ haber ○ costar ○ pertenecer

Me encantaría comprar esta casa, pero antes me gustaría tener información sobre ella. **Supongo que** (a) .... muchísimo dinero, pero **creo que** mis padres (b) .... ayudarme. Parece una casa grande, **me imagino que** (c) .... más de tres habitaciones y al menos dos baños. **Lo mismo** en algún baño (d) .... un jacuzzi, sería genial. **Yo diría que** antes (e) .... una familia numerosa, **a lo mejor** la (f) .... vender para irse a vivir a otra ciudad. **Igual** la parte de atrás (g) .... también a la casa y hay una piscina y todo, quién sabe.

2 Observa las siguientes imágenes y escribe tres explicaciones para cada situación usando las expresiones que acabas de aprender. Después, en grupos de tres, intercambien sus impresiones.

(3.)

¿Por qué no hay nadie?

a. ....
b. ....
c. ....

¿Por qué está llorando?

a. ....
b. ....
c. ....

¿Qué le pasa?

a. ....
b. ....
c. ....

GRAMÁTICA

3 🎧 **64** 👥 Escucha el final de tres discusiones y, con tu compañero/a, hagan una hipótesis sobre el motivo que las origina. Después, escucha la conversación completa y comprueben.

a. ....

b. ....

c. ....

2. HYPOTHETICAL EXPRESSIONS WITH THE INDICATIVE AND THE SUBJUNCTIVE

4 🎧 **65** 👥 Escucha las siguientes conversaciones y completa con las expresiones que faltan.

Probablemente / .... Seguramente / .... Tal vez	la compañía telefónica **se pone** / **se ponga** en contacto conmigo después de mi reclamación. (indicativo/subjuntivo)
.... / **Es probable** **Puede ser** / .... **que**	mi celular **tenga** algún defecto de fábrica, me lo compré hace poco y no me dura nada la batería. (subjuntivo)

▪ With the first group of expressions, the use of the indicative or the subjunctive depends on how certain the speaker feels that the action will take place.

• **Probablemente** la compañía telefónica **se pone** en contacto conmigo.
(Speaker feels there's a strong likelihood the company will contact him / her = indicative)

• **Probablemente** la compañía telefónica **se ponga** en contacto conmigo.
(Speaker feels there is less likelihood that the company will contact him / her = subjunctive)

5 Elige la opción correcta para cada frase. En algunos casos las dos opciones son correctas.

a. Es probable que mañana **llueve** / **llueva**.

b. Seguramente **tiene** / **tenga** más de veinte años.

c. Tal vez **viene** / **venga** mi hermana conmigo.

d. Es posible que **consigue** / **consiga** el trabajo.

e. Quizás no **quiere** / **quiera** trabajar con nosotros.

f. Puede ser que **necesitan** / **necesiten** nuestra ayuda.

g. No le hagas caso, posiblemente lo **hace** / **haga** para molestarte.

h. Puede que mañana **vamos** / **vayamos** a la playa.

6 Termina las siguientes frases.

a. ¡Qué raro que no haya llegado Juan! Él es muy puntual. Es posible que...

b. La compañía telefónica me está cobrando un servicio que no utilizo. Seguramente...

c. Me dijo que me iba a llamar esta tarde pero no lo ha hecho todavía. Tal vez...

d. Le he escrito un correo electrónico y no le ha llegado aún. Puede que...

e. He salido de casa y cuando he entrado en el metro no llevaba el monedero. Probablemente...

f. No encuentro mis gafas por ningún sitio. Quizás...

7 **Según lo que has aprendido para expresar hipótesis y probabilidades, completa las siguientes frases.**

a. Es probable que (ser) .... su cumpleaños porque invitó a cenar a todos sus amigos.

b. Igual (mudarse, él) .... Hace mucho tiempo que quería cambiar de casa.

c. Quizás (comprarse, yo) .... un teléfono celular nuevo. Este ya no funciona.

d. A lo mejor Juan (ser) .... alérgico a los gatos. No para de estornudar.

e. Posiblemente yo (organizar) .... la fiesta. Soy su mejor amigo.

f. Yo diría que Carmen y Sonia (estar) .... enfadadas. Ya nunca van juntas.

g. Seguramente (ganar) .... el premio. Está haciendo un buen trabajo.

h. Me parece que Carlos no (estar) .... contento con su nuevo trabajo.

i. Puede que (saber) .... hablar italiano. Vivió un tiempo en Roma.

j. » ¡Qué raro que Pepe no esté todavía aquí! Es muy puntual.
   » Oye, lo mismo (pasarle) .... algo. ¿Lo llamamos al celular?

8 **Habla con tu compañero/a sobre tus planes de futuro que todavía no son seguros relacionados con las siguientes situaciones o eventos.**

Tu próximo cumpleaños	Tus próximas vacaciones	Tus próximos estudios

9 **Prepara una breve descripción de cómo crees que será la vida de tu compañero/a cuando tenga 50 años. Incluye información sobre: profesión, familia, lugar de residencia, aspecto físico, etc. Después, intercambia la descripción con tu compañero/a. ¿Te sorprendió? ¿Crees que la descripción que hizo tu compañero/a de tu vida es acertada?**

Modelo: *Cuando tengas 50 años, es probable que / seguramente...*

GRAMÁTICA

10 Lee la conversación entre el director de Movilindo y su secretaria. Después, extrae las estructuras que se usan para expresar hipótesis y contesta las preguntas.

¿Cómo está? Lo veo muy muy preocupado.

Es que el doctor me dijo que necesito hacer algo para combatir el estrés del trabajo. Me dijo que **si no trabajara tanto, no estaría siempre de mal humor**. Y yo pienso que **si no estuviera de mal humor, saldría más con mis amigos**. Y **si saliera más, necesitaría más dinero** para gastar. Y **si gastara mucho dinero, tendría que trabajar más** y… ¡volvería a sufrir de un nuevo estrés!

Y **si yo aprendiera a no preguntar tanto**… ¡no tendría que escuchar todo esto!

Frases que expresan hipótesis:	¿Se produce la acción?	
	Sí	No
Si		
Si		
Si		
Si		

11 Contesta las preguntas sobre la conversación de la Actividad 10.

a. En la conversación, cuando el director habla de las cosas que tendría que hacer (pero no las hace), usa un nuevo tiempo verbal que se llama imperfecto de subjuntivo. Escribe las formas.

a. Cuando el director describe el posible resultado (de estas acciones que no hace), usa un tiempo verbal que ya conoces. Escribe las formas. ¿Cómo se llama?

	-AR	-ER	-IR
yo	practicara	bebiera	saliera
tú	practicaras	bebieras	salieras
usted/él/ella	practicara	bebiera	saliera
nosotros/a	practicáramos	bebiéramos	saliéramos
vosotros/as	practicarais	bebierais	salierais
ustedes/ellos/ellas	practicaran	bebieran	salieran

■ The imperfect subjunctive is formed using the **ellos** form of the preterit. Drop the **-ron** and add the appropriate endings. This is true for all regular and irregular verbs. Note, the verb **haber** (**hay**) becomes **hubiera**.

■ One of the uses of the imperfect subjunctive is in if-clauses to say what would happen if a certain condition was met. These are also known as contrary-to-fact statements because the action never actually took place. Look at some of the examples from Activity 10.

*Si no **estuviera** de mal humor, saldría más.* *If I were not always in a bad mood, I would go out more. (But in reality, I'm always in a bad mood.)*

*Y si **saliera** más, necesitaría más dinero para gastar.* *And if I went out more, I would need more money to spend. (But in reality, I don't go out.)*

■ Contrary-to-fact statements have the following constructions:

> **Si** + imperfect subjuntive, conditional.
> Conditional, **si** + imperfect subjunctive.

12 Completa la tabla de verbos irregulares en imperfecto de subjuntivo.

INFINITIVO	PRETÉRITO DE INDICATIVO	IMPERFECTO DE SUBJUNTIVO
querer	quisieron	quisiera
hacer	hicieron	hiciera
poder	pudieron	pudiera
tener		
ser / ir		
estar		

Si no hubiera tantos colores, sería más fácil.

13 Relaciona las ideas con sus conclusiones. Compara tus respuesta con un compañero/a.

1. Si tuviera gato,
2. Si todos los jóvenes leyeran más,
3. Si hubiera menos leyes (*laws*),
4. Si escribiera una novela,
5. Si mis padres fueran generosos,
6. Si todas las clases estuvieran en línea,

a. pasarían menos tiempo en internet.
b. nunca iría nunca a la escuela.
c. me comprarían el último teléfono de Apple.
d. lo llamaría Minifus.
e. habría más criminales.
f. sería de ciencia ficción.

14 Usa la primera parte de las frases de la Actividad 13 para hablar de ti mismo. Comparte tus hipótesis con tus compañeros/as en grupos de cuatro. ¿Cuál de ustedes tiene las frases más originales?

15 Pregúntale a tu compañero/a qué haría en las siguientes situaciones.

Estudiante 1

¿Qué harías si...
• conocer a Shakira
• visitar el Polo Norte
• ganar el concurso de *La voz*

Estudiante 2

¿Qué harías si...
• ser el profesor/la profesora de la clase
• no haber videojuegos
• ver un zombi

DESTREZAS

1 Lee la respuesta que obtuvo un lector a su carta en la que pedía unos consejos. Elige la opción correcta.

Una fiesta inolvidable

Querido amigo Álex:

Si estás pensado (a) **de** / **en** / **para** preparar una fiesta para impresionar a tu familia y amigos, a continuación te daremos algunos consejos (b) **para** / **por** / **en** convertir esa celebración en algo inolvidable.

En primer lugar, deberás ponerte en contacto con las personas a las que quieres invitar para decidir el día. Un mensaje de texto o un correo electrónico masivo será la forma más rápida de hacerlo. Lo mejor será proponer un día del fin de semana, ya que es más probable que (c) **asisten** / **asistirán** / **asistan** más personas si no hay que madrugar al día siguiente.

Al menos un par de días antes del evento deberás ir al supermercado para comprar todo lo que necesitas cuando (d) **ve** / **irás** / **vayas** a preparar la comida.

Piensa en sorprender a tus invitados con originales bocadillos. Además, es importante que haya gran variedad de ellos para satisfacer los gustos y exigencias de todos. (e) **Tal vez** / **Quizás** / **Puede que** alguno sea vegetariano, que otro no coma ciertos productos o incluso que haya algún alérgico a cualquier alimento.

Otra cosa importante para causar (f) **buen** / **buena** / **grande** impresión es la decoración. Igual los globos y las guirnaldas de las tiendas (g) **están** / **estén** / **sean** ya muy vistos, así que te recomendamos que crees tú mismo tu propia decoración, no hay nada como un toque personal para impresionarlos.

Y la música, por supuesto; alguien dijo una vez que no (h) **hubo** / **había** / **habría** fiesta que mereciera tal nombre sin música. Para que todos (i) **bailan** / **bailen** / **bailarán** sin parar, te recomendamos que la música sea movida y sobre todo variada, por aquello de la diversidad de gustos que ya te comentábamos.

Las canciones lentas resérvalas para el final, (j) **igual** / **seguramente** / **imaginamos que** sean la excusa perfecta para aquellos que quieran sacar a bailar a alguna muchacha.

¡Ah! y sentimos decirte que, por muy cansado que estés, deberás ser el último en retirarte.

Si sigues todos estos pasos, te convertirás en el rey de las fiestas.

2 Contesta las siguientes preguntas sobre ti.

a. ¿Te gustan las fiestas? ¿Qué tipo de fiestas son las que más te gustan?

b. ¿Prefieres las fiestas en casa, o en locales o discotecas? ¿Por qué?

c. ¿Te gusta invitar a tus amigos a una fiesta o prefieres que te inviten?

d. ¿Cuál es la última fiesta a la que fuiste? ¿Cómo fue?

3  **Con tu compañero/a, representa la siguiente situación.**

Te invitaron a una fiesta en un restaurante. Cuando llegas, el portero no te deja entrar porque dice que vas con zapatillas de deporte. En la invitación no se especifica cómo hay que ir vestido. Solicitas hablar con el encargado del restaurante. Cuando salga, exponle tu queja contándole lo que te dijo el portero y lo que no dice la invitación.

PRONUNCIACIÓN Palabras con diferente significado

1 **Lee las conversaciones y después completa los cuadros.**

1. » ¿**A dónde** / **adónde** podemos ir a almorzar?

» **A donde** / **adonde** tú quieras.

» ¿**Dónde** decías que hacían esas quesadillas tan buenas?

» ¡Ah! Te refieres al sitio **donde** te conté que fui con Marcos.

> **(a) dónde / adónde o (a) donde / adonde**
>
> • Usamos el adverbio (a) .... para indicar lugar y (b) .... o (c) .... indistintamente cuando indicamos también dirección o destino mediante la preposición **a**.
> • Usamos (d) ...., (e) .... o (f) .... cuando las formas anteriores son exclamativas o interrogativas.

2. » No entiendo el **porqué** de su reacción, no me lo explico.

» Pues yo creo que actuó así **porque** no podía más y al final explotó.

» Pero, ¿**por qué** no le dijo a nadie que necesitaba ayuda?

» Es que es muy orgulloso y le da pena reconocerlo.

» Yo voto **por que** hablemos con él y le ofrezcamos nuestra ayuda.

> **porque / porqué / por que / por qué**
>
> • Usamos (a) .... para expresar la causa o motivo de lo que se expresa a continuación y (b) .... para preguntar por esa causa o motivo.
> • Usamos (c) .... cuando nos referimos al sustantivo que significa "la causa, el motivo o la razón".
> • Usamos (d) .... para referirnos a la preposición **por** seguida del pronombre **que**.

3. » Su **sino** no es quedarse quieto viendo la vida pasar, **sino** llegar muy lejos.

» Tienes razón, no solo es muy decidido, **sino** también muy trabajador.

» **Si no** cambia será alguien muy importante en el futuro, tal vez un político.

» Sí, además sabe escuchar, tiene carisma, es elegante y, **asimismo**, discreto.

» Sí, pues **así mismo** se lo haremos saber cuando lo veamos.

> **sino / si no**
>
> • Usamos (a) .... como sustantivo que significa "destino"; para introducir una información que reemplaza o sustituye a la negada en la oración precedente.
> • Usamos (b) .... para referirnos a la conjunción condicional **si** seguida del adverbio negativo **no**.
>
> **asimismo / así mismo**
>
> • Usamos (c) .... en el sentido de "también"y (d) .... en el sentido de "de la misma manera".

UN MUNDO DE NOVELA

Thalía, cantante y actriz mexicana, conocida como «la reina de las telenovelas»

Antes de leer

¿Qué programas de televisión te gustan? ¿Por qué? ¿Sueles ver alguna telenovela de la televisión norteamericana? ¿Has visto alguna telenovela en español? ¿Qué sabes de estas telenovelas?

🎧 66 **La telenovela es una expresión cultural típica del mundo hispano. En estos programas de televisión no faltan dramas, villanos... ¡ni capítulos!**

Las telenovelas son programas de televisión dramáticos. Pero no son cualquier programa: están estrechamente* conectadas con la forma de ser de los países hispanos. Las historias de las telenovelas reflejan las tradiciones, las aspiraciones y, muchas veces, los temas de actualidad de la sociedad que las mira. «Las telenovelas son exitosas porque generan emoción y entretenimiento», explica Nora Mazziotti, investigadora argentina y autora de libros sobre telenovelas.

Aunque cada telenovela tiene una historia diferente, hay elementos comunes que están presentes en todas ellas. Suelen tener entre 100 y 200 capítulos. Hay un galán* (normalmente, rico) y una heroína (normalmente, pobre). Hay una villana que hace todo lo posible por separarlos. Y hay varios personajes secundarios que aportan* historias divertidas, para equilibrar* el melodrama de la historia central.

Cada país latinoamericano produce telenovelas con un estilo distinto. «Las telenovelas mexicanas son las más tradicionales: son muy conservadoras.

Las brasileñas tienen elementos modernos. Las colombianas tienen historias muy creativas. Las argentinas suelen tener toques de comedia», dice Mazziotti.

Además de entretener, una importante función de las telenovelas es educar. Muchas de las historias incorporan personajes que atraviesan* enfermedades graves, o viven situaciones serias como la decisión de adoptar un hijo o la pérdida* de un trabajo.

Las telenovelas son famosas por sus escenas dramáticas.

Los mejores finales de las villanas

1 Catalina Creel (*Cuna de Lobos*, 1987). Tomó veneno, se vistió elegantemente y declaró que, a pesar de usar un parche° en el ojo derecho, veía perfectamente con los dos.

2 Soraya Montenegro de la Vega (*María la del barrio*, 1996). Quiso encerrar a los protagonistas en una casa en llamas° y quedó atrapada en el incendio°.

3 Valeria del Castillo (*Rosalinda*, 1999). Después de muchos planes para separar a los protagonistas, esta villana acaba en la cárcel.

La más exitosa

Yo soy Betty, la fea es una telenovela colombiana. Trata sobre una joven lista y culta° que asciende profesionalmente gracias a su talento pero es despreciada° por su apariencia física. Es la telenovela latinoamericana más exitosa de la historia. Este es un perfil en números de su éxito:

7 millones de personas vieron el primer beso de Betty con Armando, el galán.

100 países emitieron esta telenovela.

15 son los idiomas a los que se tradujo.

338 es el número de capítulos.

2001 es el año en que terminó.

La actriz América Ferrera protagonizó la versión norteamericana de *Yo soy Betty, la fea*.

¿COMPRENDISTE?

Decide si las siguientes frases son verdaderas (V) o falsas (F).

1 Las telenovelas son solamente dramáticas. V ○ F ○

2 Muchas telenovelas incorporan elementos de actualidad. V ○ F ○

3 Cada país latinoamericano produce telenovelas diferentes. V ○ F ○

4 *Yo soy Betty, la fea* fue un éxito solamente en Colombia. V ○ F ○

5 *Yo soy Betty, la fea* tiene más capítulos de lo habitual en las telenovelas. V ○ F ○

AHORA TÚ

¿Qué opinas? Contesta las siguientes preguntas y comenta tus ideas con tus compañeros/as.

1 ¿Qué telenovela de las mencionadas te gustaría ver y por qué?

2 ¿Qué programas en la televisión norteamericana tienen la función de entretener y educar? Da dos ejemplos.

3 Piensa en tu género televisivo favorito y haz una lista de los elementos que lo componen, según el ejemplo del texto.

4 Las villanas de las telenovelas siempre tienen un final violento. ¿Por qué?

5 ¿Por qué crees que las antagonistas de las telenovelas suelen ser mujeres?

VOCES LATINAS — LAS TELENOVELAS EN ARGENTINA

Glosario

ahorrar – to save
aportar – to add
atravesar – to go through
culto – educated
despreciado – despised
en llamas – burning

equilibrar – to balance
estrechamente – closely
el galán – leading man
el incendio – fire
el parche – patch
la pérdida – loss

El actor Jaime Camil, protagonista de la telenovela *Por ella soy Eva*

Fuentes: Terra, Univisión, Página 12.

1 Uno de los autores más importantes de teatro del Siglo de Oro fue Calderón de la Barca. Pregunta a tu compañero/a para conocer algo de este autor.

Estudiante 1

a. Nombre:

b. Lugar de nacimiento: Madrid.

c. Año de nacimiento:

d. N.º de obras escritas: más de 200.

e. Una de sus obras más importantes:

Estudiante 2

a. Nombre: Pedro.

b. Lugar de nacimiento:

c. Año de nacimiento: 1600.

d. N.º de obras escritas:

e. Una de sus obras más importantes: *La vida es sueño.*

2 En la obra *La vida es sueño* el protagonista, Segismundo, es encerrado al nacer en una torre para que no pueda salir nunca de ella. ¿Puedes imaginar las razones? Comparte tus ideas con tu compañero/a.

- Creo que…
- Tal vez…
- Es posible que…
- A lo mejor…
- Puede que…

3 Para confirmar tus hipótesis, ordena estas partes que resumen el argumento principal de la obra *La vida es sueño*.

a. ☐ Para que nadie sepa que existe un príncipe sucesor, lo encierra en una torre.

b. ☐ Segismundo finalmente gana, pero muestra respeto por su padre, porque es el rey. Basilio en ese momento es consciente de que su hijo será un buen rey en el futuro y le deja el trono.

c. ☐ Una vez en libertad, actúa de forma violenta contra todo el mundo y lo encierran otra vez.

d. ☐ El rey Basilio cuando nace su hijo Segismundo cree en una superstición que dice que ese niño no será un buen sucesor del trono.

e. ☐ El pueblo descubre que existe un príncipe heredero y lo liberan. Segismundo lucha contra su padre.

f. ☐ En una ocasión decide darle una oportunidad para comprobar si podrá ser un buen rey y lo saca de la torre.

4 🎧 **67** **Sigue el texto mientras escuchas este extracto en el que Segismundo habla desde su celda en la torre. Después, elige la interpretación correcta.**

¡Ay, mísero[1] de mí, ay infelice!
Apurar[2], cielos[3], pretendo,
ya que me tratáis así
qué delito[4] cometí
contra vosotros naciendo;
aunque si nací, ya entiendo
qué delito[5] he cometido:
bastante causa ha tenido
vuestra justicia[6] y rigor[7],
pues el delito mayor
del hombre es haber nacido.

Solo quisiera saber
para apurar[8] mis desvelos[9]
dejando a una parte, cielos,
el delito de nacer,
qué más os puede ofender
para castigarme más.
¿No nacieron los demás?
Pues si los demás nacieron,
¿qué privilegios[10] tuvieron
que yo no gocé[11] jamás?

1. Wretched; 2. To find out, discover; 3. The Heavens, plea to God; 4. Offense, mistake; 5. Refers to Original Sin; 6. Refers to the Heaven justice; 7. Severity; 8. Finish, conclude; 9. Worry, suffering; 10. Advantage, better luck; 11. Enjoy.

a. Segismundo no puede entender qué hizo para ser encerrado por su padre.

b. Segismundo está preocupado por el medioambiente.

c. Segismundo piensa que nacen muchos niños en el mundo.

5 **Segismundo, durante la obra, piensa que está dormido y que su vida es un sueño. ¿Qué significan las palabras *sueño* o *soñar* para ti? Haz una lista de todas las palabras que te vengan a la mente al pensar en ellas.**

6 👥 **En grupos de 3 o 4, comenta lo siguiente.**

a. ¿Sueñas con frecuencia?

b. ¿Sueles tener sueños agradables o pesadillas?

c. ¿Hay algún sueño que tengas a menudo?

d. ¿Recuerdas tu último sueño?

7 **Relaciona las siguientes palabras y expresiones relacionadas con los sueños con su significado.**

1. No pegar ojo.

2. Dormir como un tronco.

3. Tener sueño.

4. Soñar con los angelitos.

5. Pasar la noche en blanco.

6. Cumplirse un sueño.

7. Tener un sueño.

a. Estar cansado y con ganas de dormir.

b. Hacerse realidad algo muy deseado.

c. No poder dormir.

d. Desear algo con mucha intensidad.

e. En lenguaje infantil, dormir.

f. Dormir muy profundamente.

8 👥 **¿Qué sueño te gustaría ver realizado en la vida real? Comparte tus ideas con tu compañero/a.**

EVALUACIÓN

1 **Transforma las siguientes frases al estilo indirecto.**

a. Tengo frío y necesito un abrigo. Si no me sirve uno tuyo, voy a comprarme uno.

Me dice ....

b. ¿Dónde tengo que ir? ¿Qué tengo que hacer? ¿Cuándo debo volver?

Me pregunta ....

c. No hice nada y, cuando vuelva de mi viaje, te lo demostraré.

Me confesó ....

d. ¿Está muy lejos la casa de tu primo? Es que estoy un poco cansado de caminar.

Me preguntó ....

e. Dime la verdad.

Me pide ....

2 **Relaciona para formar frases con sentido.**

1. ¡Muchas gracias por el regalo de cumpleaños!
2. (¡Riiinnnggg!) Son las doce de la noche y no espero ninguna llamada.
3. No encuentro las llaves de casa por ningún sitio.
4. No sé por qué se escuchan tantas sirenas de policía.
5. Sara me dice que el abrigo que se compró la semana pasada ahora está mucho más barato.

a. ¿Qué habrá pasado?
b. ¿Qué será?
c. ¿Cuánto costaría antes?
d. ¿Dónde las habré puesto?
e. ¿Quién será?

3 **Escribe la forma correcta del verbo entre paréntesis.**

a. Me parece que ayer (ser) .... el cumpleaños de mi primo y se me olvidó llamarlo.

b. Creo que (hacer, nosotros) .... los ejercicios mañana. Ahora no tenemos tiempo.

c. A lo mejor (ir, ellos) .... a clase la semana pasada pero esta semana no vinieron.

d. Yo diría que (nacer, él) .... en el sur de España. Baila flamenco muy bien.

e. Me imagino que (estar, él) .... en casa. Desde aquí veo que hay luz dentro.

f. Suponemos que (cocinar, ustedes) .... bien, pero nunca nos han invitado a comer.

4 **Elige la forma correcta en cada frase.**

a. **Lo mismo / Es posible que** está en la recámara.

b. **Es probable que / Probablemente** sabe dónde trabaja.

c. **Me parece que / Puede ser que** diga la verdad.

d. **Quizás / A lo mejor** haga el pastel para tu cumpleaños.

e. **Igual / Es posible que** cambie de casa en los próximos días.

f. **Es probable que / Quizás** puede llevarte en su carro.

CARTAS FORMALES

5 **Relaciona para formar saludos y despedidas.**

1.	se despide	a. de sus noticias
2.	muy	b. un cordial saludo
3.	reciba	c. atentamente
4.	en espera	d. señor
5.	estimado	e. señor mío

CORREOS ELECTRÓNICOS

6 **Completa el siguiente email con los símbolos estudiados.**

⬤⬤⬤	Mensaje nuevo

De: carol.sanz@gmail.com   Para: Laural.a@hotmail.com

Hola Laura (dos puntos) ....
Te envío la dirección de correo electrónico de Pepe para que le envíes las fotos.
Es (Pepe, guión bajo, Cruz, arroba, hotmail, punto, com) ....
Un besito, Carolina.

WORDS WITH DIFFERENT MEANINGS

7 **Elige la opción correcta.**

a. **¿Dónde / A dónde** vas? No quiero que juegues **adonde / donde / dónde** no hay valla.

b. No fue Pedro quien me lo dijo, **sino / si no** Juan.

c. Déjalo **asimismo / a sí mismo**, ya está bien.

d. » **¿Porqué / Por qué / Porque** me pasarán estas cosas a mí?

   » **Porque / Porqué / Por qué** eres un despistado y no te fijas en lo que haces.

CULTURA

8 **Contesta las siguientes preguntas con la información que has aprendido en** *Un mundo de novela.*

a. ¿De qué manera están conectadas las telenovelas a los países hispanos?

b. ¿Cuáles son algunos de los elementos que tienen en común las telenovelas? ¿Qué elementos tienen en común con las telenovelas en Estados Unidos?

c. Además de entretener, ¿qué intentan hacer las telenovelas? Y las telenovelas en Estados Unidos, ¿qué temas sociales suelen tocar?

d. ¿Cuáles son las características del personaje Betty de la telenovela *Betty la fea*? ¿Piensas que es una exageración u ocurre así en la vida real?

 **MORE IN ELETECA:** EXTRA ONLINE PRACTICE

Cartas formales

a continuación *following*

la despedida *closing (of a letter)*

destinatario *addressee, recipient of letter*

las disculpas *apologies*

la fecha *date*

la finalidad *purpose*

la firma *signature*

la molestia *bother*

el motivo *motive, subject*

la queja *complaint*

el remitente *sender (of a letter)*

el saludo *greeting*

Telecomunicaciones

el aparato *mechanical device*

la arroba *at, @*

la barra *slash*

la batería *battery*

el cargador *charger*

cargar *to charge*

dos puntos *colon*

el guion *hyphen*

el guion bajo *underscore*

hacer clic *to click*

la pantalla táctil *touch screen*

punto com *dot com*

se corta *to be cut, dropped (as in a call)*

la señal *signal*

tener cobertura *to have coverage*

la triple doble ve *www*

Verbos

aconsejar *to advise*

comentar *to comment*

confesar (e > ie) *to confess*

durar *to last*

ordenar *to order*

recomendar (e > ie) *to recommend*

suponer *to suppose*

Expresiones para expresar hipótesis

a lo mejor *maybe*

es probable *it's possible*

igual *maybe*

lo mismo *maybe*

posiblemente *possibly*

probablemente *probably*

puede ser / puede que *it can be that*

seguramente *surely*

tal vez *maybe*

REPORTED SPEECH

(See pages 226 and 227)

- To relate some information we use the verbs **decir**, **comentar** or **confesar** in present tense.

  "**Eres** lo mejor de **mi** vida". ➡ **Dice que soy** lo mejor de **su** vida.

  "**Estuve aquí** comiendo con Pedro". ➡ **Dice que estuvo allí** comiendo con Pedro.

  "**Creo** que **tenemos** este libro". ➡ **Dice que** cree que tienen ese libro.

- In these cases there are no changes in the verb tenses, but there are changes in:
  - **Personal pronouns**: "**Yo** quiero ir". ➡ Dice que **él** / **ella** quiere ir.
  - **Demonstrative adjectives** and **pronouns**: "Te daré **este** libro". ➡ Dice que me dará **ese** libro.
  - **Possessive adjectives** and **pronouns**: "Este es **mi** coche". ➡ Dice que ese es **su** coche.

■ When we relate questions:

"¿Hicieron la tarea?". ➡ *El profesor* **pregunta** *si hicimos la tarea.*
"¿Cuándo harán la tarea?". ➡ *El profesor nos* **pregunta cuándo** *haremos la tarea.*

VERBS AND EXPRESSIONS
TO EXPRESS HYPOTHESIS OR PROBABILITIES

(See pages 235 and 236)

Creo / Me parece		*ese modelo de celular no* **es** *uno de los mejores.*
Me imagino / Supongo	**que**	*si está en la sierra no* **tiene** *cobertura, llámalo mañana.*
Para mí / Yo diría		**llovió** *anoche, las calles están mojadas.*

A lo mejor / Lo mismo / Igual *(maybe)*	**es** *un problema de tu compañía porque yo sí tengo cobertura.*

Probablemente / Posiblemente	
Seguramente / Quizás	*la compañía telefónica* **se pone** / **se ponga** *en contacto conmigo después de mi reclamación. (indicativo/subjuntivo)*
Tal vez	

Es posible / Es probable	**que**	*mi celular* **tenga** *algún defecto de fábrica, me lo compré hace poco y no me dura nada la batería. (subjuntivo)*
Puede ser / Puede		

■ We can also express probability using some tenses:

Present ➡ Simple Future   *Javier no ha llegado,* **estará** *todavía en el metro.*
Simple Past ➡ Conditional   *Si Javier no vino ayer,* **tendría** *algún motivo.*

■ We use the imperfect subjunctive in *if*-clauses to express actions that are contrary to fact, meaning the actions are purely hypothetical and did not occur.

■ Forms of the imperfect subjunctive:

Preterit of **ellos**, drop **-ron**, add endings:	-AR / -ER / -IR	IRREGULARS
-ra **-´ramos** **-ras** **-rais** **-ra** **-ran**	viajar ➡ viajaron beber ➡ bebieron vivir ➡ vivieron	tener ➡ tuvieron ser ➡ fueron poder ➡ pudieron
yo	viaja**ra**, bebie**ra**, vivie**ra**	tuvie**ra**, fue**ra**, pudie**ra**
tú	viaja**ras**, bebie**ras**, vivie**ras**	tuvie**ras**, fue**ras**, pudie**ras**
usted/él/ella	viaja**ra**, bebie**ra**, vivie**ra**	tuvie**ra**, fue**ra**, pudie**ra**
nosotros/as	viajá**ramos**, bebié**ramos**, vivié**ramos**	tuvié**ramos**, fué**ramos**, pudié**ramos**
vosotros/as	viaja**rais**, bebie**rais**, vivie**rais**	tuvie**rais**, fue**rais**, pudie**rais**
ustedes/ellos/ellas	viaja**ran**, bebie**ran**, vivie**ran**	tuvie**ran**, fue**ran**, pudie**ran**

■ Contrary-to-fact statements have the following constructions:

Si + imperfect subjunctive, conditional.   Conditional, **si +** imperfect subjunctive.

1 🎧 **68** **Escucha el siguiente anuncio comercial sobre el musical *El Rey León (The Lion King)* y contesta las preguntas.**

a. ¿Dónde puedes ver El Rey León?

b. ¿Cómo puedes llegar?

c. ¿Dónde y cómo puedes comprar los boletos?

d. ¿Qué es la "butaca de oro"?

e. ¿Cuál es el eslogan?

2 **Completa la conversación entre Nélida y Silvia con las siguientes expresiones.**

> creo que ○ además ○ desde luego ○ es asombroso que ○
> no creo que ○ impresionante ○ qué te parece ○ pero qué dices

Nélida: ¿(a) .... ir a ver el musical de *El Rey León*? Vi la película cuando era pequeña y me parece (b) .... poder ver ahora el musical en Madrid.

Silvia: ¡(c) .... ! No me gustan nada los musicales.

N.: ¿No has visto su anuncio en la tele? Creo que (d) .... estén tan bien caracterizados los actores para parecer animales. Ya solo eso me parece increíble… Y las canciones fueron escritas por Elton John y el letrista Tim Rice, que ganaron un Oscar y un Tony.

S.: (e) .... sea el tipo de espectáculo para mí, prefiero una película. (f) .... , el teatro es carísimo.

N.: ¡(g) .... que es caro! Pero lo vale la emoción del directo, los actores cantando y bailando delante de ti, los efectos de iluminación… Es tan espectacular que (h) .... es imposible verla y que no se te pongan los pelos de punta.

S.: ¡¿Imposible?! Hummm…

3 **Relaciona los elementos de las tres columnas y construye frases para descubrir el argumento de *El Rey León*.**

a. Simba es un cachorro y sucesor al trono,

b. Scar organiza la muerte de Mufasa, el padre de Simba, y le hace creer que es culpa suya,

c. Simba tiene dos nuevos amigos que le adoptan y,

d. Su tío Scar toma el trono,

1. por eso

2. incluso

3. además,

4. sin embargo

A. le enseñan la filosofía de vivir sin preocupaciones: el *Hakuna Matata*.

B. su tío Scar quiere ser el próximo rey y prepara un plan para ocupar el trono.

C. llega a hacer pensar a todos los animales que Simba murió. ¿Volverá a recuperar su reino?

D. se siente culpable y escapa a la selva.

4 Completa la siguiente conversación entre dos amigos. Ninguno de los dos conoce la obra. Lee las respuestas y escribe la pregunta. La primera ya está hecha.

Sandra: ¿Cuánto costarán los boletos?

Mateo: Ni idea, pero imagino que serán caros.

S.: (a) ....

M.: Imagino que en la taquilla del teatro o por Internet, pero no estoy seguro.

S.: (b) ....

M.: Creo que está por el centro de Madrid. Lo podemos mirar en la página web del teatro.

S.: (c) ....

M.: Me imagino que sí ha ganado muchos premios.

S.: (d) ....

M.: Supongo que más de dos horas, como todos los musicales.

S.: (e) ....

M.: Tal vez. Si no, pues buscamos un estacionamiento.

S.: (f) ....

M.: Ya sabes que yo tampoco lo sé, pero normalmente las funciones son sobre las ocho de la tarde, ¿no?

S.: (g) ....

M.: Seguramente. La están representando en muchos países, entonces supongo que sí, que la vieron muchas personas.

5 En la historia de *El Rey León* aparecen muchos animales. Relaciona la imagen con la palabra apropiada en cada caso.

1.
a. ☐ toro
b. ☐ rinoceronte
c. ☐ jabalí

2.
a. ☐ elefante
b. ☐ ciervo
c. ☐ cerdo

3.
a. ☐ pingüino
b. ☐ oso panda
c. ☐ cebra

4.
a. ☐ loro
b. ☐ águila
c. ☐ tucán

6 Escribe tu hipótesis usando diferentes palabras y los conectores aprendidos.

1.
....
....

2.
....
....

3.
....
....

4.
....
....

APÉNDICES

RESUMEN GRAMATICAL

UNIDAD 1

THE FUTURE TENSE

■ Regular verbs:

	–AR VIAJAR	–ER COMER	–IR VIVIR
yo	viajar**é**	comer**é**	vivir**é**
tú	viajar**ás**	comer**ás**	vivir**ás**
usted/él/ella	viajar**á**	comer**á**	vivir**á**
nosotros/as	viajar**emos**	comer**emos**	vivir**emos**
vosotros/as	viajar**éis**	comer**éis**	vivir**éis**
ustedes/ellos/ellas	viajar**án**	comer**án**	vivir**án**

■ Irregular verbs:

IRREGULAR VERBS			
poder ➡ **podr–**	tener ➡ **tendr–**	hacer ➡ **har–**	é
salir ➡ **saldr–**	poner ➡ **pondr–**	decir ➡ **dir–**	ás
caber ➡ **cabr–**	venir ➡ **vendr–**		á
haber ➡ **habr–**	valer ➡ **valdr–**		emos
saber ➡ **sabr–**			éis
querer ➡ **querr–**			án

The future is often used with the following temporal expressions:

El año / mes / la semana / primavera **que viene**

Dentro de dos años / un rato / unos días

El/la próximo/a semana / mes / año

Mañana / Pasado mañana

SI + PRESENT + FUTURE

■ To talk about future actions that will occur if a certain condition is met, use the following:

• **Si**	+	**present**	+	**future**
Si		*no llueve,*		*iremos a la playa.*

UNIDAD 2

AFFIRMATIVE COMMANDS

■ Affirmative commands are used to give an order, to invite, give advice, make recommendations, or give permission to someone.

■ Verbs ending in –**ar** will use the –**e**/–**en** endings in **usted** and **ustedes** commands. Verbs ending in –**er**/–**ir** will use the –**a**/–**an** endings in **usted** and **ustedes** commands.

REGULAR VERBS

	COMPRAR	COMER	SUBIR
tú	compra	come	sube
usted	compre	coma	suba
ustedes	compren	coman	suban

IRREGULAR VERBS

	DECIR	HACER	PONER	TENER
tú	di	haz	pon	ten
usted	diga	haga	ponga	tenga
ustedes	digan	hagan	pongan	tengan

AFFIRMATIVE COMMANDS + PRONOUNS

- Direct, indirect, and reflexive pronouns are attached to affirmative commands to form one word.

  Pon el queso en la nevera. ➡ **Ponlo**.   *Dime el secreto.* ➡ **Dímelo**.

EXPANSIÓN GRAMATICAL

Other irregular verbs:

	VENIR	IR	SER	SALIR
tú	ven	ve	sé	sal
usted	venga	vaya	sea	salga
ustedes	vengan	vayan	sean	salgan

Stem-changing verbs in the command form maintain their stem change:

	CERRAR e ➡ ie	DORMIR o ➡ ue	JUGAR u ➡ ue	PEDIR e ➡ i	CONSTRUIR i ➡ y
tú	cierra	duerme	juega	pide	construye
usted	cierre	duerma	juegue	pida	construya
ustedes	cierren	duerman	jueguen	pidan	construyan

NEGATIVE COMMANDS

- Negative commands are used to tell someone what not to do.
- To form the negative commands:
  - For **usted/ustedes**, use the same form as the affirmative command.

    (usted) compre ➡ **no compre**   *(ustedes) compren* ➡ **no compren**
  - For **tú**, add **−s** to the negative command of **usted**.

    (usted) no compre ➡ *(tú)* **no compres**

REGULAR VERBS

	COMPRAR	COMER	SUBIR
tú	no compres	no comas	no subas
usted	no compre	no coma	no suba
ustedes	no compren	no coman	no suban

IRREGULAR VERBS

	DECIR	HACER	PONER	TENER
tú	no **digas**	no **hagas**	no **pongas**	no **tengas**
usted	no **diga**	no **haga**	no **ponga**	no **tenga**
ustedes	no **digan**	no **hagan**	no **pongan**	no **tengan**

NEGATIVE COMMANDS AND PRONOUNS

■ Direct, indirect, and reflexive pronouns are placed before negative commands.

No **lo** pongas en la estantería.   No **se lo** digas a nadie.

EXPANSIÓN GRAMATICAL

Other irregular verbs:

	VENIR	IR	SER	SALIR
tú	no **vengas**	no **vayas**	no **seas**	no **salgas**
usted	no **venga**	no **vaya**	no **sea**	no **salga**
ustedes	no **vengan**	no **vayan**	no **sean**	no **salgan**

Stem-changing verbs in the command form maintain their stem change:

	CERRAR	DORMIR	JUGAR	PEDIR	CONSTRUIR
	e → ie	o → ue	u → ue	e → i	i → y
tú	no c**ie**rres	no d**ue**rmas	no j**ue**gues	no p**i**das	no constru**y**as
usted	no c**ie**rre	no d**ue**rma	no j**ue**gue	no p**i**da	no constru**y**a
ustedes	no c**ie**rren	no d**ue**rman	no j**ue**guen	no p**i**dan	no constru**y**an

UNIDAD 3

THE PLUPERFECT (PAST PERFECT)

The pluperfect is formed with the imperfect of **haber** + past participle of the verb.

				Irregular past participles	
yo	había				
tú	habías			abrir ➔ **abierto**	escribir ➔ **escrito**
usted/él/ella	había	–**ado** (–ar verbs)	lleg**ado**	hacer ➔ **hecho**	ver ➔ **visto**
nosotros/as	habíamos	–**ido** (–er / ir verbs)	com**ido**	decir ➔ **dicho**	poner ➔ **puesto**
vosotros/as	habíais		viv**ido**	romper ➔ **roto**	volver ➔ **vuelto**
ustedes/ellos/ellas	habían				

EXPANSIÓN GRAMATICAL

■ Uses:

- To talk about an action that ended before another past action. Note the use of **todavía** and **ya**:
  *Cuando llegué al cine la película no **había comenzado** todavía / la película todavía no **había comenzado**.*
  (Llegué al cine a las 17:59, la película comenzó a las 18:00)
  *Cuando llegué al cine la película **había comenzado** ya / la película ya **había comenzado**.*
  (Llegué al cine a las 18:05 y la película comenzó a las 18:00)

- To talk about an action that took place before another past action, but with a sense of immediacy:
  *Le compré un juguete y al día siguiente ya lo **había roto**.*
  *Para mi cumpleaños me regalaron una novela y a la semana siguiente ya la **había leído**.*

- To talk about an action that we had never done before. Note the use of **nunca** and **nunca antes**:
  *Nunca / Nunca antes **había estado** aquí / No **había estado** aquí nunca / nunca antes.*
  *Nunca / Nunca antes **habíamos viajado** en globo / No **habíamos viajado** en globo nunca / nunca antes.*

- To ask if a person had ever done something before. Note the use of **antes** and **alguna vez**:
  *¿**Habías estado** en Madrid alguna vez / antes?*
  *¿**Habías estado** alguna vez / antes en Madrid?*

UNIDAD 4

THE CONDITIONAL TENSE

■ Regular verbs:

	HABLAR	COMER	ESCRIBIR
yo	hablar**ía**	comer**ía**	escribir**ía**
tú	hablar**ías**	comer**ías**	escribir**ías**
usted/él/ella	hablar**ía**	comer**ía**	escribir**ía**
nosotros/as	hablar**íamos**	comer**íamos**	escribir**íamos**
vosotros/as	hablar**íais**	comer**íais**	escribir**íais**
ustedes/ellos/ellas	hablar**ían**	comer**ían**	escribir**ían**

■ Irregular verbs:

caber ➡ **cabr–**	tener ➡ **tendr–**	hacer ➡ **har–**			**ía**
haber ➡ **habr–**	poder ➡ **podr–**	decir ➡ **dir–**			**ías**
saber ➡ **sabr–**	poner ➡ **pondr–**				**ía**
querer ➡ **querr–**	venir ➡ **vendr–**		+		**íamos**
	salir ➡ **saldr–**				**íais**
	valer ➡ **valdr–**				**ían**

■ Uses:

- To **give advice** or recommendations:
  *Yo / yo que tú / yo en tu lugar, **le diría** la verdad, seguro que lo entiende.*
  ***Deberías** comer menos dulces, no son muy saludables.*
  ***Podrías** presentarte al casting para el programa de baile, lo haces muy bien.*

- To **ask for permission** and favors:
  *¿**Te importaría** acercarme la chaqueta? Es que yo no alcanzo.*

- To express **probability** or **hypothesize** in the past:
  ***Tendría** 20 años cuando empezó a cantar.*

THE PRESENT SUBJUNCTIVE

■ Regular verbs:

To form the present subjunctive, start with the **yo** form of the present indicative, drop the **o** and switch to the opposite endings. For **–ar** verbs use: **–e**, **–es**, **–e**, **–emos**, **–éis**, **–en**. For **–er** / **–ir** verbs use: **–a**, **–as**, **–a**, **–amos**, **–áis**, **–an**.

	HABLAR	COMER	ESCRIBIR
yo	habl**e**	com**a**	escrib**a**
tú	habl**es**	com**as**	escrib**as**
usted/él/ella	habl**e**	com**a**	escrib**a**
nosotros/as	habl**emos**	com**amos**	escrib**amos**
vosotros/as	habl**éis**	com**áis**	escrib**áis**
ustedes/ellos/ellas	habl**en**	com**an**	escrib**an**

■ Irregular verbs:

Almost all verbs that are irregular in the present indicative will be irregular in the present subjunctive.

Stem-changing verbs

	QUERER	VOLVER	JUGAR	PEDIR
	e ➡ ie	o ➡ ue	u ➡ ue	e ➡ i (en todas las personas)
yo	qu**ie**ra	v**ue**lva	j**ue**gue	p**i**da
tú	qu**ie**ras	v**ue**lvas	j**ue**gues	p**i**das
usted/él/ella	qu**ie**ra	v**ue**lva	j**ue**gue	p**i**da
nosotros/as	queramos	volvamos	juguemos	p**i**damos
vosotros/as	queráis	volváis	juguéis	p**i**dáis
ustedes/ellos/ellas	qu**ie**ran	v**ue**lvan	j**ue**guen	p**i**dan

■ The verbs **dormir** and **morir** have two stem changes in the present subjunctive: o ➡ ue and o ➡ u:

• d**ue**rma, d**ue**rmas, d**ue**rma, d**u**rmamos, d**u**rmáis, d**ue**rman.

• m**ue**ra, m**ue**ras, m**ue**ra, m**u**ramos, m**u**ráis, m**ue**ran.

Verbs with irregular *yo* forms

poner ➡ **pong–**	traer ➡ **traig–**	**a**
tener ➡ **teng–**	hacer ➡ **hag–**	**as**
salir ➡ **salg–**	caer ➡ **caig–**	**a**
venir ➡ **veng–**	construir ➡ **construy–**	**amos**
decir ➡ **dig–**	conocer ➡ **conozc–**	**áis**
		an

Verbs that are completely irregular

HABER	IR	SABER	ESTAR	SER	VER	DAR
haya	vaya	sepa	esté	sea	vea	dé
hayas	vayas	sepas	estés	seas	veas	des
haya	vaya	sepa	esté	sea	vea	de
hayamos	vayamos	sepamos	estemos	seamos	veamos	demos
hayáis	vayáis	sepáis	estéis	seáis	veáis	deis
hayan	vayan	sepan	estén	sean	vean	den

■ Uses:

- To express **wishes** or **desires**. If there is only one subject in the sentence, use an infinitive. If there are different subjects, use the subjunctive:

  *(Yo) Quiero (yo) **hablar** contigo. / (Yo) Quiero que (nosotros) **hablemos**.*

  *(Yo) Espero (yo) **verte** pronto. / (Yo) Espero que (nosotros) nos **veamos** pronto.*

- To express **purpose** or **goals in the future**. If there is only one subject in the sentence or a subject that is not specified, use an infinitive. If there are different subjects, use the subjunctive:

  *He hecho una tortilla para **cenar**. / He hecho una tortilla para que **cenéis** Carla y tú.*

- To express **future actions** after **adverbial conjunctions**:

  » *¿Cuándo volverá Ana?*   » *Cuando **salga** de trabajar.*

EXPANSIÓN GRAMATICAL

Other verbs with irregular forms in the subjunctive:

e → ie (except in the **nosotros** and **vosotros** forms)		
cerrar → cierre	encender → encienda	mentir → mienta
comenzar → comience	encerrar → encierre	querer → quiera
despertarse → se despierte	entender → entienda	recomendar → recomiende
divertirse → se divierta	goberna → gobierne	sentarse → se siente
empezar → empiece	manifestar → manifieste	sentir → sienta

o → ue (except in the **nosotros** and **vosotros** forms)		e → i (en todas las personas)
acordarse → se acuerde	rogar → ruegue	competir → compita
acostarse → se acueste	soler → suela	despedir → despida
contar → cuente	sonar → suene	despedirse → se despida
llover → llueva	soñar → sueñe	impedir → impida
probar → pruebe	volar → vuele	medir → mida
resolver → resuelva	volver → vuelva	repetir → repita

EXPRESSING FEELINGS AND EMOTIONS

■ To express changing moods and feelings use the following structures:

- Verb **estar** + adjective + **con** + noun.

  Mi hermana está muy contenta con su profesora de música.

- Verb **estar** + adjective + **de** + infinitive (if the subject of both verbs is the same).

  Estamos encantadas de asistir al estreno de la nueva película de Mario Casas.

- Verb **estar** + adjective + **de que** + subjunctive (if the subject of both verbs is different).

  Estoy encantada de que te quedes unos días más con nosotros.

- Verbs **ponerse**, **sentirse** o **estar** + adjective + **cuando** / **si** + indicative.

  Yo me pongo furioso cuando dejo un libro y no me lo devuelven.

  Yo me siento mal si veo una noticia triste.

■ Other verbs:

	+ noun
• **Odiar**	*Odio los lunes.*
• **No soportar**	+ infinitive (same subject)
• **No aguantar**	*No soporto madrugar.*
• **Adorar**	+ **que** + subjunctive (different subjects)
	No aguanto que me empujen en el metro.

■ Verbs like **gustar**:

- **Me**, **te**, **le**, **nos**... + **da rabia**, **pone alegre/s**, **molesta** + infinitive (if the person experiencing the emotion and carrying out the action is the same).

  A mí me da vergüenza hablar en público.

- **Me**, **te**, **le**, **nos**... + **da rabia**, **pone alegre/s**, **molesta** + **que** + subjunctive (if the person experiencing the emotion and the person carrying out the action are different).

  A mí me da rabia que la gente toque los cuadros en los museos.

- Remember that adjectives must agree with the subject in number and gender.

  *A mi **madre** le pone **enferma** que no recoja mi habitación.*

VERBS FOLLOWED BY INFINITIVES OR PRESENT PARTICIPLES

■ In some of these constructions, the first verb, which is always conjugated, may be followed by a preposition.

- **Empezar** / **ponerse a** + infinitive expresses the beginning of an action.

  He empezado a leer una novela muy interesante.

  En cuanto llegué a casa me puse a estudiar para el examen del día siguiente.

- **Volver a** + infinitive expresses the repetition of an action.

  El año pasado me apunté a clases de teatro y este año he vuelto a apuntarme.

- **Seguir** / **continuar** + present participle expresses an action that continues.

  Nos conocimos en la guardería y hoy todavía seguimos siendo amigas.

  Este verano continuaré yendo a clases de inglés, no quiero olvidar lo que he aprendido.

- **Acabar de** + **infinitive** expresses an action that just occurred.

  Si quieres pastel espera a que se enfríe un poco, que acabo de sacarlo del horno.

- **Dejar de** + **infinitive** expresses the interruption of an action (to stop doing something).

  He dejado de ir a clases de guitarra porque este año no tengo tanto tiempo.

VERBS THAT EXPRESS CHANGE

■ To express **spontaneous** or **temporary changes** in a person, use:

- **Ponerse** + adjective.

  Al hablar se ha puesto muy nervioso.   *Se ha puesto rojo cuando le han preguntado.*

- **Quedarse** (describes the end result).

  Se ha quedado muy sorprendido por la noticia.   *¡Mi madre se ha quedado embarazada!*

  Quedarse *can sometimes express permanent changes: Mi abuelo* **se quedó calvo***.*

■ To express **permanent changes**, use:

- **Volverse** + adjective / noun (not voluntary)

  Se ha vuelto un antipático. Antes no era así.   *Desde su divorcio, se ha vuelto más reservada.*

  Jugó a la lotería y se volvió millonario.

- **Hacerse** (gradual or voluntary change).

  Antes era abogado y ahora se ha hecho juez.

  Hacerse *can be used with adjectives and nouns that express* **profession**, **religion** *and* **ideology***.*

  Estudió Medicina y **se hizo médico***.*   *Con esa situación* **se hizo fuerte***.*

  Viajó al Tíbet y **se hizo budista***.*

UNIDAD 7

EXPRESSING OPINIONS

■ To **ask for an opinion**:

- **¿Qué piensas / crees / opinas de / sobre…?**

  ¿Qué piensas de este periódico?

- **¿(A ti)** qué **te parece…?**

  ¿A ti qué te parece lo que está pasando con la organización de la fiesta?

- **En tu opinión / Desde tu punto de vista / Según tú** + question.

  Desde tu punto de vista, ¿cuál es el anuncio más inteligente?

■ To **give an opinion**:

- **En mi opinión / Desde mi punto de vista**…

  En mi opinión el blog no es muy interesante.

- **Me parece que / Creo que / Pienso que** + indicative.

  Nos parece que la marca es muy importante.

- **No me parece que / No creo que** + present subjunctive.

  No nos parece que la marca sea tan importante.

- To show agreement and disagreement:

• **(No) estoy a favor de**	+ noun
• **(No) estoy en contra de**	+ infinitive (same subject)
• **(No) estoy (del todo) de acuerdo con**	+ que + present subjunctive (different subjects)

No estoy de acuerdo con todo tipo de anuncios.
Estoy en contra de ser manipulado por la publicidad.

Estoy a favor de que nos pidan opinión antes de vendernos sus productos.

- Other ways to express:

AGREEMENT	SOFTEN A DISAGREEMENT	DISAGREEMENT
• Sí, claro.	• Yo no diría eso…	• ¡No, no!
• ¡Desde luego!	• Tienes razón, pero…	• ¡No, de ninguna manera!
• ¡Claro, claro!	• Sí, es una idea interesante, pero por otra parte…	• ¡Qué va!
• Yo pienso lo mismo que tú.	• A mi modo de ver, ese no es el problema / el tema…	• ¡(Pero) qué dices! (coloquial)
• Por supuesto.	• Lo que pasa es que…	• ¡Anda ya! (coloquial)
• ¡Y que lo digas! (coloquial)		

MAKING VALUE JUDGEMENTS

- To **ask**:

  • **¿Te parece bien / mal** /… + noun / infinitive / **que** + present subjunctive?

  ¿Te parece mal el sueldo de un publicista?
  ¿Te parece bien poder usar buscadores para hacer trabajos de clase?
  ¿Te parece una tontería que los publicistas ganen mucho dinero?

- To **respond**:

• **Me parece bien / mal**	
• **Me parece / Es triste / increíble / cómico…**	+ **que** + present subjunctive
• **Me parece / Es una tontería / una vergüenza…**	
• **Es bueno / malo**	

Es increíble que se gasten tanto en anunciar sus productos.
Me parece bien que se entienda como una inversión y no como un gasto.
Creo que es una tontería que siempre veas los anuncios.

• **Está claro**	+ **que** + indicative
• **Es obvio / verdad**	

Está claro que la publicidad es creación.

- **¡Qué + bien / interesante**… + sentence!

  ¡Qué interesante este artículo!
  ¡Qué bien poder compartir tanta información a través de Facebook!
  ¡Qué guay que nuestro instituto tenga una página web!

TRANSITION WORDS AND SENTENCE CONNECTORS

- To present a **series** of reasons or points in an **argument**: **En primer lugar**... **en segundo lugar**...
  La juventud es muy crítica. En primer lugar no acepta cualquier cosa y en segundo lugar busca lo que quiere.

- To present **opposing views**: **Por un lado / una parte**... **por otro (lado) / por otra (parte)**...
  Comer bien es importante. Por un lado es necesario, por otro un placer.

- To **add points** or arguments: **Y / además / también / asimismo**
  La creatividad está presente en la publicidad, además de la originalidad por supuesto.

- To provide **examples** and **explanations**: **Por ejemplo / es decir / o sea**
  El alto nivel de competencia hace necesario invertir en publicidad, es decir, hay muchos productos buenos y similares en el mercado, pero algo te hace elegir uno.

- To refer to a topic **previously presented**: **(Con) respecto a (eso de / eso) / Sobre (eso)**...
  Con respecto a eso que has dicho antes, siento no estar totalmente de acuerdo contigo.

- To **add reasons** to an argument: **Incluso**
  María trabaja todos los días, incluso los domingos.

- To **contrast reasons**: **Bueno / pero / sin embargo / no obstante / en cambio**
  El rojo es mi color preferido, sin embargo nunca llevo ropa de ese color.

- To express **consequence**: **Así que / de modo que / de manera que / de ahí que / así pues / pues**
  Me encantan las películas, así que voy al cine siempre que puedo.

- To draw **conclusions**: **Entonces / total que / por lo tanto / en resumen / en conclusión / para terminar**
  Fuimos a la montaña sin botas ni ropa adecuada, total que pasamos muchísimo frío.

UNIDAD 8

INDIRECT SPEECH

- To repeat information use verbs like **decir**, **comentar** or **confesar** in the present or present perfect tenses:
  "Eres lo mejor de mi vida". ➡ *Dice / Ha dicho **que soy** lo mejor de **su** vida.*
  "Estuve aquí comiendo con Pedro". ➡ *Dice / Ha dicho **que estuvo allí** comiendo con Pedro.*
  "Cree que tenemos este libro". ➡ *Dice / Ha dicho **que** cree que **tienen ese** libro.*

- While the verb tenses in these cases do not change, other changes will take place in the following:
  - Subject Pronouns
    "**Yo** quiero ir". ➡ *Dice que **él/ella** quiere ir.*
    "**Tú** quieres hablar siempre". ➡ *Dice que **yo** quiero hablar siempre.*
  - Demonstrative Adjectives and Pronouns
    "**Te** daré **este** libro". ➡ *Dice que **me** dará **ese** libro.*

- When repeating questions, use the interrogative word in the question (**cómo, dónde, qué, cuándo**...) or **preguntar** + **si** (for questions without interrogatives):
  "¿Han hecho la tarea?". ➡ *El profesor nos ha preguntado si hemos hecho la tarea.*
  "¿Cuándo van a hacer la tarea?". ➡ *El profesor nos ha preguntado cuándo vamos a hacer la tarea.*

HYPOTHETICAL EXPRESSIONS WITH THE INDICATIVE AND THE SUBJUNCTIVE

• **Creo / me parece que**		
• **Me imagino / aupongo que**	+ indicative	*Creo que ese modelo de móvil **es** uno de los mejores.*
• **Para mí / yo diría que**		

- **A lo mejor / lo mismo / igual** + indicative

  *Igual **es** un problema de tu compañía.*

- **Probablemente / posiblemente / seguramente / quizás / tal vez** + indicative / subjunctive

  *Quizás la compañía se **pone / ponga** en contacto conmigo después de mi reclamación.*

- **Es posible / es probable / puede (ser) + que** + subjunctive

  *Puede que mi teléfono **tenga** algún defecto de fábrica, me lo compré hace poco y no me dura nada la batería.*

■ We can also express probability with the following verb tenses:

• Present ➡ Future	• Preterit ➡ Conditional
≫ *¿Sabes dónde está Javier?*	≫ *¿Sabes cómo vino ayer a clase?*
≫ *No sé, **estará** todavía en el metro.*	≫ *No lo sé. **Vendría** andando.*

■ We use the imperfect subjunctive in *if*-clauses to express actions that are contrary to fact, meaning the actions are purely hypothetical and did not occur.

■ Forms of the imperfect subjunctive:

Preterit of ***ellos***, drop **-ron**, add endings:	-AR / -ER / -IR	IRREGULARS
-ra **-ramos** **-ras** **-rais** **-ra** **-ran**	viajar ➡ viajaron beber ➡ bebieron vivir ➡ vivieron	tener ➡ tuvieron ser ➡ fueron poder ➡ pudieron
yo	viaja**ra**, bebie**ra**, vivie**ra**	tuvie**ra**, fue**ra**, pudie**ra**
tú	viaja**ras**, bebie**ras**, vivie**ras**	tuvie**ras**, fue**ras**, pudie**ras**
usted/él/ella	viaja**ra**, bebie**ra**, vivie**ra**	tuvie**ra**, fue**ra**, pudie**ra**
nosotros/as	viajá**ramos**, bebié**ramos**, vivié**ramos**	tuvié**ramos**, fué**ramos**, pudié**ramos**
vosotros/as	viaja**rais**, bebie**rais**, vivie**rais**	tuvie**rais**, fue**rais**, pudie**rais**
ustedes/ellos/ellas	viaja**ran**, bebie**ran**, vivie**ran**	tuvie**ran**, fue**ran**, pudie**ran**

■ Contrary-to-fact statements have the following constructions:

Si + imperfect subjuntive, conditional.	Conditional, **si +** imperfect subjunctive.

Affirmative Commands

Regular verbs

CANTAR	COMER	VIVIR
canta	come	vive
cante	coma	viva
canten	coman	vivan

Irregular verbs

CAER	CONDUCIR	CONOCER	CONSTRUIR	CONTAR
cae	conduce	conoce	construye	cuenta
caiga	conduzca	conozca	construya	cuente
caigan	conduzcan	conozcan	construyan	cuenten

DECIR	DORMIR	ELEGIR	EMPEZAR	HACER
di	duerme	elige	empieza	haz
diga	duerma	elija	empiece	haga
digan	duerman	elijan	empiecen	hagan

HUIR	IR	JUGAR	LLEGAR	OÍR
huye	ve	juega	llega	oye
huya	vaya	juegue	llegue	oiga
huyan	vayan	jueguen	lleguen	oigan

PEDIR	PENSAR	PONER	SABER	SALIR
pide	piensa	pon	sabe	sal
pida	piense	ponga	sepa	salga
pidan	piensen	pongan	sepan	salgan

SER	TENER	VENIR	VESTIR	VOLVER
sé	ten	ven	viste	vuelve
sea	tenga	venga	vista	vuelva
sean	tengan	vengan	vistan	vuelvan

Future Tense

Regular verbs

CANTAR	COMER	VIVIR
cantaré	comeré	viviré
cantarás	comerás	vivirás
cantará	comerá	vivirá
cantaremos	comeremos	viviremos
cantaréis	comeréis	viviréis
cantarán	comerán	vivirán

263

Irregular verbs

CABER	DECIR	HABER	HACER
cabré	diré	habré	haré
cabrás	dirás	habrás	harás
cabrá	dirá	habrá	hará
cabremos	diremos	habremos	haremos
cabréis	diréis	habréis	haréis
cabrán	dirán	habrán	harán

PODER	PONER	QUERER	SABER
podré	pondré	querré	sabré
podrás	pondrás	querrás	sabrás
podrá	pondrá	querrá	sabrá
podremos	pondremos	querremos	sabremos
podréis	pondréis	querréis	sabréis
podrán	pondrán	querrán	sabrán

SALIR	TENER	VALER	VENIR
saldré	tendré	valdré	vendré
saldrás	tendrás	valdrás	vendrás
saldrá	tendrá	valdrá	vendrá
saldremos	tendremos	valdremos	vendremos
saldréis	tendréis	valdréis	vendréis
saldrán	tendrán	valdrán	vendrán

The pluperfect (past perfect)

yo	había
tú	habías
usted/él/ella	había
nosotros/as	habíamos
vosotros/as	habíais
ustedes/ellos/ellas	habían

−**ado** (−ar verbs)
−**ido** (−er / ir verbs)

lleg**ado**
com**ido**
viv**ido**

Irregular past participles			
abrir ➡ **abierto**		escribir ➡ **escrito**	
hacer ➡ **hecho**		ver ➡ **visto**	
decir ➡ **dicho**		poner ➡ **puesto**	
romper ➡ **roto**		volver ➡ **vuelto**	

The conditional

Regular verbs

	HABLAR	COMER	ESCRIBIR
yo	hablaría	comería	escribiría
tú	hablarías	comerías	escribirías
usted/él/ella	hablaría	comería	escribiría
nosotros/as	hablaríamos	comeríamos	escribiríamos
vosotros/as	hablaríais	comeríais	escribiríais
ustedes/ellos/ellas	hablarían	comerían	escribirían

Irregular verbs

caber ➡ **cabr**–	tener ➡ **tendr**–	hacer ➡ **har**–			ía
haber ➡ **habr**–	poder ➡ **podr**–	decir ➡ **dir**–			ías
saber ➡ **sabr**–	poner ➡ **pondr**–		+		ía
querer ➡ **querr**–	venir ➡ **vendr**–				íamos
	salir ➡ **saldr**–				íais
	valer ➡ **valdr**–				ían

The present subjunctive

Regular verbs

	HABLAR	COMER	ESCRIBIR
yo	hable	coma	escriba
tú	hables	comas	escribas
usted/él/ella	hable	coma	escriba
nosotros/as	hablemos	comamos	escribamos
vosotros/as	habléis	comáis	escribáis
ustedes/ellos/ellas	hablen	coman	escriban

Irregular verbs

Stem-changing verbs

	QUERER e ➡ ie	VOLVER o ➡ ue	JUGAR u ➡ ue	PEDIR e ➡ i (en todas las personas)
yo	quiera	vuelva	juegue	pida
tú	quieras	vuelvas	juegues	pidas
usted/él/ella	quiera	vuelva	juegue	pida
nosotros/as	queramos	volvamos	juguemos	pidamos
vosotros/as	queráis	volváis	juguéis	pidáis
ustedes/ellos/ellas	quieran	vuelvan	jueguen	pidan

■ The verbs **dormir** and **morir** have two stem changes in the present subjunctive: **o ➡ ue** and **o ➡ u**:

• d**ue**rma, d**ue**rmas, d**ue**rma, d**u**rmamos, d**u**rmáis, d**ue**rman.

• m**ue**ra, m**ue**ras, m**ue**ra, m**u**ramos, m**u**ráis, m**ue**ran.

Verbs with irregular **yo** forms

poner ➜ **pong–**	traer ➜ **traig–**
tener ➜ **teng–**	hacer ➜ **hag–**
salir ➜ **salg–**	caer ➜ **caig–**
venir ➜ **veng–**	construir ➜ **construy–**
decir ➜ **dig–**	conocer ➜ **conozc–**

a
as
a
amos
áis
an

Verbs that are completely irregular

HABER	IR	SABER	ESTAR	SER	VER	DAR
haya	**vaya**	**sepa**	**esté**	**sea**	**vea**	**dé**
hayas	**vayas**	**sepas**	**estés**	**seas**	**veas**	**des**
haya	**vaya**	**sepa**	**esté**	**sea**	**vea**	**dé**
hayamos	**vayamos**	**sepamos**	**estemos**	**seamos**	**veamos**	**demos**
hayáis	**vayáis**	**sepáis**	**estéis**	**seáis**	**veáis**	**deis**
hayan	**vayan**	**sepan**	**estén**	**sean**	**vean**	**den**

Other verbs with irregular forms in the subjunctive

e ➜ ie (except in the **nosotros** and **vosotros** forms)

cerrar ➜ c**ie**rre	encender ➜ enc**ie**nda	mentir ➜ m**ie**nta
comenzar ➜ com**ie**nce	encerrar ➜ enc**ie**rre	querer ➜ qu**ie**ra
despertarse ➜ se desp**ie**rte	entender ➜ ent**ie**nda	recomendar ➜ recom**ie**nde
divertirse ➜ se div**ie**rta	gobernar ➜ gob**ie**rne	sentarse ➜ se s**ie**nte
empezar ➜ emp**ie**ce	manifestar ➜ manif**ie**ste	sentir ➜ s**ie**nta

o ➜ ue (except in the **nosotros** and **vosotros** forms)

acordarse ➜ se ac**ue**rde	rogar ➜ r**ue**gue
acostarse ➜ se ac**ue**ste	soler ➜ s**ue**la
contar ➜ c**ue**nte	sonar ➜ s**ue**ne
llover ➜ ll**ue**va	soñar ➜ s**ue**ñe
probar ➜ pr**ue**be	volar ➜ v**ue**le
resolver ➜ res**ue**lva	volver ➜ v**ue**lva

e ➜ i (en todas las personas)

competir ➜ comp**i**ta
despedir ➜ desp**i**da
despedirse ➜ se desp**i**da
impedir ➜ imp**i**da
medir ➜ m**i**da
repetir ➜ rep**i**ta

The imperfect subjunctive

Regular verbs

	PRACTICAR	BEBER	SALIR
yo	practic**ara**	beb**iera**	sal**iera**
tú	practic**aras**	beb**ieras**	sal**ieras**
usted/él/ella	practic**ara**	beb**iera**	sal**iera**
nosotros/as	practic**áramos**	beb**iéramos**	sal**iéramos**
vosotros/as	practic**arais**	beb**ierais**	sal**ierais**
ustedes/ellos/ellas	practic**aran**	beb**ieran**	sal**ieran**

Irregular verbs

INFINITIVO	PRETERIT	IMPERFECT SUBJUNCTIVE
poner	**pusieron**	**pusiera**
dormir	**durmieron**	**durmiera**
conducir	**condujeron**	**condujera**
pedir	**pidieron**	**pidiera**
querer	**quisieron**	**quisiera**
hacer	**hicieron**	**hiciera**
poder	**pudieron**	**pudiera**
tener	**tuvieron**	**tuviera**
oír	**oyeron**	**oyera**
construir	**construyeron**	**construyera**
ser / ir	**fueron**	**fuera**
estar	**estuvieron**	**estuviera**
haber	**hubieron**	**hubiera**

A

a continuación (3)	next
a continuación (8)	following
a la plancha (4)	grilled
a lo mejor (8)	maybe
abrir (3)	to open
abrir ventanas (7)	to open a new window
aburrirse (0, 1)	to be bored
(el) aceite de girasol (4)	sunflower oil
(el) aceite de oliva (4)	olive oil
aceptar (2)	to accept
aconsejar (8)	to advise
acostumbrarse (0)	to get used to
(el) acueducto (6)	aqueduct
adelgazar (4)	to lose weight
adorar (6)	to adore
(el) aeropuerto (0)	airport
agarrar (0)	to take
agotado/a (6)	sold out, exhausted
agradecer (2)	to thank
al (5)	upon
Al parecer... (3)	Apparently...
al principio (3)	in the beginning
(el) alcalde (1)	mayor
(la) alfombra de Hollywood (3)	the red carpet
aliñar (4)	to dress (salad)
(la) amistad virtual (7)	virtual friend
¡Anda ya! (3)	Go on now!
anticonsumista (7)	one who opposes consumerism
añadir (4)	to add
(el) aparato (8)	mechanical device
apetecer (6)	to feel like
(el) aplauso (3)	applause
aprobar (1)	to pass (a test, a course)
apúntate (2)	sign up
(el) argumento (3)	plot, story line
(el) arpa (6)	harp
(la) arroba (8)	at, @
(la) aspiradora (2)	vacuum cleaner
atacar (7)	to attack
atento/a (6)	attentive
atreverse (6)	to dare
(las) aventuras (6)	adventures
(el) avión (0)	plane
(la) ayuda desinteresada (5)	selfless aid

B

(el) bailarín / la bailarina (6)	ballet dancer
(el) balón (2)	ball
(la) banderola (7)	banner
bañarse (0)	to swim
(la) barra (8)	slash
barrer (2)	to sweep
(la) basura (1)	garbage
(la) basura (2)	trash
(la) batería (8)	battery
(la) berenjena (4)	eggplant
(el) bistec (4)	steak
(el) bizcocho (4)	cake
(el) boleto / billete (0)	ticket

botar (2)	to throw away, to bounce
(el) botón (7)	button
(el) buscador (7)	search engine

C

caber (1)	to fit
(el) calabacín (4)	zucchini
(el) calentamiento global (1)	global warming
(el) cámara (3)	cameraman
(la) cámara (3)	camera
(el) campamento de verano (0)	summer camp
(la) campaña (1, 7)	campaign
(la) campaña de sensibilización (5)	awareness campaign
(el) campo (2)	field
(la) cancha (2)	court
(el) candidato (1)	candidate
(el) cargador (8)	charger
cargar (8)	to charge
(la) carne picada (4)	ground beef
(el) cartel (7)	sign, poster
castigar (1)	to punish
(la) catástrofe natural (5)	natural disaster
(las) cerezas (4)	cherries
(el) chorizo (4)	sausage
(la) chuleta de cerdo (4)	pork chop
chutar (2)	to kick
(el) cineasta (3)	filmmaker
(la) climatización (1)	heating and cooling sytems
cocer (4)	to boil, cook
colarse (o>ue) (6)	to cut in, to sneak in
colgar (o>ue) (6)	to hang, to post online
(los) combustibles fósiles (1)	fossil fuels
(la) comedia (3)	comedy
comentar (8)	to comment
(el) comercio justo (5)	fair trade
(el) compositor (6)	composer
conceder (2)	to grant
confesar (e > ie) (8)	to confess
(el) conflicto bélico (5)	armed conflict
congelar (4)	to freeze
conocer (0)	to know
construir (0)	to build
(el) consumidor (7)	consumer
consumir (1, 4, 7)	to consume
(la) contaminación (1)	pollution
(el) corto (3)	short film
Creo que... (1)	I believe that...
crudo (4)	raw
(el) cuadro (6)	painting
cuando (5)	when
Cuídate. (5)	Take care.
cumplir (7)	to accomplish

D

dar igual (1, 6)	to care less
dar lástima / pena (6)	to feel pity
dar lo mismo (6)	to be ambivalent

dar permiso (2)	to give permission
dar rabia (6)	to infuriate
dar vergüenza (6)	to feel embarrassed
de cine (3)	Awesome, amazing
¡De ninguna manera! (2)	No way!
Deberías... (4)	You should...
decepcionado/a (2)	disappointed
decepcionar (2)	to disappoint
decidir (0)	to decide
(el) decorado (3)	set
(el) decorador (3)	set designer
defender (e>ie) (5)	to defend
(la) deforestación (1)	deforestation
denegar (2)	to refuse
dentro de un rato (1, 5)	in a moment
dentro de... (periodo de tiempo) (1, 5)	within a (period of time)
(el) derecho a la intimidad (7)	right to privacy
(los) derechos humanos (5)	human rights
desatender (5)	to neglect
desayunar (0)	to have breakfast
descansar (0)	to rest
descargar (7)	to download
descubrir (0)	to discover
desear (5)	to wish, desire
(los) desechos (1)	trash, waste
(el) deshielo (1)	melting
desnatado/a (4)	skimmed
(la) despedida (8)	closing (of a letter)
despertarse (0)	to wake up
después (3)	after
destinatario (8)	addressee, recipient of letter
Dime, dime... (3)	Tell me, tell me...
(la) dirección web (7)	web address
(el) director de cine (3)	film director
(los) discapacitados (5)	handicapped people
(las) disculpas (8)	apologies
diseñar (1, 6)	to design
divertirse (0)	to have fun
(el) donativo (5)	donation
dormir (0)	to sleep
dos puntos (8)	colon
(el) drama (3)	drama
(los) dulces (4)	sweets
durar (8)	to last

E

(el) efecto invernadero (1)	greenhouse effect
(los) efectos especiales (3)	special effects
egoísta (6)	selfish
(las) elecciones (1)	elections
eliminar (1)	to eliminate
(los) embutidos (4)	cold cuts
en cuanto (5)	as soon as
en ese momento (3)	at that time
encontrar (0)	to find
(la) encuesta (7)	survey
(la) energia renovable (1)	renewable energy
engordar (4)	to gain weight

Enhorabuena. (5)	Congratulations.	hacer caso (7)	to pay attention to	Me imagino que... (1)	I imagine that...
(el) enlace (7)	link	hacer clic (8)	to click	(la) melodía (6)	melody
ensayar (6)	to rehearse	hacer cola (6)	to stand in line	(la) mercadotecnia / el mercadeo (7)	marketing
(Hablas) ¿En serio? (3)	Are you serious?	hacer deporte (0)	to do sports	(el) mes que viene (1, 5)	next month
entero/a (4)	whole	hacer la cama (2)	make the bed	mientras (que) (5)	while
entonces (3)	then	hacer la comida (2)	to cook lunch	molestar (6)	to bother
entrar (0)	to come in	hacer senderismo (0)	to hike	(la) molestia (8)	bother
equitativo/a (2)	equitable, fair	hacer surf (0)	to surf	(la) montaña (0)	mountain
es probable (8)	it's possible	hasta (que) (5)	until	montar un drama (3)	to make a fuss
Es que... (4)	It's just that...	He oído que... (3)	I have heard that...	(el) motivo (8)	motive, subject
(la) escena (3)	scene	histórico/a (6)	historic	(el) músico (6)	musician
(el) escenario (3)	stage	(el) hotel (0)	hotel		

N

escribir (3)	to write			¡Ni hablar! (2)	Don't even mention it!
(el) escritor (3)	writer	**I**		¡No me digas! (3)	You must be kidding!
escuchar música (0)	to listen to music	(el) icono (7)	icon	¡No me lo puedo creer! (3)	I can't believe it!
(la) escultura (6)	sculpture	igual (8)	maybe		
escurrir (4)	to drain	indignar (6)	to anger	No, (lo siento) es que... (2)	No, (I'm sorry)
(el) esfuerzo (2)	effort	(la) inscripción (2)	inscription	(la) novedad (7)	fad, novelty
(el) espectacular (7)	billboard	intentar (0)	to try	(el) novelista (6)	novelist
(el) espectador (3)	spectator	(la) interpretación (2)	interpretation		
esperar (5)	to hope, to wait for	interpretar (3)	to perform		
(las) espinacas (4)	spinach	ir a museos o a eventos culturales (0)	to go to museums or cultural events	**O**	
estar en forma (1)	to be in shape	ir al cine (0)	to go to the movies	(la) obra (3, 6)	work
estar enamorado/a de (4)	to be in love with	ir de compras (0)	to go shopping	(la) obra de teatro (2, 3)	theatre play
(la) estatua (6)	statue			odiar (6)	to hate
(el) estilo (2)	style	**J**		ofrecer (5)	to offer
Estoy intrigadísimo/a. (3)	I'm so intrigued.	jugar a los videojuegos (0)	to play videogames	ojalá (5)	I hope, let's hope (that)
estrenar (3)	to release			ordenar (0)	to clean up
(el) estreno (3)	premiere	**L**		ordenar (8)	to order
estricto/a (2)	strict	(la) labor social (5)	social work	(la) orientación laboral (5)	workforce readiness
(el) extranjero (0)	foreigner	(las) labores humanitarias (5)	humanitarian relief	(la) orquesta (6)	orchestra
		(la) lanzar (2)	to throw	(el) otro día (3)	(the) other day / another day
F		lavar (4)	to rinse		
falso/a (6)	fake	lavar los platos (2)	wash the dishes		
(la) falta (2)	fault	leal (6)	loyal		
fatal (2)	awful	leer (0)	to read	**P**	
(la) fecha (8)	date	(las) lentejas (4)	lentils	(la) página web (7)	web page
Felicidades. (5)	Congratulations.	levantarse (0)	to get up	(el) paisaje (0)	landscape
(el) fichero / archivo (7)	computer file	(la) libertad de expresión (7)	freedom of expression	(la) pantalla táctil (8)	touch screen
filmar (3)	to shoot			Para pedir permiso. (4)	Asking for permission.
(la) finalidad (8)	purpose	limpiar (2)	to clean	(el) partido político (1)	political party
(la) firma (8)	signature	(la) llave (0)	key	pasado mañana (1, 5)	day after tomorrow
(la) flauta (6)	flute	Lo haré sin falta. (1)	I 'll be sure to do it.	(el) pasaporte (0)	passport
flotar (2)	to float	lo mismo (8)	maybe	pasar tiempo con la familia (0)	to spend time with family
(el) foro (7)	forum	Lo siento mucho. (5)	I'm so sorry.	(el) pase (2)	pass
(los) frijoles (4)	beans	(el) logo (7)	logo, branding	pasear (0)	to walk
		luchar (por, en, a favor de, contra) (5)	to fight (for, in, in favor of, against)	(la) pechuga de pollo (4)	chicken breast
G		luego (3)	then	pedir (0)	to ask for
(la) galería de arte (6)	art gallery			(la) película de aventuras (3)	adventure
(los) garbanzos (4)	chick peas	**M**		(la) película de ciencia ficción (3)	science fiction
(el) género (6)	genre, style	machista (7)	chauvinist	(la) película de denuncia social (3)	social protest
golpear (2)	to hit	(la) magdalena (4)	muffin		
gran (6)	great	(la) maleta (0)	suitcase	(la) película de terror (3)	horror movie
(el) guion (8)	hyphen	malgastar (1)	to waste	(la) película histórica (3)	historical film
(el) guion bajo (8)	underscore	(la) manipulación (7)	manipulation		
(el) guionista (3)	scriptwriter	(la) mantequilla (4)	butter	(la) película independiente (3)	indie
(los) guisantes (4)	peas	(la) marca (7)	brand		
(la) guitarra (6)	guitar	marcar un gol (2)	to score		
(el) guitarrista (6)	guitarist	más tarde (3)	later		
		¿Me dejas...? (4)	Will you allow me to...?		

H

hace unos días / meses / años... (3)	days / months / years ago...			

Perdone / Perdona, ¿para...? (2)	Excuse me, how do I...?
(el) perfil (7)	profile
(la) pintura (6)	painting
(la) piña (4)	pineapple
(la) piratería (7)	piracy
planchar (2)	to iron
(los) platillos (6)	cymbals
¿Podría / Podrías...? (4)	Could I/you...?
(el) poema (6)	poem
(el) poeta (6)	poet
(el) polvo (2)	dust
poner en remojo (4)	to soak
poner la lavadora (2)	to do the laundry
poner la mesa (2)	set the table
ponerse (6)	to become
por cierto (3)	by the way
¿Por qué no...? (2)	Why don't you...?
(el) portal (7)	web portal
(la) portería (2)	goal
(el) portero (2)	goal keeper
posiblemente (8)	possibly
(el) premio (3)	award
preocupado/a (6)	worried
preocupante (7)	worrisome, alarming
(el) presidente (1)	president
probablemente (8)	probably
(el) programa (1)	platform
prometer (1)	to promise
¡Prometido! (1)	Promised!
(la) propina (0)	tip
(el) protagonista (3)	leading actor
protagonizar (3)	to have the leading role
(la) protección del medioambiente (5)	environmental protection
provocar (7)	to provoke
(el) público (7)	public
puede ser / puede que (8)	it can be that
¿Puedes / Podrías decirme cómo...? (2)	Can / Could you tell me how...?
¿Puedo / Podría...? (2, 4)	Can / Could I...?
Pues parece que... (3)	Well, it seems that...
punto com (8)	dot com
(el) punto de vista (7)	point of view

Q

Que aproveche. (5)	Enjoy your meal, Bon appétite.
Que disfrutes. (5)	Have fun.
Que duermas bien. (5)	Sleep well.
¡Qué fuerte! (3)	pretty rough
¡Qué guay! (3)	cool
Que lo pases bien. (3)	Have a good time.
¿Qué puedo hacer? (4)	What can I do?
¡Qué raro / extraño! (3)	How weird /strange!
Que te mejores. (5)	Get well.
Que tengas buen viaje. (5)	Have a good trip.
Que tengas suerte. (5)	Good luck.
quedarse (1)	to stay

(la) queja (8)	complaint
quejarse (2)	to complain
¿Quieres...? (2)	Do you want...?

R

(la) raqueta (2)	racket
(las) rebajas (7)	sales
rebotar (2)	to bounce
recaudar fondos (5)	to raise money
rechazar (2)	to reject
reciclar (1)	to recycle
recomendar (e > ie) (8)	to recommend
(los) recursos naturales (1)	natural resources
(la) red (2)	net
(las) redes sociales (7)	social networks
reducir (1)	to reduce
(la) reforma (1)	reform
relajarse (0, 6)	to relax
(el) remitente (8)	sender (of a letter)
(el) respeto (7)	respect
respirar (0)	to breathe
(el) retrato (6)	portrait
reutilizar (1)	to reuse
(el) rodaje (3)	film shoot
rodar (3)	to shoot

S

(las) sábanas (2)	bed sheets
¿Sabes cómo...? (2)	Do you know how to...?
(el) sabor (4)	taste, flavor
(la) sal (4)	salt
(el) salchichón (4)	salami
salir con amigos (0)	to go out with friends
(la) salsa (4)	sauce
saludable (4)	healthy
(el) saludo (8)	greeting
sano/a (4)	healthy
(el) saxofón (6)	saxophone
se corta (8)	to be cut, dropped (as in a call)
Según dicen... (3)	According to what they are saying...
seguramente (8)	surely
seguro/a (6)	assured
sentir (0)	to feel
sentirse (e>ie) (6)	to feel
(la) señal (8)	signal
(la) sequía (1)	drought
ser cómica (3)	to be funny
ser muy protagonista (3)	to be self centered
ser peliculero/a (3)	to be a show off
¿Sería tan amable de...? (4)	Would you be so kind as to...?
sin ánimo de lucro (5)	non-profit
(el) sitio (web) (7)	(web) site
sociable (6)	sociable
sonreír (2)	to smile
soso/a (4)	bland
suponer (8)	to suppose
Supongo que... (1)	I guess that...

T

tal vez (8)	maybe

(el) taller de teatro (3)	performing arts workshop
(el) tambor (6)	drum
(la) taquilla (3)	box office
(la) tarjeta de crédito (0)	credit card
¿Te / Le importa si...? (2, 4)	Do you mind if...?
Te doy mi palabra. (1)	I give you my word.
¿Te has enterado de...? (3)	Have you noticed / realized that...
¿Te importaría...? (4)	Would you mind...?
Te juro que... (1)	I promise you that...
Te prometo que... (1)	I promise you that...
(el) telón (3)	curtain
tender la ropa (2)	hang out clothes
Tendrías que / Deberías... (2)	You should...
tener (0)	to have
tener cobertura (8)	to have coverage
tierno/a (6)	tender
tirar la basura (2)	take out the trash
tocar un instrumento (0)	to play an instrument
tolerante (6)	tolerant
tomar el sol (0)	to sunbathe
trabajar como voluntario (0)	to work as a volunteer
tranquilo/a (6)	calm
(el) transporte ecológico (1)	ecologically friendly transportation
tratar de (7)	to try to (do something)
(la) trayectoria (3)	career
(la) triple doble ve (8)	www
triturar (4)	to grind
(el) trozo de (4)	piece of
¿Tú qué harías? (4)	What would you do?
tuitear (7)	to tweet

U

un día (3)	one day
una vez (3)	once
unos momentos después (3)	moments later
(el) usuario (7)	user
utilizar (7)	to use

V

valer (1)	to be worth
(el) valor (7)	value
(las) ventanas emergentes (7)	pop-up windows
ver la televisión (0)	to watch TV
(el) vertedero (1)	dumping site
vestirse (2)	to get dressed
vestirse de gala (3)	to dress for a special event
(el) vinagre (4)	vinegar
(el) violín / violinista (6)	violin / violinist
volver (0)	to go back
(el) voto (1)	vote

Y

¿Y eso? (3)	What's that about?
Yo que tú / Yo en tu lugar... (4)	If I were you...

The authors wish to thank to many peoples who assisted in the photography used in the textbook. Credit is given to photographers and agencies below.

We have made every effort to trace the ownership of all copyrighted material and to secure permission from copyright holders. In the event of any question arising as to the use of any material, please let as now and we will be pleased to make the corresponding corrections in future printings.

Page 18 (Gennadiy Poznyakov. Col. iStock) | **Page 20** (Steve Hix /Fuse. Col. Fuse / David De Lossy. Col. Digital Vision) | **Page 21** (tiger_barb. Col. iStock) | **Page 22** (Vadmary. Col. iStock / Janaka Dharmasena. Col. Hemera) | **Page 23** (Mike Watson Images. Col. moodboard / Tim Pannell/Fuse. Col.) | **Page 24**, (Purestock. Col. Purestock) | **Page 25** (Ljupco. Col. iStock) | **Page 27** (LuminaStock. Col. iStock) | **Page 28** (Suprijono Suharjoto. Col. iStock) / (Ingram Publishing. Col. Ingram Publishing / Zoonar RF. Col. Zoonar / Lesyy. Col. iStock) | **Page 29** (JR2. Col. iStock / Col. iStock/ tyler olson. Col. iStock / LuminaStock. Col. iStock) | **Page 32** (Mo:ses. Col. iStock / scanrail. Col. iStock / Jupiterimages. Col. Pixland / monticelllo. Col. iStock / Leonid Tit. Col. iStock / Warren Goldswain. Col. iStock / Fuse. Col. / Amit Somvanshi. Col. / Cathy Yeulet. Col. Hemera / Wavebreakmedia Ltd. Col. Wavebreak Media / Jupiterimages. Col. Creatas) | **Page 34** (Monkey Business Images. Col. Monkey Business) | **Page 36** (Juanmonino. Col. istock / william87. Col. istock) | **Page 37** (fazon1. Col. istock / Francisco Javier Gil Oreja. Col. istock / Francisco Javier Gil Oreja. Col. istock / Warren Goldswain. Col. iStock) | **Page 38** (MM Productions. Col. Photodisc) | **Page 39** (Cathy Yeulet. Col. Hemera / Yuri Arcurs. Col. Hemera) | **Page 40** (VladimirFLoyd. Col. iStock / Col. Purestock / Col. Fuse) | **Page 41** (Jodi Matthews. Col. istock / photka. Col. istock / Aidon. Col. Photodisc) | **Page 46** (Konstantin Gushcha. Col. istock / LuminaStock. Col. istock) | **Page 48** (dimamorgan12. Col. iStock) | **Page 49** (Thinkstock. Col. Stockbyte) | **Page 50** (IngaNielsen. Col. iStock) | **Page 51** (Zoonar RF. Col. Zoonar) | **Page 52** (michal kodym. Col. iStock) | **Page 53** (Tetiana Vitsenko. Col. iStock) | **Page 54** (yotrak. Col. iStock) | **Page 55** (Olena Mykhaylova. Col. iStock) | **Page 56** (Jeffrey Hamilton. Col. Digital Vision) | **Page 57** (darksite. Col. iStock) | **Page 58** (Marcin Sadłowski. Col. iStock) | **Page 60** (David Sacks. Col. Digital Version) | **Page 62** (Tetra Images. Col. / Activity 1: Médico - Fuse. Col. / Fuse. Col. / GeorgeRudy. Col. iStock/ monkeybusinessimages. Col. iStock / Fuse. Col. / Jupiterimages. Col. Creatas) | **Page 64** (Polka Dot Images. Col. Polka Dot / massimofusaro. Col. iStock) | **Page 66** (senai aksoy. Col. iStock / Feverpitched. Col. iStock / CREATISTA. Col. iStock) | **Page 68** (KatarzynaBialasiewicz. Col. iStock / David Sacks. Col. Digital Version / macniak. Col. iStock / MIXA next. Col. / kzenon. Col. iStock) | **Page 73** (Jack Hollingsworth. Col. Photodisc) | **Page 76** (Dmytro Konstantynov. Col. iStock) | **Page 79** (Juanmonino. Col. iStock) | **Page 83** (Michael Blann. Col. Photodisc | **Page 84** (XiXinXing. Col. iStock / omgimages. Col. iStock / XiXinXing. Col. iStock / C-You. Col. iStock / Jason Yoder. Col. Hemera / Andrey Milkin. Col. iStock / ATIC12. Col. iStock) | **Page 88** (George Doyle. Col. Stockbyte) | **Page 90** (RicardoKuhl. Col. iStock) | **Page 92** (DragonImages. Col. iStock / Col. Purestock / Picturenet. Col. Blend Images) | **Page 93** (KatarzynaBialasiewicz. Col. iStock / Анастасия Сухоносова. Col. iStock) | **Page 94** (Purestock. Col.) | **Page 95** (David Woolley. Col. Photodisc / danielvfung. Col. / Fuse. Col. / BananaStock. Col. BananaStock / david franklin. Col. iStock / Alexander Novikov. Col. iStock) | **Page 98** (Ryan McVay. Col. Photodisc / Jupiterimages. Col. BananaStock / Lobke Peers. Col. iStock) | **Page 114** (Purestock. Col.) | **Page 118** (Creatas Images. Col. Creatas) | **Page 120** (DamonCarter. Col. iStock / Joe Biafore. Col. iStock / karelnoppe. Col. iStock) | **Page 125** (svetlana foote. Col. iStock / Magone. Col. iStock / matthewennisphotography. Col. iStock / Igor Mojzes. Col. iStock) | **Page 126** (Howard Shooter. Col. / Ivonn e Wierink-vanWetten. Col. iStock / mareciok. Col.) | **Page 127** (dolgachov. Col. iStock) | **Page 128** (DamonCarter. Col. iStock) | **Page 129** (Polka Dot Images. Col. Polka Dot / Fuse. Col.) | **Page 130** (nito100. Col. iStock / tupungato. Col. iStock) | **Page 135** (msheldrake. Col. Shutterstock) | **Page 136** (pcruciatti. Col. iStock / Ron Chapple Stock. Col. Ron Chapple Studios) | **Page 138** (Petro Feketa. Col. iStock) | **Page 142** (michaeljung. Col. iStock) | **Page 144** (ColorBlind Images. Col. Blend Images / Lisa F. Young. Col. iStock) | **Page 145** (DragonImages. Col. iStock / Filippo Arbinolo. Col. iStock) | **Page 146** (Petr Malyshev. Col. iStock) | **Page 151** (Tatiana Popova. Col. iStock / borgogniels. Col. istock) | **Page 153** (Andrey Popov. Col. istock) | **Page 155** (Wavebreakmedia Ltd. Col. Wavebreak Media) | **Page 158** (Kseniya Ragozina. Col. istock / robert lerich. Col. istock) | **Page 166** (Maria Teijeiro. Col. Photodisc / Photick / Laurence Mouton. Col. Photick / Chunumunu. Col. istock / Fuse. Col. / Creatas. Col. Creatas / Juan Monino. Col. istock / Ingram Publishing. Col. / Doug Menuez. Col. Photodisc | **Page 168** (Kamira. Col. Shutterstock) | **Page 176** (Wavebreakmedia Ltd. Col. Wavebreak Media) | **Page 177** (Simanovskiy. Col. iStock/ Activity 5: Museo - Fuse. Col.) | **Page 178** (LUISMARTIN. Col. iStock / Alexander Yakovlev. Col. iStock/ AntonioGuillem. Col. iStock) | **Page 179** (william87. Col. iStock) | **Page 181** (neirfy. Col. iStock / Comstock. Col. Stockbyte / Purestock. Col.) | **Page 182** (Wavebreakmedia Ltd. Col. Wavebreak Media) | **Page 185** (f9photos. Col. iStock) | **Page 191** (javarman3. Col. iStock / chriss73. Col. iStock) | **Page 192** (malyugin. Col. iStock / VioletaStoimenova. Col. iStock / ATIC12. Col. iStock / Cameron Whitman. Col. iStock / shadrin_andrey. Col. iStock / Fuse. Col. / AnnaSivak. Col. iStock) | **Page 196** (Digital Vision. Col. Photodisc) | **Page 198** (Maria Teijeiro. Col. Digital Vision / feedough. Col. iStock) | **Page 201** (Dario Lo Presti. Col. iStock/ Noam Armonn. Col. iStock) | **Page 203** (Getty Images. Col. Digital Vision / yuriyzhuravov. Col. iStock) | **Page 209** (Isabel Da Silva Azevedo Drouyer. Col. iStock / YanLev. Col. iStock) | **Page 211** (Galina Peshkova. Col. iStock / dmilovanovic. Col. iStock) | **Page 224** (Wavebreakmedia Ltd. Col. Wavebreak Media) | **Page 226** (Goodluz. Col. iStock) | **Page 227** (prudkov. Col. iStock) | **Page 228** (George M Muresan. Col. iStock / Oleksiy Mark. Col. iStock) | **Page 231** (SIAvramova. Col. iStock) | **Page 232** (Federico Caputo. Col. iStock) | **Page 235** (ariwasabi. Col. iStock / Wavebreakmedia Ltd. Col. Wavebreak Media) | **Page 246** (DamianPalus. Col. iStock / keerati1. Col. iStock / Ingram Publishing. Col. / Mihai Simonia. Col. iStock / Hemera Technologies. Col. AbleStock.com)

Sabor Hispano: todas las imágenes son de Shutterstock.com, con mención especial de crédito editorial a csp / Shutterstock.com, Olga Besnard / Shutterstock.com, Natursports / Shutterstock.com, Andrey Gontarev / Shutterstock.com, gary yim / Shutterstock.com, Mikhail Zahranichny / Shutterstock.com, emattil / Shutterstock.com, meunierd / Shutterstock.com, Procy / Shutterstock.com, Iakov Filimonov / Shutterstock.com, Neftali / Shutterstock.com, s_bukley / Shutterstock.com, milosk50 / Shutterstock.com, Kamira / Shutterstock.com, Kenneth Dedeu / Shutterstock.com, Maxisport / Shutterstock.com, Serjio74 / Shutterstock.com, meunierd / Shutterstock.com, Featureflash / Shutterstock.com, carrie-nelson / Shutterstock.com, Helga Esteb / Shutterstock.com, Jack.Q / Shutterstock.com, ChameleonsEye / Shutterstock.com, javarman / Shutterstock.com, davesimon / Shutterstock.com, Miguel Campos / Shutterstock.com, cinemafestival / Shutterstock.com, Joe Seer / Shutterstock.com y Miguel Campos / Shutterstock.com. Imagen de la Ruta Quetzal, cortesía de Ruta Quetzal BBVA. Fotograma de *Chico y Rita*, cortesía de Fernando Trueba Producciones.